Whistleblower-Enthüllungen
Preisverleihung 2015

Schriftenreihe
Wissenschaft in der Verantwortung

herausgegeben von der VDW –
Vereinigung Deutscher Wissenschaftler e.V.

ISBN 978-3-8305-3641-3

Dieter Deiseroth, Hartmut Graßl (Hrsg.)

Whistleblower-Enthüllungen

US-Airbase Ramstein und globaler Drohnenkrieg
Herbizid Roundup/Glyphosat als Gefahrenquelle
NS-Belastete im Kernforschungszentrum Karlsruhe

Whistleblower-Preis 2015

Ex-Drohnenpilot
Brandon Bryant

Mikrobiologe
Prof. Dr. Gilles-Eric Séralini

Physiker
Dr. Léon Gruenbaum

BWV • BERLINER WISSENSCHAFTS-VERLAG

Bibliographische Information der Deutschen Nationalbibliothek

Die Deutsche Nationalbibliothek verzeichnet diese Publikation in der
Deutschen Nationalbibliographie; detaillierte bibliographische Daten sind im
Internet über http://www.dnb.d-nb.de abrufbar.

ISBN   978-3-8305-3641-3
E-Book 978-3-8305-2124-2

ISSN (Print)   2367-3354
ISSN (Online) 2367-3362

Der Whistleblowerpreis wird vergeben von:

**Deutsche Sektion der
International Association of Lawyers Against Nuclear Arms (IALANA)**

**Vereinigung Deutscher Wissenschaftler e. V. (VDW)
[Federation of German Scientists]**

© 2016 BWV • BERLINER WISSENSCHAFTS-VERLAG GmbH,
Markgrafenstraße 12–14, 10969 Berlin
E-Mail: bwv@bwv-verlag.de, Internet: http://www.bwv-verlag.de
Printed in Germany. Alle Rechte, auch die des Nachdrucks von Auszügen,
der photomechanischen Wiedergabe und der Übersetzung, vorbehalten.

Inhalt

Teil C: Dokumente

Einleitung

Dieter Deiseroth und Hartmut Graßl

Noch nicht sehr lange ist es her, dass Viele in unserem Land mit dem sperrigen Wort „Whistleblowing" wenig anfangen konnten. Das hat sich in den letzten Jahren offenkundig geändert.[1] Ob „SPIEGEL"[2], „Süddeutsche Zeitung"[3], „Frankfurter Allgemeine Zeitung"[4], „Rheinische Post"[5] oder „Leipziger Volkszeitung"[6], überall kann man von „Whistleblowern" und ihren Enthüllungen lesen, ohne dass die Redakteurinnen und Redakteure für ihre Leserschaft eine Begriffserklärung noch für notwendig erachten. Nicht anders ist es in den Nachrichtensendungen der öffentlich-rechtlichen und privaten Fernsehsender. Hörfunk-Features und kritische Fernsehmagazine wie u. a. „Monitor", „Fakt", „Panorama", „Report", „Titel, Thesen, Temperamente" berichten immer wieder von Whistleblowern und ihren wichtigen Enthüllungen. Regelmäßig konstatieren sie deren besondere Schutzbedürftigkeit und verankern diese Botschaft zunehmend im gesellschaftlichen Bewusstsein.[7] Dazu hat seit Juni 2013 gerade auch das „Jahrhundert-Whistleblowing" von Edward Snowden beigetragen. Er hat mit seinen Enthüllungen über die Praktiken des US-Geheimdienstes NSA und dessen Partnerdienste – wie es der frühere Bundesinnenminister Gerhard Baum (FDP) formuliert hat – unser Bewusstsein von den realen Gefahren unserer Überwachung durch solche Nachrichtendienste und andere globale „Datensammler" fundamental verändert.

Für nicht Wenige ist auch offenkundig: Der von VDW und IALANA erstmals 1999[8] gestiftete und seitdem im Zweijahresrhythmus regelmäßig vergebene Whistleblower-Preis sowie die dazu erschienenen Dokumentationswerke[9] haben nicht unwesentlich zu dieser Wende im Diskurs über „Whistleblowing" und „Whistleblower" in Deutschland beigetragen.

Es unterliegt im Hinblick auf die im Jahre 2015 erfolgte Verleihung des Whistleblower-Preises keinem Zweifel, dass der frühere US-Drohnenpilot Brandon Bryant mit seinen brisanten Enthüllungen zur bedeutsamen Funktion der in Rheinland-Pfalz befindlichen US-Airbase Ramstein für den weltweiten Drohnenkrieg der USA ein Whistleblower par excellence ist. Das hat die Jury in ihrer Preisbegründung im Einzelnen dargelegt und bedarf hier keiner weiteren Erläuterung.[10]

Für manchen innerhalb und außerhalb der beiden Stifterorganisationen war es jedoch überraschend, dass in der Vorberichterstattung zu der am 16. Oktober 2015 im Rathaus zu Karlsruhe erfolgten Verleihung des Whistleblower-Preises an den Mikrobiologen Prof. Dr. Gilles-Eric Séralini (Universität Caen/Normandie) und des Posthum-Whistleblower-Ehrenpreises an den bereits 2004 verstorbenen Physiker Dr. Léon Gruenbaum teilweise heftig gegen die Qualifizierung beider Preisträger als „Whistleblower" polemisiert wurde. So schrieb Sebastian Herrmann in der „Süddeutschen Zeitung" vom 19.9.2015 voller Selbstgewissheit: *„Ein Whistleblower ist Séralini gewiss nicht."* Und Ulrich Bahnsen meinte in der Wochenzeitung „DIE ZEIT" vom 8.10.2015: *„Séralini ist kein Whistleblower, der wie Edward Snowden seine Existenz, gar sein Leben aufs Spiel setzt, um über Gefahren aufzuklären. Er ist ein Anti-Gentechnik-Aktivist, der einen Feldzug mit fragwürdigen Mitteln führt."*

Das legt es für die Herausgeber dieses Dokumentations-Bandes nahe, sich der Frage zu stellen, was eigentlich einen „Whistleblower" auszeichnet, insbesondere wenn es sich um einen Wissenschaftler oder eine Wissenschaftlerin handelt.

Whistleblowing

Whistleblower („Alarmschläger", „Hinweisgeber", „ethische Dissidenten") wenden sich als Insider gegen von ihnen erkannte oder aufgedeckte gravierende Missstände oder Fehlentwicklungen in ihrem beruflichen, dienstlichen oder persönlichen Umfeld. Sie wollen helfen, erhebliche Gefahren oder Risiken aufzudecken, die sich nachteilig oder gar schädlich auf wichtige Rechtsgüter – etwa auf Leben und Gesundheit – auswirken können. Ihr Whistleblowing kann aber auch andere Gefahren und Risiken betreffen, etwa solche für demokratische Rechte und Strukturen, sozio-ökonomische Lebensbedingungen, die nachhaltige Sicherung und Entwicklung der Ökosysteme oder das friedliche Zusammenleben von Menschen und Völkern. Whistleblowern geht es um das Aufdecken und Enthüllen („revealing wrongdoing") solcher kritikwürdigen Zustände und Vorgänge sowie um deren Bekanntmachen („going outside"), um dadurch eine Entwicklung zum Besseren zu bewirken.

Whistleblower, die diesen Namen verdienen, sind von der Richtigkeit der von ihnen übermittelten Informationen und Tatsachen überzeugt. Sie handeln nicht „leichtfertig" oder gar „wider besseres Wissen", sondern nach sorgfältiger Prüfung des Sachverhalts „in gutem Glauben". Und sie verfolgen damit in aller Regel ethisch-moralische Anliegen im öffentlichen Interesse („serving the public interest"). Sie sind bereit, dafür notfalls auch persönliche Nachteile und für sie unter Umständen negative Gegenreaktionen hinzunehmen („risking retaliation").

Whistleblower, das geltende Recht und ziviler Ungehorsam

Whistleblower wollen bewirken oder jedenfalls dazu beitragen, gravierende Rechtsbrüche oder schwere Verstöße gegen berufsethische Standards abzustellen. Maßstab ihrer Kritik an den von ihnen enthüllten Missständen und Fehlentwicklungen ist für sie freilich nicht allein das geltende Recht. Dieses kann vielmehr Regelungs- und Vollzugsdefizite aufweisen und damit nach ihren ethisch-moralischen Maßstäben selbst zum Gegenstand der Kritik werden.

Gerade das „going outside", also die „Flucht in die Öffentlichkeit", kann zudem in Konflikt mit rechtlichen Verschwiegenheitspflichten geraten, soweit das Whistleblowing in der jeweils geltenden Rechtsordnung nicht hinreichend vom Grundrecht der Meinungsäußerungsfreiheit, vom Petitionsrecht oder durch spezielle Regelungen geschützt wird.

Entschließt sich ein Whistleblower dann dennoch zum „Alarmschlagen", kann sein Handeln in „zivilen Ungehorsam" übergehen. Das ist ein schwieriges Feld. Dies beginnt schon bei der Begrifflichkeit. Es gibt keinen allgemein anerkannten oder rechtlich definierten Begriff des „zivilen Ungehorsams". Er steht in der Tradition insbesondere von Henry David Thoreau, Mahatma Gandhi und Martin Luther King jr. Der US-amerikanische Moralphilosoph John Rawls hat ihn in seiner Studie „The Justification of Civil Disobedience" (1969) und in seinem bekannten Standardwerk „Eine Theorie der Gerechtigkeit" (1971) wie folgt umschrieben: Ziviler Ungehorsam ist ein moralisch begründeter Protest, der sich in einer öffentlichen, gewaltlosen, gewissensbestimmten, aber gesetzwidrigen Handlung äußert, die gewöhnlich eine Änderung der Gesetze oder der Regierungspolitik herbeiführen soll. Ziviler Ungehorsam zeigt sich entweder in einer durch das Gewissen des Akteurs gebotenen Verletzung genau der Gesetze oder Regeln, die als ungerecht bewertet werden (unmittelbarer ziviler Ungehorsam) oder als Verletzung als an sich gerecht empfundener Gesetze, um auf die Ungerechtigkeit anderer Gesetze oder Regeln hinzuweisen (mittelbarer ziviler Ungehorsam). Der Akteur beruft sich zur Rechtfertigung seiner Gesetzesverletzung auf ein „höheres" Recht (sei es göttliches, Natur- oder Vernunftrecht) als das in seinem Staat geltende positivierte Recht. Für einen in den Augen von John Rawls und Anderen ethisch *gerechtfertigten* zivilen Ungehorsam müssen drei Voraussetzungen erfüllt sein: Der Protest muss sich erstens gegen wohlumschriebene Fälle schwerwiegender Ungerechtigkeit richten; zweitens müssen die Möglichkeiten aussichtsreicher legaler Einflussnahme erschöpft sein; und drittens dürfen die Aktivitäten des Ungehorsams kein Ausmaß annehmen, das das Funktionieren der staatlichen Verfassungsordnung gefährdet. Jürgen Habermas und viele Andere haben dem zugestimmt und betont, dass ziviler Ungehorsam nur ein öffentlicher Akt von ausschließlich symbolischem Charakter sein und allein auf gewaltfreie Mittel des Protestes setzen dürfe. Er werde in der Regel vorher angekündigt; er schließe die vorsätzliche Verletzung einzelner Rechtsnormen ein, ohne den Gehorsam gegenüber der Rechtsordnung im Ganzen in Frage zu stellen; außerdem verlange er die Bereitschaft, für die rechtlichen Folgen der Rechtsnormverletzung einzustehen.

Wissenschaftlerinnen und Wissenschaftler als Whistleblower

Whistleblowing von Insidern in Wissenschaft, Forschung und Entwicklung (FuE-Bereich) ist für einen kritischen gesellschaftlichen Gefahren- und Risikodiskurs unverzichtbar. Viele Risiken und Gefahren, die mit wissenschaftlich-technischen Entwicklungen verbunden sind oder jedenfalls verbunden sein können, könnten in unseren modernen Risikogesellschaften von davon unmittelbar oder mittelbar betroffenen Bürgerinnen und Bürgern ohne Informationen und Hinweise von fachkundigen Whistleblowern und anderen kritischen Insidern kaum fundiert diskutiert und beurteilt werden. Diese Abhängigkeit von „alternativem Sachverstand", den vor allem Insider aus FuE-Einrichtungen liefern können, besteht auch bei den gewählten Abgeordneten in unseren Parlamenten und Bürgervertretungen, bei Entscheidungsträgern in der Exekutive sowie bei den Gerichten, die deren teilweise hochkomplizierte Entscheidungen gegebenenfalls in justiziellen Verfahren auf Rechtsfehler zu kontrollieren haben. Das haben nicht zuletzt die langjährigen Debatten etwa über die Gefahren der Atomenergienutzung und anderer Hochrisikotechnologien hinreichend deutlich gezeigt.

Forschungseinrichtungen und ihr Personal arbeiten – zumal wenn sie wie in den FuE-Abteilungen der Industrie, in drittmittelabhängigen Instituten und in der Ressortforschung unter starken wirtschaftlichen oder anderen Verwertungszwängen agieren – auf der Basis spezifischer, vielfach ökonomischer Interessenkonstellationen. Das in diesen Forschungseinrichtungen erarbeitete Neu-Wissen ist nicht nur notwendig an diese interessengeprägten Entstehungs- und Verwertungszusammenhänge rückgebunden, sondern gleichzeitig notwendig unvollständig: Es ist keineswegs per se sichergestellt, dass innerhalb des Forschungsprojekts zugleich auch wichtige und wesentliche Informationen über Schwachstellen („Negativinformationen") der angewandten Forschungsstrategien, der eingeschlagenen Entwicklungspfade und gewonnenen FuE-Ergebnisse sowie über mögliche Alternativen in hinreichendem Maße „produziert" und gewonnen werden.[11]

Umso wichtiger ist es deshalb, Strukturen zu gewährleisten sowie Mechanismen zu fördern und zu stärken, die einen möglichst „offenen und freien Diskurs" innerhalb und außerhalb der Forschungseinrichtung über Planung, Durchführung und Gestaltung der Forschungsvorhaben sowie insbesondere auch eine ergebnisoffene gesellschaftliche Diskussion über deren Auswirkungen, Folgen und in Betracht kommende Alternativen ermöglichen.[12] Hierbei sind Wissenschaftler, die als besonders sachkundige Insider in Wahrnehmung ihrer berufsethischen Verantwortung auf Gefahren und Risiken hinweisen, die sie in ihren Arbeitsfeldern entdecken und erkennen, von zentraler Bedeutung.

Berufsethisch verantwortliche Wissenschaft muss gerade in unseren modernen Risikogesellschaften im FuE-Bereich insbesondere in den Blick nehmen:

- die „Labor- und Freiland-Risiken", also die von der forschenden Tätigkeit selbst ausgehenden (zumeist unbeabsichtigten) Risiken und Gefahren;

- die so genannten „Missbrauchsrisiken", d. h. die Gefahren und Risiken einer „nicht bestimmungsgemäßen" Verwendung und Nutzung der Resultate wissenschaftlicher Forschung und Entwicklung für wichtige Rechtsgüter wie z. B. Leben, Gesundheit, friedliches Zusammenleben, demokratische und rechtsstaatliche Strukturen, natürliche Lebensgrundlagen, ökologisches Gleichgewicht, Entwicklungschancen künftiger Generationen sowie

- die so genannten Folgelasten, also nachteilige Neben- oder Folgewirkungen sozialer, ökologischer, wirtschaftlicher, rechtlicher oder ethischer Art bei der praktischen Umsetzung, Anwendung und Weiterentwicklung wissenschaftlicher Erkenntnisse und wissenschaftlich-technischer Entwicklungen.

Davon kann und darf sich kein Wissenschaftler freizeichnen und freistellen, etwa unter Berufung auf

- die Trennung der Verantwortungsbereiche von Erkenntnisgewinnung (Erforschung) einerseits, sowie der Anwendung und Nutzung ihrer Ergebnisse andererseits,

- „Sachzwang"-Argumente (z. B. Zwänge des wissenschaftlichen oder ökonomischen Wettbewerbs),

- die mangelnde oder jedenfalls schwierige Voraussehbarkeit der direkten und indirekten Folgen wissenschaftlicher Erkenntnisse (individuelle Überforderung) und/oder

- die relative Bedeutungslosigkeit des individuellen Beitrages („nur ein kleines Rädchen"; „wenn nicht ich, dann andere").

Jeder und jede am FuE-Prozess Beteiligte hat nach Maßgabe seiner persönlichen Möglichkeiten eine berufsethische Verantwortung („professional responsibility"), und zwar in zumindest dreifacher Hinsicht:[13]

- zur forschungsbegleitenden Reflexion („Mitbedenken" der direkten und indirekten Folgen der Forschung und der Nutzung ihrer Ergebnisse)

- zur kritischen Beteiligung am wissenschaftsinternen und öffentlichen Diskurs über Risiken und Gefahren für gravierende Rechtsgüter (vor allem Leben, Gesundheit, friedliches Zusammenleben, demokratische und rechtsstaatliche Strukturen, natürliche Lebensgrundlagen, ökologisches Gleichgewicht, Entwicklungschancen künftiger Generationen)

- zur Klärung seiner Bereitschaft zur individuellen Verweigerung weiterer Mitwirkung an konkreten FuE-Projekten bei relevanten Risiken oder Gefahren für solche gravierenden Rechtsgüter.

Es gibt insbesondere im „wissenschaftlich-technischen Neuland" in sehr vielen Fällen kein hinreichend sicheres Verfahren und keine verlässliche „Werteskala" für die Risikobewertung. Umso wichtiger und bedeutsamer ist deshalb die Gewährleistung eines funktionierenden offenen und freien Diskurses. Die reale Freiheit und Offenheit dieses wissenschaftlichen Diskurses ist unverzichtbar dafür, dass Forschungsergebnisse und vor allem ihre Auswirkungen positiver und negativer Art disziplinär, interdisziplinär, aber auch außerhalb der scientific communities überhaupt – ergebnisoffen und ernsthaft – diskutiert und bewertet werden können. Die Unverzichtbarkeit eines „freien und offenen" Kommunikationsprozesses negiert allerdings nicht, dass es durchaus rechtliche Grenzen der Forschung selbst gibt und geben darf. Dies ist innerstaatlich eine Frage des Verfassungsrechts. Grenzen ergeben sich im deutschen Verfassungsrecht etwa aus dem Gebot zum Schutz der menschlichen Würde (Art. 1 Abs. 1 GG) und dem zwingenden Verbot, das friedliche Zusammenleben der Völker zu stören (Art. 26 Abs. 1 GG).

Ein freier und offener wissenschaftlicher Kommunikationsprozess ist nicht nur bedeutsam für die individuelle Wissenschaftsfreiheit des/der einzelnen Forschers oder Forscherin, sondern zugleich Voraussetzung der „Selbstreflektivität" der scientific communities und der Gesellschaft insgesamt.

Dazu gehört gerade auch ein offener und repressionsfreier Umgang mit Dissens, also differierenden Forschungskonzepten, rivalisierenden wissenschaftlichen Ansätzen sowie konkurrierenden Vorgehensweisen und Interpretationsansätzen. Wer auf Schwachstellen, Risiken oder gar Gefahren von ihm kritisierter wissenschaftlicher Forschungsstrategien, Forschungsmethoden und Forschungsergebnisse hinweist, alternative Forschungspfade einschlägt und dies dem fachinternen und öffentlichen Diskurs zugänglich macht, darf deshalb nicht als Dissident ausgegrenzt oder gar existenziellen Risiken ausgesetzt werden.

Von besonderer Bedeutung ist dies in einer Entwicklungsphase, in der die Ökonomisierung und damit die ökonomische Prägung des Wissenschaftsprozesses innerhalb und außerhalb der Hochschulen sowie die entsprechende Verwertungsrelevanz von Forschungsergebnissen eine immer stärkere Bedeutung gewinnen.

Es geht dabei auch um Demokratie, die als Fundamentalgebot in nahezu allen modernen Verfassungen verankert ist (in Deutschland: Art. 20 Abs. 1 GG). Demokratie setzt als „Lebenselixier" einen möglichst freien und offenen Kommunikationsprozess voraus, zu dem insbesondere auch die Freiheit der Meinungsäußerung (Art. 5 Abs. 1 GG) sowie die Freiheit der Wissenschaft und Forschung (Art. 5 Abs. 3 GG) gehören. Ein solcher freier pluralistischer Ansatz liegt letztlich auch deshalb im „wohlverstandenen Gemeinwohlinteresse, weil sich im Kräfteparallelogramm … im Allgemeinen erst dann eine relativ richtige Resultante herausbilden kann, wenn alle Vektoren einigermaßen kräftig entwickelt sind."[14]

Direkte[15] und indirekte[16] Behinderungen des wissenschaftlichen Diskurses von Forscherinnen und Forschern, mit denen sich damit für diese die Frage des Whistleblowing stellt, können vor allem vier Bereiche („Gefährdungszonen") betreffen:[17]

(1) die Generierung und Entstehung wissenschaftlicher Daten

(2) die Verfügung und Kontrolle über solche Informationen

(3) ihre (ungehinderte) Verbreitung

(4) ihre (unverfälschte) Rezeption.

Die Mechanismen und Methoden der Störung und Behinderung des freien und offenen wissenschaftlichen Diskurses sowie ihre Erscheinungsformen und darauf bezogene Gegenreaktionen des Whistleblowing können dabei sehr vielfältig sein.[18] Sie können hier nur stichwortartig skizziert werden:

- inhaltliche Auflagen im Rahmen der Genehmigung der Publikation durch Arbeitgeber/Dienststelle: z. B. Forderungen nach Weglassen oder Teilentfernen, Modifizieren von Daten oder deren Interpretation; Streichung oder Neuformulierung von Textpassagen; Änderung/Weglassen von Fundstellen oder Beleghinweisen auf bestimmte Autoren[19]

- inhaltliche Auflagen von Herausgebern oder Redaktionen („publication bias")

- Einwirkungen auf die Rezeption und Perzeption von Forschungsdaten

- Diskriminierungen im Rahmen der „Peer Review" (Fachgutachter)

- verzerrende Darstellung, Zusammenstellung oder Auswahl von Forschungsergebnissen in Forschungsberichten

- Diskreditierung von Forschungsdaten als Resultat fehlerhafter Arbeitsweise, unvertretbarer Interpretation, unzureichender Methoden oder gar Betrug[20]

- Diskreditieren von Forschungsergebnissen durch Angriffe auf die Person, die Arbeitsweise des/der Forschers/in oder die Relevanz/Bedeutung der Ergebnisse

- bewusste Erzeugung von „Datenfluten", um bei den Rezipienten Verwirrung und Unklarheit über den Stand der Forschung zu erreichen („being lost in a mass of apparently contrary data") oder durch verwirrende Hinweise auf anderweitige Forschungsdaten von vorliegenden kritischen Forschungsergebnissen abzulenken.

Es gibt eine Fülle von bekannt gewordenen konkreten Beispielen, die solche Behinderungen des offenen und freien wissenschaftlichen Diskurses vor allem in den genannten vier Gefährdungszonen belegen. Einige wenige Hinweise dazu müssen hier zur Illustration genügen.

Die Herstellerfirma des Schlafmittels Contergan (Wirkstoff Thalidomid) hatte in den 1950er und 1960er Jahren lange Zeit versucht, ihr vorliegende wissenschaftliche Daten zu unerwünschten Auswirkungen des Schlafmittels Contergan auf Embryonen im Falle der Einnahme während der Schwangerschaft zu ignorieren und zu unterdrücken. Diese Geheimhaltung erfolgte vor allem aus wirtschaftlichen Gründen, um die mit dem Produkt erzielten guten Umsätze und Gewinne nicht zu beeinträchtigen sowie um Haftungsrisiken zu minimieren. Dies bewirkte, dass das Mittel über Jahre weiterhin verschrieben und eingesetzt wurde, was zu schwerwiegenden gesundheitlichen Beeinträchtigungen (vor allem verstümmelten oder fehlenden Gliedmaßen) bei vielen Embryonen und Neugeborenen führte.[21]

Ein anderes Beispiel: Aus von dem US-Unternehmen Philip Morris und anderen Tabakkonzernen – aufgrund eines im Jahre 1998 abgeschlossenen gerichtlichen Vergleichs („Master Settlement Agreement") – offengelegten internen Dokumenten und Notizen ergibt sich, dass Philip Morris mehr als drei Jahrzehnte lang die gesundheitlichen Auswirkungen des Zigarettenrauchens hatte erforschen lassen, die dabei gewonnenen Erkenntnisse jedoch größtenteils verschwieg. Aus Sicherheitsgründen (Haftungsrisiken) wurden die einschlägigen Forschungen überwiegend nicht in den USA, sondern in Deutschland vorgenommen, und zwar u. a. von dem Kölner „Inbifo" („Institut für Industrielle und Biologische Forschung GmbH"); dieses war 1970 von Philip Morris erworben und später an eine Schweizer Tochtergesellschaft abgegeben worden. Zugleich war Philip Morris ersichtlich daran gelegen, die schädlichen Auswirkungen des Tabakrauchs anderen Einflussfaktoren, insbesondere dem Konsum von grünem Tee anzulasten. Man griff dabei auf eine entsprechende Untersuchung des Kölner Instituts zurück. Aus der Auswertung der Dokumente ergibt sich, dass Imbifo mehr als 800 wissenschaftliche Arbeiten über die Auswirkungen des passiven Rauchens verfasste. Die einschlägigen Erkenntnisse wurden jedoch nicht oder nur bruchstückhaft freigegeben und veröffentlicht.[22] In einer in „Lancet" vom 14.1.2005 publizierten Studie von Asaf Bitton und anderen Mitautoren von der University of San Francisco wird dargestellt, wie die Hersteller von Tabakwaren u. a. versucht haben, den in zahlreichen amerikanischen Studien ermittelten Einfluss des Rauchens auf das Tumorsuppressor-Gen p53, einem normalerweise vor Krebs bewahrenden Erbfaktor, zu negieren und zu widerlegen. Nach der Studie von Bitton u. a. wurden dabei zudem die Verbindungen jener Forscher zur Tabakindustrie verschwiegen. Ebenso bedeckt verhielten sich die Herausgeber jener Fachjournale, in denen die fragwürdigen Arbeiten abgedruckt wurden.[23]

Ein weiteres aufschlussreiches Beispiel ist auch der langjährige Umgang mit seit längerem vorliegenden Forschungsergebnissen zur Übertragbarkeit der Rinderseuche

BSE auf den Menschen, die aus ökonomischen und politischen Gründen zunächst nicht an die Öffentlichkeit gelangen sollten.[24]

Die Verbreitung von Forschungsergebnissen kann auch durch negative Publikationsentscheidungen von Herausgebern, Redaktionen, Gutachtergremien oder Forschungseinrichtungen behindert werden. So war im Falle des Gen-Forschers Arpad Pusztai vom schottischen Rowett Institute (Aberdeen) der Herausgeber der Fachzeitschrift „The Lancet", Richard Horton, starken – angesichts seiner unbeirrten Haltung aber letztlich erfolglosen – Pressionen u. a. durch den früheren Vizepräsidenten der britischen „Royal Society", Peter Lachmann, ausgesetzt.[25]

Nicht selten erfolgen solche Interventionen unter Berufung auf mangelnde fachliche Qualität, den (angeblich) zu großen Umfang, den (unrichtigen) Zeitpunkt oder die unzureichende Form des zu publizierenden Textes[26].

Ein anderes Mittel, um die Verbreitung von Forschungsdaten oder -ergebnissen oder sogar die Diskussion über bestimmte wissenschaftliche Thesen zu be- oder verhindern, besteht darin, von dem Instrumentarium des Persönlichkeits- und Ehrschutzes („defamation law") mit Hilfe von Strafanzeigen, Unterlassungs- oder Schadensersatzklagen Gebrauch zu machen. So werden immer wieder Fälle bekannt, in denen etwa versucht wurde, die Publizierung von Forschungsergebnissen unter Klageandrohung wegen (angeblich) drohender Rufschädigung zu verhindern. Hinzuweisen ist insoweit etwa auf die bekannt gewordenen Bemühungen des australischen Unternehmens Mt Lyell Mining and Railway, das mit einer solchen Drohung die Veröffentlichung einer Dissertation unterbinden wollte, in der detaillierte Forschungsergebnisse über durch die Bergbauaktivitäten dieses Unternehmens verursachte Umweltschäden dargestellt wurden.[27] Ein anderes Beispiel ist der Fall der Biomedizinerin Dagmar Michael, die wissenschaftliche Datenfälschungen – vorgenommen durch Wissenschaftler des schweizerischen Unternehmens Cytos – aufgedeckt hatte und mit der Androhung von Unterlassungs- und Schadensersatzklagen – letztlich erfolglos – davon abgehalten werden sollte, ihre Erkenntnisse publik zu machen und zu verbreiten. [28]

Ein besonders anschauliches Beispiel dafür, welchen Anfeindungen und Diskreditierungen Wissenschaftler ausgesetzt werden können, die unliebsame Forschungsergebnisse publik machen, bietet der Fall des ungarisch-britischen Biomediziners Arpad Pusztai,[29] dem im Jahre 2005 der Whistleblower-Preis verliehen wurde.

Zu den Methoden, die bei solchen Attacken gegen wissenschaftliche „Dissidenten" angewandt werden, zählen vor allem deren Ächtung und Ausgrenzung, nachhaltige kleinliche Schikanen, die Verbreitung von Gerüchten, Behinderungen oder Blockaden bei der Vergabe von Stellen oder bei Beförderungen, dienstliche Überbeanspruchung mit Sanktionscharakter, Rügen und Verweise, Abordnung oder Versetzung, Entzug weiterer Forschungsmittel, Schließung der Forschungseinrichtung, Entlassung sowie die Aufnahme in „Schwarze Listen" (blacklisting).

Verliert der betreffende individuelle Wissenschaftler seinen Arbeitsplatz, kann seine – die Attacken auslösende – Forschung vielfach von ihm nicht fortgeführt werden, es sei denn, er findet eine neue Wirkungsstätte, an der er sie fortsetzen kann. Eine andere Konsequenz kann sein, dass die betroffenen Forscher in langwierige gerichtliche Auseinandersetzungen verstrickt werden, die wesentliche Teile ihrer Kraft und Ressourcen binden und absorbieren. Eine andere Konsequenz ist nicht selten, dass die Attacken auf die wissenschaftliche Reputation zielen. Je nach der Art der Attacken kann die wissenschaftliche Kompetenz und Glaubwürdigkeit in Zweifel gezogen werden, sei es direkt durch entsprechende Abqualifizierung durch Fachkollegen oder indirekt durch Abstempelung der dissentierenden wissenschaftlichen Position als „Außenseitermeinung" oder „allseits umstritten". Schließlich können solche Attacken auch bewirken, dass andere Forscher vor Risiken „gewarnt" werden, denen sie sich aussetzen, wenn sie sich ähnlich verhalten sollten wie der Attackierte. Diese abschreckende Wirkung kann so bei Wissenschaftler-Kollegen Auswirkungen sowohl auf die Wahl künftiger Forschungsthemen und die Art der Präsentation ihrer Forschungsergebnissen als auch auf ihre Bereitschaft haben, sich künftig überhaupt zu solch kritischen Fragen im wissenschaftlichen Diskurs offen zu äußern.

Halten wir also fest:

Um Whistleblowing im FuE-Bereich geht es mithin insbesondere immer dann, wenn Wissenschaftlerinnen oder Wissenschaftler

(1) aus berufsethischer Verantwortung

(2) durch geeignete Beiträge im Fachdiskurs und/oder in der allgemeinen Öffentlichkeit auf Risiken und Gefahren für wichtige Rechtsgüter (wie Leben, Gesundheit, friedliches Zusammenleben der Menschen, demokratische und rechtsstaatliche Strukturen, natürliche Lebensgrundlagen, ökologisches Gleichgewicht, Entwicklungschancen künftiger Generationen) hinweisen, die

- von der in Rede stehenden forschenden Tätigkeit selbst ausgehen oder ausgehen können („Labor- und Freilandrisiken"),

- aus einer „missbräuchlichen" Verwendung und Nutzung der Resultate wissenschaftlicher Forschung und Entwicklung resultieren können oder

- auch bei „bestimmungsgemäßer Verwendung" sich als risiko- oder gefahrenträchtige Neben- oder Folgewirkungen sozialer, ökologischer, wirtschaftlicher, rechtlicher oder ethischer Art bei der praktischen Umsetzung, Anwendung und Weiterentwicklung wissenschaftlicher Erkenntnisse und Entwicklungen einstellen können.

und

(3) wenn sie sich dabei gegen Beschränkungen und Behinderungen dieses ihres offenen Diskurses mit Fachkollegen oder mit der Öffentlichkeit wenden, dagegen in geeigneter Weise zur Wehr setzen und unter Umständen sogar ein gravierendes Risiko der Ausgrenzung und Diskriminierung auf sich nehmen.

Zum Whistleblowing von Prof. Dr. Gilles-Eric Séralini

Séralinis Forschungsarbeiten und Veröffentlichungen widmeten sich u. a. der in der Fachwelt höchst umstrittenen Frage, ob der Einsatz handelsüblicher Formate ("Roundup") des zur Wirkungsanreicherung mit einer Reihe von Beistoffen versehenen Herbizids Glyphosat im Verbund mit gentechnisch veränderten Organismen gravierende Risiken oder gar Gefahren für Lebewesen begründen kann und ob die in der Europäischen Union und ihren Mitgliedsstaaten bestehenden Genehmigungs- und Zulassungsverfahren hinreichend geeignet sind, diese Risiken und Gefahren zu beherrschen. Er publizierte im Jahre 2012 die Ergebnisse einer Fütterungsstudie, bei der Ratten mit Roundup-resistentem Mais der Firma Monsanto sowie dem Herbizid Roundup gefüttert wurden, in der angesehenen ("peer-reviewed") Fachzeitschrift „Food and Chemical Toxicology". Er machte dabei in Wahrnehmung seiner berufsethischen Verantwortung auf mögliche toxische Gefahrentatbestände und damit auf erhebliche Risiken für wichtige Rechtsgüter wie Leben und Gesundheit aufmerksam. Sein Beitrag löste heftige Attacken „interessierter Kreise" aus dem Bereich der agro- und biochemischen Industrie sowie bei zahlreichen Fachkollegen aus. Die an ihn adressierte Kritik bezog sich sowohl auf das Forschungsdesign als auch auf seine Interpretationen der Ergebnisse der Fütterungsversuche. Die Herausgeber der Zeitschrift, in der sein Forschungsbericht publiziert worden war, widerriefen, nachdem Séralini sich geweigert hatte, die Studie von sich aus zurückzuziehen, unter Verletzung einschlägiger Verfahrensrichtlinien[30] die Publikationszusage und entzogen die Publikation damit dem weiteren wissenschaftlichen Diskurs. Dies nahm Prof. Séralini nicht hin. Spätestens von diesem Zeitpunkt an wurde sein Insistieren auf der Notwendigkeit eines offenen und fairen Diskurses über seine Forschungsergebnisse zum Whistleblowing. Denn er ließ sich aus berufsethischer Verantwortung nicht „mundtot" machen und „knickte" nicht ein. Er widersetzte sich in den wissenschaftlichen Fachdiskursen und in der allgemeinen Öffentlichkeit den Angriffen seiner Kritiker und war nachhaltig darum bemüht, sich mit den Einwänden gegen seine Studie sachlich auseinanderzusetzen. Séralinis Alarmschlagen zu den von ihm als Wissenschaftler gesehenen gesundheitlichen Risiken und Gefahren, die von dem Einsatz handelsüblicher Formate des Herbizids Glyphosat im Verbund mit gentechnisch veränderten Organismen für Lebewesen ausgehen können, wies viele Parallelen zu dem Fall von Prof. Arpad Pusztai auf, dem der Whistleblower-Preis im Jahre 2005 verliehen worden war.[31] Auch Séralini befand sich damit als Wissenschaftler in der konkreten Gefahr, durch Beschädigung seiner persönlichen und wissenschaftlichen Integrität aus dem weiteren wissenschaftlichen Diskurs hinausgedrängt und ausgegrenzt zu werden. Seine weitere Karriere als Wissenschaftler stand damit auf dem Spiel.

Der gegen ihn erhobene Vorwurf, seine 2012 publizierte Studie habe einem von ihm zeitgleich veröffentlichten „Anti-Gentech-Buch" und der von ihm mitgegründeten gentechnik-kritischen Organisation CRII-GEN „zu großer Aufmerksamkeit verholfen", war von vornherein nicht geeignet, die Validität seiner publizierten konkreten Forschungsergebnisse in Frage zu stellen. Gleiches gilt letztlich für die plakative Behauptung seiner Kritiker, seine Publikation habe der „Firma Sevene Pharma, die für ein homöopathisches Roundup-Entgiftungs-Produkt trommelte" und „mit CRII-GEN verknüpft ist", „genützt"[32]. Denn wie sollte das öffentlich bekannte und von niemandem bestrittene Faktum, dass Séralini gemeinsam mit der ehemaligen französischen Umweltministerin Corinne Lepage und dem Botaniker Jean-Marie Pelt das „Comité de Recherche et d'Information Indépendantes sur le Génie Génétique (CRII-GEN)" gegründet hatte, das „unabhängige Untersuchungen zu Auswirkungen von gentechnisch veränderten Organismen" ermöglichen sollte, bereits im Ansatz die methodische oder inhaltliche Richtigkeit der Séralini-Forschungsergebnisse infrage stellen? Ob eine wissenschaftliche Studie einem anderen Unternehmen oder einer Organisation „nutzt" oder „schadet", ist nicht entscheidend dafür, ob ihre Resultate methodisch fehlerhaft gewonnen oder sonst nicht valide sind. Anderenfalls wären z. B. alle von agro- oder biochemischen Unternehmen veranlassten oder finanzierten Studien zu Herbiziden oder gentechnisch veränderten Organismen von vornherein gänzlich unbrauchbar.

Séralini gelang ungeachtet aller gegen ihn erhobenen Vorwürfe die Re-Veröffentlichung seines Beitrages im Jahre 2014 in einem angesehenen anderen wissenschaftlichen Publikationsorgan. In den Auseinandersetzungen mit seinen Kritikern erfuhr er von Anbeginn an nicht nur scharfe Kritik, sondern auch beträchtliche Unterstützung durch eine große Zahl von Wissenschaftlerinnen und Wissenschaftlern im In- und Ausland, die die von ihm angewandten Forschungsmethoden und -ergebnisse für sehr beachtlich und unbedingt publikationswürdig hielten und ihn insbesondere gegen die zentral auf seine persönliche und wissenschaftliche Integrität zielenden Attacken seiner Kritiker verteidigten. Séralini selbst ging zudem in mehreren Gerichtsverfahren mit beträchtlichem Erfolg gegen ehrverletzende Behauptungen seiner Kritiker vor.[33] Die International Agency for Research on Cancer (IARC), eine Arbeitsgruppe der Weltgesundheitsorganisation (WHO), stufte Glyphosat als „wahrscheinlich krebserregend" ein. Sie bezog sich dabei zwar nicht auf die Rattenstudie (2012) von Séralini, die allerdings auch nie den Anspruch erhoben hatte, eine statistisch ausgefeilte Krebsstudie zu sein. Sie hat jedoch seine weiteren Studien uneingeschränkt herangezogen. Die IARC fordert auf dieser Grundlage eine volle Neubewertung von drei Agrarchemikalien, darunter von Glyphosat. Ob Séralinis 2012 und 2014 publizierte Forschungsarbeit in ihrer Methodik und ihren Ergebnissen den Einwänden seiner Kritiker letztlich in jeder Hinsicht standhalten wird, ob sie korrigiert, modifiziert oder gar widerlegt werden wird, wird der weitere wissenschaftliche Diskurs zeigen. Dessen Ergebnis kann hier nicht vorweggenommen werden. Dieses war und ist für die Vergabe des Whistleblower-Preises nicht entscheidend. Entscheidend war und ist vielmehr, dass dieser wichtige Risikodiskurs überhaupt in Gang gesetzt wurde und dass die Öffentlichkeit von ihm erfuhr und nunmehr daran teilnehmen konnte und kann. Dass dieses möglich war und ist, ist gerade dem Whistleblowing Gilles-Eric Séralinis zu danken.

Zum Whistleblowing von Dr. Léon Gruenbaum

Das Whistleblowing des von 1970 bis 1973 am Kernforschungszentrum (KfK) in Karlsruhe beschäftigten Physikers Dr. Léon Gruenbaum fokussierte die „braunen Flecken" auf der „weißen Weste" des KfK. Ihn empörte, dass sich führende Kräfte, darunter Dr. Greifeld, der administrative Geschäftsführer des KfK, noch Anfang der 1970er Jahre dort mit rassistischen und NS-affinen Äußerungen hervortaten. In enger Kooperation mit Beate und Serge Klarsfeld, den in Paris lebenden unermüdlichen Aufklärern von Naziverbrechen, gelang es Dr. Gruenbaum zudem, Dokumente aufzufinden, die menschenverachtende Aktivitäten von Dr. Greifeld und anderen Personen in der deutschen Besatzungsverwaltung während des 2. Weltkrieges in Frankreich belegten. Die öffentliche Präsentation dieser Dokumente und die dadurch ausgelösten Proteste führten im Ergebnis dazu, dass Dr. Greifeld von seinem Posten des Vertreters der Bundesrepublik Deutschland im Lenkungsausschuss des englisch-französisch-deutschen Laue-Langevin-Kernforschungsinstituts (ILL) in Grenoble zurücktreten musste. Nach seinem Arbeitsplatzverlust am KfK in Karlsruhe übersiedelte Dr. Gruenbaum nach Paris und setzte dort seine Enthüllungen zu den "braunen Flecken" des KfK und der deutschen Atomforschung fort. Dies geschah nunmehr mittels einer Studie, deren Ergebnisse er bis zu seinem Tode vor allem Initiativen und Gruppen der Zivilgesellschaft zugänglich machte, damit sie öffentlich diskutiert und zur Grundlage von Gegenaktionen werden konnten. Er enthüllte dabei u. a. Verbindungslinien, die auf Zusammenhänge zwischen dem von Systemträgern des NS-Regimes in der Endphase des 2. Weltkrieges vorbereiteten „post-war-planning" und der realen Nachkriegsentwicklung in Westdeutschland hindeuten. Es ging dabei vor allem um den Transfer von großen Finanzmitteln, von technologischem Know-How und von u. a. in der NS-Atomforschung („Uranverein") tätigem hochqualifiziertem Fachpersonal vom „Reich" ins „neutrale Ausland" (u. a. nach Argentinien, Brasilien). Außerdem legte er Nachweise dazu vor, dass in der seit 1954/55 in Deutschland wieder zugelassenen Atomforschung eine große Zahl NS-belasteter Wissenschaftler und Akteure führende Positionen innehatten, insbesondere auch im KfK in Karlsruhe. Ferner half er, die spezifische Rolle des 1956 in Karlsruhe gegründeten Kernforschungszentrums bei der Entwicklung von proliferationsträchtigen Atomtechnologien zu enthüllen. Er wollte mit seiner Arbeit auf unterschiedlichen Ebenen die gesellschaftlichen Hintergründe und Ursachen auch seiner Verfolgung während des NS-Regimes und seiner erneuten Diskriminierung im Deutschland nach 1945 ergründen. Es ging ihm darum, Zusammenhänge und Verbindungslinien herauszufinden. Die mit seinen Enthüllungen verbundenen Auseinandersetzungen im KfK in Karlsruhe und danach hatten für ihn schwerwiegende Folgen, insbesondere für seine Gesundheit. Dr. Léon Gruenbaum war also bereits Whistleblower, als es den Begriff des Whistleblowers, zumindest im deutschen Sprachgebrauch, noch gar nicht gab.

Ende 2012, kam heraus, dass Dr. Greifeld, dessen Nazi-Vergangenheit und NS-affine Äußererungen seit den Enthüllungen durch Léon Gruenbaum (gemeinsam mit Beate und Serge Klarsfeld) seit Mitte der 1970er Jahre öffentlich bekannt sind, nach wie vor Ehrensenator der Karlsruher Universität (KIT) ist – ein Titel, der ihm 1969 verliehen worden war. Die „Südwestpresse" schrieb deshalb in ihrem im Vorfeld der Verleihung des Whistleblower-Preises erschienenen Bericht vom 15.10.2015 zu Recht: „Über dem Tag der Anerkennung von Léon Gruenbaums Arbeit als Whistleblower schwebt also immer auch die Frage der Aberkennung von Rudolf Greifelds Titel." Durch Beschluss vom 14.12.2015 hat sich der KIT-Senat zwischenzeitlich von der Verleihung der Ehrensenatorwürde an Dr. Greifeld distanziert. „Nach dem heutigen Kenntnisstand und auf der Basis ethischer Bewertungen würde die Ehrung von Dr. Greifeld nicht mehr erfolgen. Der KIT-Senat bedauert die damalige Ehrung", heißt es in dem Beschluss (https://www.kit.edu/kit/pi_2015_155_kit-senat-distanziert-sich-von-der-ehrung-rudolf-greifelds.php). Der Name Greifelds wird in der Liste der Ehrensenatoren des KIT mit einem Vermerk versehen, der auf die nationalsozialistische Vergangenheit von Rudolf Greifeld hinweist. Ein weiterer Informationstext soll den Prozess der Auseinandersetzung mit der Biographie Greifelds darstellen..

***

Die Verleihung des Whistleblower-Preises 2015 an den früheren US-Drohnenpiloten Brandon Bryant und den Molekularbiologen Prof. Dr. Gilles-Eric Séralini sowie des Posthum-Ehrenpreises an den bereits 2004 verstorbenen Physiker Dr. Léon Gruenbaum haben in den Medien eine große Resonanz gefunden. Die erschienenen Berichte und Kommentare können schon angesichts ihrer riesigen Zahl und ihres Umfangs hier nicht vollständig Niederschlag finden. Hinweise und Fundstellen sind jedoch auf der Homepage der IALANA unter http://www.ialana.de/arbeitsfelder/whistleblowing/whistleblower-preis/whistleblowerpreis-2015/194-presse-zur-verleihung-der-whistleblowerpreise-2015 dokumentiert.

Abschließend möchten die Herausgeber dieses Bandes all denjenigen danken, ohne deren vielfältige Unterstützung diese Publikation nicht hätte realisiert werden können, insbesondere den Kolleginnen und Kollegen in der gemeinsamen Geschäftsstelle der Vereinigung Deutscher Wissenschaftler (VDW) und der Deutschen Sektion der IALANA, für die hier stellvertretend Reiner Braun, Amela Skiljan, Ulrike Wunderle und Lucas Wirl genannt seien.

Anmerkungen

1 Vgl. etwa den von der Bundeszentrale für politische Bildung publizierten Band Meyer/Dovermann u. a. (Hrsg.), Zivilcourage lernen, 2004, in: http://www.bpb.de/shop/lernen/themen-und-materialien/37246/ zivilcourage-lernen-analysen-modelle-arbeitshilfen S. 124 ff. sowie den Überblicksartikel „Whistleblower" in: https://de.wikipedia.org/wiki/Whistleblower (aufgerufen am 29.2.2016); zur Entwicklung der Diskussion vgl. u. a. Dieter Deiseroth: Berufsethische Verantwortung in der Forschung, Möglichkeiten und Grenzen des Rechts. LIT-Verlag, Münster 1997, S. 230 ff.; Klaus M. Leisinger, Whistleblowing und Corporate Reputation Management, München, 2003, S. 19 ff; Heinz K. Stahl, Ein Ventil für Überdruck im Unternehmen, in: Frankfurter Allgemeine Zeitung v. 15.12.2003, S. 12 (in: http://www.faz.net/ aktuell/feuilleton/wirtschaft/ein-ventil-fuer-ueberdruck-im-unternehmen-1135316.html); Esther Wyler, Whistleblowing. Bedingungen und internationale Rechtssituation. Zürich, 2012, S. 18 ff.
2 http://www.spiegel.de/thema/whistleblower/ (aufgerufen am 29.2.2016).
3 http://www.sueddeutsche.de/wirtschaft/aufklaerung-begehrte-amnestie-1.2806727 (v. 6.1.2016).
4 http://www.faz.net/aktuell/politik/whistleblower-enthuellt-details-ueber-drohnenkrieg-13859714.html (v. 16.10.2015)
5 http://www.rp-online.de/politik/ausland/beruehmte-whistleblower-der-juengeren-geschichtebid-1.3467830 (aufgerufen am 29.2.2016).
6 http://www.lvz.de/Mitteldeutschland/News/Snowden-gratuliert-Whistleblower-Ellsberg-mit-Dresden-Preis-geehrt (v. 21.2.2016).
7 Vgl. etwa http://www.mdr.de/mdr-figaro/hoerspiel/feature/heimat-der-mutigen100.html sowie das MDR-Journal „Whistleblowing" in: http://www.mdr.de/mdr-figaro/journal/whistleblowing102.html (zuletzt aufgerufen am 29.2.2016).
8 Vgl. dazu Deiseroth/Göttling. Der Fall Nikitin, 2000, S. 11 ff.
9 Vgl. dazu die Hinweise am Ende des Buches.
10 Vgl. dazu unten S. 50 ff.
11 Vgl. Deiseroth, Berufsethische Verantwortung in der Forschung, 1997, S. 498 ff.
12 Vgl. u. a. Deiseroth, Der offene und freie Diskurs als Voraussetzung verantwortlicher Wissenschaft, in: Stefan Albrecht/Reiner Braun/Thomas Held, Einstein weiterdenken, 2005, S. 193 ff.
13 Vgl. dazu näher Deiseroth, Berufsethische Verantwortung in der Forschung, 1997, S. 23 ff. m. w. N.
14 Vgl. Bundesverfassungsgericht, Amtl. Entscheidungssammlung, BVerfGE 69, S. 315 ff. (346).
15 Von einer *direkten* Behinderung des wissenschaftlichen Diskurses kann gesprochen werden, wenn durch das Handeln oder Verhalten einer Einzelperson, einer sozialen Gruppe oder Institution auf einen oder mehrere dieser Bereiche zielgerichtet mit der Absicht einer Be- oder Einschränkung eingewirkt wird.
16 Eine *indirekte* Behinderung liegt vor, wenn die Entstehung, die freie Verfügung, die ungehinderte Verbreitung und/oder die unverfälschte Rezeption wissenschaftlicher Daten durch soziale Arrangements oder Strukturen eingeschränkt werden, die dem (finanziellen, karriereorientierten, bürokratischen, ideologischen) Interesse einer Einzelperson, einer sozialen Gruppe oder Institution dienen; solche Effekte können z. B. auch durch eine unsichere Rechtslage bewirkt werden.
17 Die nachfolgenden Ausführungen knüpfen an frühere eigene Studien (u. a. Deiseroth, Berufsethische Verantwortung in der Forschung, 1997; ders., Der offene und freie Diskurs in der Wissenschaft, a. a. O., S. 193 ff.) sowie Untersuchungen von Brian Martin an, vgl. u. a. Suppressing Research Data: Methods, Context, Accountability, and Responses, in: Accountability in Research, Vol. 6, 1999, pp. 333–372.

18 Vgl. dazu Deiseroth, Der offene und freie Diskurs in der Wissenschaft, a. a. O., S. 193 ff.

19 Vgl. dazu Martin, a. a. O., S. 12 m. w. N., u. a. unter Berufung auf B. Schultz, The censorship and suppression of scientific research, in: Search 24 (1993), S. 93–97.

20 Ein Beispiel: Die Wissenschaftlerin Betty Dong erarbeitete eine Studie über die Heilwirkungen unterschiedlicher Varianten des synthetischen Hormons Levothyroxin bei Schilddrüsenerkrankungen; finanziert wurde die Studie von der Fa. Boots, die damals das am häufigsten verschriebene und teuerste derartige Medikament herstellte; Dongs Studie gelangte zum Ergebnis, dass bei den meisten Präparaten die Wirkung etwa gleich gut sei. Daraufhin erklärt Boots die Studie für „fehlerhaft", obgleich Gutachter des „Journal of the American Medical Association" keine Fehler finden konnten. Dong sah sich nun in einer Zwickmühle, da sie unterschrieben hatte, dass sie Ergebnisse nur mit Erlaubnis der Firma Boots veröffentlichen dürfe. Die Universität von California fürchtete einen kostspieligen Rechtsstreit und verbat Dong die Publikation; vgl. dazu und zum weiteren Verlauf des Konflikts Jeanne Rubner in SZ v. 19.4.1999.

21 Vgl. dazu u. a. Beate Kirk, Der Contergan-Fall: Eine unvermeidbare Arzneimittelkatastrophe? Zur Geschichte des Arzneistoffs Thalidomid, in: Greifswalder Schriften zur Geschichte der Pharmazie und Sozialpharmazie, Band 1 (Hrsg: Chr: Friedrich), Stuttgart 1999.

22 Vgl. dazu die in „Lancet" publizierte Belegstudie von Martin McKee von der London School of Hygiene and Tropical Medicine und seine beiden Schweizer Kollegen Pascal Diethelm (OxyRomandie) und Jean-Charles Rielle (Cirpet-Genève), vgl. FAZ 26.1.2004.

23 Vgl. FAZ vom 26.1.2005.

24 Vgl. SZ vom 16.10.1996 „Auf einer Wahnsinnsspur" und in: Der Spiegel, Nr. 44 vom 28.10.1996, S. 38: „Die Affäre kleinhalten – EU-Politiker vertuschen das BSE-Problem"; Dethlefs/Dohn, Das BSE-Kartell, 1996; Deiseroth, Whistleblowing in Zeiten von BSE, 2001, S. 163 ff. m. w. N.; Andrew Rowell, Don't Worry, London. 2003, S. 9 ff.

25 Vgl. dazu u. a. Andy Rowell, Don't Worry: It's Safe to Eat, Earthscan, 2003; http://www.gmwatch.org/print-archive2.asp?arcid=5592 (14.8.2005).

26 Aufschlussreich insoweit waren etwa die Auseinandersetzungen zwischen der Leitung des „Instituts für Zeitgeschichte" in München und dem Historiker Hans Schneider über die Publizierung seiner Forschungsergebnisse zu den Hintergründen des Reichstagsbrandes von 1933; vgl. dazu die Beiträge von Deiseroth, Fischler und Narr in der Dokumentation Hans Schneider, Neues vom Reichstagsbrand?, 2004, S. 15 ff., 37 ff. und 195 ff.

27 Vgl. Martin, a. a. O., S. 9 unter Hinweis auf A. De Blas, Environmental Effects of Mount Lyell Operations on Macquarie Harbour and Strahan. Sydney: Australian Center for Independent Journalism. University of Technology, Sydney.

28 Vgl. dazu Holger Wormer, Richtigkeit ist nicht garantiert, in: Süddeutsche Zeitung vom 12.4.2003; vgl. ferner das im Auftrag der Zürcher Universität erstellte Gutachten von Prof. N.N. (Bern), das die Vorwürfe von Dagmar Michael im Kern bestätigte; Weitere Beispiele in: „Journal of Negative Results in Biomedicine" (http://jnrbm.com/home/) von der Harvard Medical School in Boston/Mass. (FAZ 17.12.2003, S. N 2); arznei-telegramm 6 (1996), S. 56: „Die Guten in Töpfchen, die Schlechten ins Kröpfchen … Tücken und Lücken der Herstellerinformationen".

29 Vgl. dazu Deiseroth/Falter, Whistleblower in Gentechnik und Rüstungsforschung,. Preisverleihung 2005 – Theodore A. Postol und Arpad Pusztai, 2006, S. 113 ff.

30 Vgl. unten **Dokument Nr. 3** und **6**, S. 242 und 244.

31 Vgl. dazu Beatrix Tappeser in: Deiseroth/Falter, Whistleblower in Gentechnik und Rüstungsforschung. Preisverleihung 2005, 2006, S. 45 ff.

32 So Sebastian Herrmann in: Südd. Zeitung v. 19.9.2015.

33 http://www.gmoseralini.org/seralinis-team-wins-defamation-and-forgery-court-cases-on-gmo-and-pesticide-research/ (aufgerufen am 29.2.2016).

Teil A
Entscheidungsbegründungen der Jury
zur Preisvergabe

Posthum-Ehrenpreisträger Dr. Léon Gruenbaum (dt., engl. und franz.)

Preisträger Brandon Bryant (dt. und engl.)

Preisträger Prof. Dr. Gilles-Eric Séralini (dt. und engl.)

Erstmals in diesem Jahr verleihen die „Vereinigung Deutscher Wissenschaftler (VDW)" und die Deutsche Sektion der internationalen Juristenvereinigung IALANA (neben dem Whistleblower-Preis auch) den

Posthum-Whistleblower-Ehrenpreis

Er geht an den früheren Physiker am Kernforschungszentrum (KfK) Karlsruhe

Dr. Léon Gruenbaum (1934–2004)

1. Der Preisträger wurde 1934 während der Flucht seiner jüdischen Eltern vor den Nazis aus Deutschland in Forbach (Lorraine/Lothringen) geboren. Im unbesetzten Teil Frankreichs gelang es der Familie mit Hilfe von Freunden aus der Résistance, ihn vor der Deportation in eines der Vernichtungslager des NS-Regimes zu bewahren. Nach der Befreiung studierte Léon Gruenbaum in Frankreich sowie an der Technischen Universität München Physik unter anderem bei Prof. Werner Heisenberg, an dessen Institut auch sein Promotionsvorhaben 1964 erfolgreich abgeschlossen wurde. Nach Forschungstätigkeiten in England und an der TU Darmstadt erhielt er 1970 einen auf 3 Jahre befristeten Vertrag als Physiker in der „Gesellschaft für Kernforschung mbH (GfK)" in Karlsruhe (später: Kernforschungszentrum Karlsruhe – KfK; dann seit 1990: Forschungszentrum Karlsruhe – FZK ; seit der 2009 erfolgten Fusion mit der Universität: Karlsruher Institut für Technologie – KIT); eine Verlängerung um weitere 2 Jahre und ggf. auch eine Festanstellung wurden in Aussicht gestellt.

a) Während seiner Tätigkeit im KfK in Karlsruhe kam es zu Kontroversen u. a. mit dem langjährigen administrativen Geschäftsführer Dr. jur. Rudolf Greifeld (geb. 1911; gest. 1984). Dr. Greifeld (seit 1937 NSDAP-Mitglied; ab 1936 Mitglied des NS-Rechtswahrerbundes; Eintritt in den SD) hatte diese Leitungsfunktion bei der GfK bzw. dem KfK seit 1956 inne; vorher war er seit 1945 zunächst im Württembergischen Sparkassen- und Giroverband, dann im württembergischen Wirtschaftsministerium in Stuttgart tätig gewesen. Ihm wurde – ebenso wie dem von ihm geförderten langjährigen Leiter der Rechtsabteilung des KfK Dr. Ziegler – u. a. vom Betriebsrat vorgeworfen, er sei im KfK mehrfach mit antisemitischen und NS-affinen Äußerungen innerhalb des KfK in Erscheinung getreten. Er habe sich gegenüber Mitarbeitern u. a. damit gebrüstet, er habe 1940 den Besuch „des Führers" in Paris organisiert; außerdem habe er geäußert, „was der Führer für ein bedeutender Mann gewesen sei"; und „dass die

24

Juden heute schon wieder dieselben Fehler machten wie früher".[1] Dr. Gruenbaum unterstützte diese Proteste und sprach Dr. Greifeld direkt darauf an, der jedoch solche Äußerungen von sich wies. Später wurde bekannt, dass sich Dr. Greifeld bereits als Student in antisemitischem Umfeld betätigte und u. a. Funktionen in einer aggressiv-antisemitischen Studenten-Vereinigung bekleidete. Im Gefolge der 1972/73 ausgetragenen Kontroversen wurde Dr. Gruenbaums befristeter Arbeitsvertrag mit dem KfK 1973 trotz Einschaltung des Bundesforschungsministeriums nicht verlängert. Nachdem die persönliche Eignung Dr. Greifelds immer stärker in die öffentliche Kritik geraten war, trat er schließlich 1974 vorzeitig in den Ruhestand, blieb jedoch weiterhin im Rahmen eines Beratervertrages für das KfK tätig.

b) Schon vor seinem Ausscheiden aus dem KfK in Karlsruhe erfuhr Dr. Gruenbaum von menschenverachtenden Aktivitäten Dr. Greifelds in der deutschen Besatzungsverwaltung während des 2. Weltkrieges in Frankreich. In enger Kooperation mit den in Paris lebenden Aufklärern von Naziverbrechen Beate und Serge Klarsfeld gelang es ihm, Dokumente über die Rolle von Dr. Greifeld im NS-Regime der Öffentlichkeit zu präsentieren. Ein bei Archivrecherchen aufgefundenes Schreiben von Dr. Greifeld vom 2.1.1941[2] belegt u. a., dass dieser seinen Kollegen vom Polizeireferat der deutschen Militärverwaltung in Paris einen von ihm verfassten Vermerk „zuständigkeitshalber" zur Kenntnis brachte. Darin hieß es, „in letzter Zeit" machten sich „die Juden in Paris wieder sehr breit". So seien z. B. in der Silvesternacht in dem Cabaret „Le Beuf sur le Toit" im Gebäude des Hotels „George V" – „von den Wehrmachtsangehörigen abgesehen – sehr viele Juden" gewesen. In der gleichen Nacht sei in dem Cabaret „Trois Valses" ein deutsches Lied, das die Kapelle gespielt habe, ausgepfiffen worden. Zu dieser Zeit seien auch hier Juden gewesen. Auch in dem Cabaret „Carrère" verkehrten „sehr viele Juden". Er, Dr. Greifeld, rege „deshalb an, dass die Bewilligung auf verlängerte Polizeistunde in den von Wehrmachtsangehörigen häufig besuchten Lokalen überprüft und die Verlängerung der Polizeistunde von der Verpflichtung abhängig gemacht wird, dass der Eigentümer ein Schild an der Tür anbringt, wonach Juden der Zutritt verboten wird." Nachdem eine Schriftsachverständige am Berufungsgericht Paris 1975 durch Vergleich mit aktuellen Unterschriftsproben die Echtheit der damaligen Unterschrift Dr. Greifelds bestätigt hatte, forderte Dr. Gruenbaum zusammen mit dem Ehepaar Klarsfeld in einer Pressekonferenz im Oktober 1975 in Strasbourg den Rücktritt Dr. Greifelds von seinem Posten des Vertreters der Bundesrepublik Deutschland im Lenkungsausschuss des englisch-französisch-deutschen Laue-Langevin-Kernforschungsinstituts (ILL) in Grenoble. Da Dr. Greifeld in der Öffentlichkeit die gegen ihn erhobenen Vorwürfe abstritt, bildete sich in Frankreich ein „Komitee zur Greifeld-Affäre". Es sammelte Unterschriften von mehr als 400 französischen und ausländischen Wissenschaftlern für die an das Bundesforschungsministerium gerichtete Forderung nach Rücktritt von Dr. Greifeld. Forschungsdirektor G. Amsel von der Universität Paris VII

wandte sich am 27.2.1976 an den damaligen Bundesforschungsminister Hans Matthöfer (SPD) und verlangte im Interesse der deutsch-französischen Freundschaft die Beendigung der Tätigkeit von Dr. Greifeld in Grenoble.[3] Kurz darauf trat Dr. Greifeld
von seinem Amt als Mitglied des Lenkungsausschusses in Grenoble zurück,[4] wobei er
weiterhin die gegen ihn erhobenen Vorwürfe zu seinem Verhalten im NS-Regime zu-
rückwies. Zwischenzeitlich haben Fachhistoriker weitere detaillierte Belastungsmate-
rialien zusammen getragen, die belegen, dass Dr. Greifeld während seiner Tätigkeit
in der deutschen Besatzungsverwaltung in Paris mit Hitlers Besuch in Paris befasst
war[5] und sich zudem an der Diskriminierung von Juden[6] aktiv beteiligte.[7] Dabei war
er dienstlich u. a. auch mit der Entlassung von Prof. Paul Langevin befasst[8], des damaligen Direktors der „École supérieure de Physique et Chimie industrielles" in Paris,
nach dem später das „Laue-Langevin-Kernforschungsinstitut (ILL)" in Grenoble u. a.
benannt wurde und dessen Lenkungsausschuss Dr. Greifeld bis zu seiner erzwunge-
nen Demission 1976 angehörte. Er hatte in Paris (und auch nach dem Krieg in Karlsruhe über Jahrzehnte) zudem engen Kontakt mit Dr. Waldemar Ernst, der hier (und
später in Polen) aktiv in die Deportation von Juden u. a. nach Auschwitz involviert[9]
und nach 1945 Direktor der Schwäbischen Hüttenwerke in Aalen war.

c) Nach Beendigung seiner Tätigkeit am KfK in Karlsruhe übersiedelte Dr. Gruenbaum nach Paris und arbeitete seitdem an einer umfangreichen geschichts- und politikwissenschaftlichen Studie über die „Genese der Plutoniumgesellschaft – Politische
Konspirationen und Geschäfte", die er als Dissertation an der Sorbonne einbringen
wollte. Das Manuskript in französischer Sprache liegt vor und wird gegenwärtig für
eine Publikation vorbereitet. In seiner Studie, deren Ergebnisse er bis zu seinem Tode
vor allem Initiativen und Gruppen der Zivilgesellschaft (Eine-Welt-Bewegung; Anti-
Apartheid-Initiativen) mehrfach zugänglich machte[10], damit sie öffentlich diskutiert
und zur Grundlage von Gegenaktionen werden konnten, deckte Dr. Gruenbaum u. a.
Verbindungslinien auf, die auf Zusammenhänge zwischen dem von Systemträgern des
NS-Regimes in der Endphase des 2. Weltkrieges vorbereiteten „post-war-planning"
und der realen Nachkriegsentwicklung in Westdeutschland hindeuten.[11] Es ging dabei
vor allem um den Transfer von großen Finanzmitteln, von technologischem Know-
How und von u. a. in der NS-Atomforschung („Uranverein") tätigem hochqualifizier-
tem Fachpersonal vom „Reich" ins „neutrale Ausland" (u. a. nach Argentinien, Brasi-
lien). Dabei nahm Dr. Gruenbaum u. a. auf ein Treffen von Akteuren des von Albert
Speer geführten NS-Rüstungsministeriums, des NS-Wirtschaftsministeriums sowie
Abgesandten von Rüstungsindustrieunternehmen von Rhein und Ruhr und hohen SS-
Vertretern Bezug. Dieses hatte im Gefolge der im Juni 1944 erfolgten Landung der
westalliierten Truppen in der Normandie, des bevorstehenden militärischen Falls von
Paris und der sich klar abzeichnenden Niederlage des NS-Regimes am 10. August 1944
im Hotel „Rotes Haus" in Strasbourg unter der Leitung des Wehrwirtschaftsführers

Dr. Friedrich Scheid stattgefunden. Von dieser Zusammenkunft hatte Dr. Gruenbaum offenbar durch ein in der deutschen Geschichtswissenschaft bis heute kaum zur Kenntnis genommenes Dokument erfahren, das sich u. a. in einem Protokoll über die Anhörungen des von Senator Harley M. Kilgore geführten Unterausschusses („Subcommittee on War Mobilization") des US-Senats vom 25. Juni 1945 fand[12]; es ist seit 2000 von den zuständigen US-Behörden offiziell deklassifiziert worden. Hier wurden Grundkonzepte eines „nazi post-war planning" erörtert, deren konkrete Umsetzung nach 1945 bisher wenig erforscht ist. Bekannt ist allerdings, dass es nach Kriegsende einer großen Zahl von schwer belasteten Funktionsträgern des NS-Regimes gelang, über die sog. Rattenlinie mit Hilfe des Vatikan und des Roten Kreuzes insbesondere nach Südamerika zu entkommen. Ebenso schafften es viele mit dem NS-Regime eng kooperierende Unternehmen, große Finanzsummen und technologisches Know-how ins „neutrale Ausland" zu transferieren, um es dann nach einigen Jahren wieder dem deutschen Wirtschaftskreislauf zuzuführen.[13] Heute ist durch Studien belegt, dass allein das Internationale Komitee vom Roten Kreuz (IKRK) in Genf bis Mitte 1947 ca. 25.000 für die Weiterreise nach Übersee notwendige Reisepapiere („titres de voyage") an flüchtige NS-Akteure ausstellte, bis Ende 1948 ca. 70.000[14]; darunter befanden sich u. a. bekannte NS-Verbrecher wie Klaus Barbie, Josef Mengele, Erich Priebke und Adolf Eichmann.[15] Größe und Umfang der Kapital- und Technologietransfers aus dem untergehenden NS-Regime in neutrale Staaten (insbesondere nach Schweden, die Schweiz, Argentinien, Brasilien und andere südamerikanische Länder) sind bis heute weitgehend unerforscht; US-Schätzungen sprechen jedoch von Milliardenbeträgen. Dr. Gruenbaum enthüllte in seiner Studie u. a., dass vor allem an argentinischen Forschungszentren seit 1945 insbesondere deutsche Atomwissenschaftler arbeiteten, die bereits am „Uranprojekt" des NS-Regimes beteiligt waren.

d) Dr. Gruenbaum arbeitete in seiner Studie ferner heraus und machte dies zivilgesellschaftlichen Initiativen öffentlich zugänglich, dass in der seit 1954/55 in Deutschland wieder zugelassenen Atomforschung eine große Zahl NS-belasteter Wissenschaftler und Akteure führende Positionen innehaben konnten. Im KFZ Karlsruhe betraf dies seit 1956 neben dem früheren Kriegsverwaltungsrat Dr. Rudolf Greifeld als administrativem Geschäftsführer u. a. den ersten technischen Leiter der GfK, Dr. Gerhard Ritter, der während seiner Tätigkeit beim IG Farben-Konzern vor 1945 an der Entwicklung und Produktion von Giftgas führend beteiligt war. Als personelle Nazi-Altlast ist ferner zu nennen der Chemiker Dr. Walther Schnurr, der im NS-Regime führender Sprengstoffexperte bei der Dynamit AG war und nach 1945 nach Argentinien übersiedelte; vom argentinischen Präsidenten Peron wurde er bei ersten Versuchen zum Aufbau einer argentinischen A-Waffen-Produktion eingesetzt; 1956 holte ihn Bundesminister Franz-Josef Strauß (CSU) zurück nach Deutschland als Abteilungsleiter in das

Ministerium für Atomfragen; 1957 bestimmte man ihn zum techn.-wissenschaftlichen Geschäftsführer der GfK/KfK.

e) Dr. Gruenbaum half mit seiner Studie und den von ihm daraus zivilgesellschaftlichen Initiativen zugänglich gemachten Informationen auch dabei, die Rolle des 1956 entgegen den Erwartungen von Prof. Werner Heisenberg nicht in München, sondern (u. a. aufgrund von Empfehlungen aus der Bundeswehrgeneralität[16]) in Karlsruhe gegründeten Kernforschungszentrums bei der Entwicklung von proliferationsträchtigen Atomtechnologien zu enthüllen. Die enge Zusammenarbeit zwischen der KfK-Nuklearforschung und Argentinien[17] führte 1968 auf der Grundlage eines im KfK in Karlsruhe entwickelten und realisierten Prototyps zum Bau des Schwerwasser-Atomreaktors Atucha I in Argentinien, woran Dr. Schnurr, das zeigen die Forschungen von Prof. Joachim Radkau[18], als wichtiger Mittelsmann maßgeblich beteiligt war. An Argentinien wurde ferner eine ebenfalls im KfK in Karlsruhe entwickelte Wiederaufarbeitungs-Anlage geliefert. Dr. Gruenbaum wies darauf hin, dass der Atomreaktor Atucha I eine Jahresmenge von ca. 150 kg Plutonium mit „militärischer Qualität" produzierte. An diesem Reaktor-Typ, der zur Entnahme von Plutonium ohne Betriebsunterbrechung geeignet war, war bereits während des NS-Regimes gearbeitet worden. Die Folgen sind bekannt: 1978 legte die argentinische Militärregierung, die sich über Jahre hinweg geweigert hatte, dem Nichtverbreitungsvertrag beizutreten, ein geheimes Atomwaffenprogramm auf, das erst nach dem Ende der Junta im Jahr 1983 aufgegeben wurde.

f) Dr. Gruenbaum enthüllte ferner in enger Kooperation mit zivilgesellschaftlichen Initiativen weitere dubiose Projekte.[19] Dazu gehörte u. a. das Kattara-Projekt in Ägypten: Deutsche Unternehmen planten hier mit deutschem Fachpersonal die Entwicklung atomarer Sprengköpfe, angeblich um in Ägypten eine Verbindungsrinne vom Mittelmeer zur 134 m tiefer gelegenen Kattara-Senke herauszusprengen; der Wasserstrom sollte 30 Jahre fließen und ein zu bauendes Kraftwerk betreiben; benötigt würden dafür 267 „zivile" Atombomben; das Projekt wurde nicht verwirklicht. Er wies auch auf das dubiose Satelliten-Projekt der Fa. Otrag, München, hin, das, mit Steuergeldern gefördert, über dem Äquator eine Kette von stationären Satelliten postieren wollte, für das mehr als 200 Raketenstarts projektiert waren; die Fa. Otrag erwarb von Zaire ein ca. 225.000 qkm großes Gelände um Kolwezi in der Uran-Provinz Shaba/Katanga zum Erproben von Raketen und Drohnen. Was daraus wurde, ist nicht bekannt. Seine kritische Aufmerksamkeit widmete Dr. Gruenbaum ferner dem Inga-Shaba-Projekt: Deutsche Unternehmen bereiteten den Bau eines Kraftwerks an der Mündung des Kongo-Flusses und die Übertragung der Elektrizität über 1200 km nach Lowezi-Shabe vor. Als Ziel wurde Urananreicherung genannt. In seiner Studie verwies Dr. Gruenbaum auch darauf, dass 1975 die deutsche Bundesregierung Brasilien Unterstützung bei der Uran-Anreicherung durch die GfK in Karlsruhe sowie bei der Entwicklung von 8 Atomreaktoren zusicherte; nach Ende der Militärdiktatur wurde dieses Projekt eingestellt. Dr. Gruenbaum enthüllte gegenüber Initiativen aus der Anti-Apartheid-Bewegung außerdem die 1977 erfolgte Transaktion des für die Anreicherung von Uran im KfK in Karlsruhe unter der Leitung seines Erfinders Prof. Becker von der GfK entwickelten Trenndüsenverfahrens an den Apartheid-Staat Südafrika. Diese Urananreicherungsanlage in Südafrika musste, so stellte Dr. Gruenbaum fest, im Zusammenhang mit dem Bau des Cabora-Bassa-Staudamms in der damaligen portugiesischen Kolonie Moçambique gesehen werden. Dieses mit deutscher Entwicklungshilfe geförderte Projekt der Unternehmen Siemens, AEG, BBC, Hochtief und Voith war darauf ausgerichtet, Elektrizität zu erzeugen, die über 1800 km nach Südafrika an die dortige Urananreicherungsanlage geliefert werden sollte. Südafrika entwickelte auf dieser Basis unter der Apartheid-Regierung Atomwaffen, aller Wahrscheinlichkeit nach auch in enger Kooperation mit Israel. Erst kurz vor dem Ende der Apartheid zerstörte Südafrika mit US-amerikanischer Unterstützung 1991 seine sechs produzierten Atomwaffen. Léon Gruenbaums Informationen und Anregungen trugen, wie es der Kölner Arzt Dr. Wolff Geisler aus der Anti-Apartheid-Bewegung formulierte, „entscheidend dazu bei, dass zu diesen unglaublichen Projekten eine Gegenöffentlichkeit entstand, die diese Projekte behinderte, ja zum Teil verhinderte."[20]

2. Was waren die Gründe für das aufklärerische Handeln des Whistleblowers Léon Gruenbaum? Er versuchte, die gesellschaftlichen Hintergründe und Ursachen seiner Verfolgung während des NS-Regimes und seiner erneuten Diskriminierung im Deutschland nach 1945 zu ergründen. Es ging ihm darum, Zusammenhänge und Verbindungslinien herauszufinden. Seiner Ansicht nach war es, wie Robert Jungk diesbezügliche Gespräche mit ihm resümierte, kein Zufall, dass Deutschlands erster Atomminister Franz-Josef Strauß „so auffallend viele Persönlichkeiten heranzog, die bereits im Dritten Reich führende Positionen eingenommen hatten". Ihn interessierten insbesondere die mit der sog. „friedlichen" Plutonium-Produktion objektiv verbundenen latenten militärischen Optionen. Auf die Frage Robert Jungks anlässlich eines Besuchs 1973 bei ihm in Paris, ob diese „Theorie ... für die heutige Situation noch eine Bedeutung" habe, erwiderte Dr. Gruenbaum: *„Gewiß. Ich meine, es ist doch wohl kein Zufall, dass diese Männer sich gerade so sehr für die Atomindustrie interessiert haben. Sie müssen sich schon zu einem frühen Zeitpunkt gesagt haben, dass hier eine Schlüsselindustrie entsteht, die einmal alle anderen an Machtfülle und Einfluss überflügeln würde. Doch dann kommt vielleicht noch ein anderes Motiv dazu: der Wunsch der Deutschen, auch einmal Atombomben zu haben – oder zumindest die Verfügung über industrielle Kapazitäten, die eine Herstellung der ihnen verbotenen Waffengattung bei Bedarf ermöglichen."*[21] Mit dieser Einschätzung der mit dem Aufbau einer atomtechnischen Infrastruktur in der Bundesrepublik verbundenen latenten militärischen Optionen, die freilich seit dem 1975 erfolgten Inkrafttreten des Nichtverbreitungsvertrages völkerrechtlich illegalisiert sind, stand und steht Dr. Gruenbaum nicht allein.[22]

29

Zwischenzeitlich gut dokumentiert ist jedenfalls, dass die Bundesregierung im April 1958 mit Frankreich und Italien ein Abkommen über die „gemeinsame Entwicklung und Produktion von Atomsprengkörpern" unterzeichnete („paraphierte"), das dann allerdings von Präsident de Gaulle nach seinem danach erfolgten Machtantritt strikt abgelehnt und als inexistent betrachtet wurde.[23]

3. Dr. Léon Gruenbaums Whistleblowing und die damit verbundenen Auseinandersetzungen im KfK in Karlsruhe und danach hatten für ihn schwerwiegende Folgen. Sein Nervenleiden, vermutlich die Spätfolge einer Hirnhautentzündung, die er in der Kindheit auf der Flucht der Familie vor den Nazis erlitten hatte, verstärkte sich mehr und mehr. In seinen letzten Jahren zog es ihn wieder zu Freunden nach Karlsruhe. Er verstarb dort 2004 im Alter von 70 Jahren. Seine letzte Ruhestätte fand er auf dem Friedhof in Bad Mingolsheim.

Wenig Verständnis hätte Dr. Gruenbaum, wenn er davon erführe, dafür, dass bis heute Dr. Rudolf Greifeld, der langjährige administrative Geschäftsführer des KfK in Karlsruhe, das vor wenigen Jahren im „Karlsruher Institut für Technologie (KIT)" aufgegangen ist, nach wie vor Ehrensenator eben dieses KIT ist. Es ist zu hoffen, dass sich das KIT nun endlich auf der Grundlage des in Kürze zu erwartenden Fachgutachtens des Historikers Prof. Rusinek von der Universität Düsseldorf, der zugleich Leiter des Archivs des Forschungszentrums Jülich ist, dazu entschließt, Dr. Greifeld vor allem aufgrund seiner NS-Belastung die Ehrung als Ehrensenator zu entziehen.

Frankfurt am Main/Berlin, im August/September 2015

Die Jury zur Vergabe des Whistleblower-Preises:

RA Gerhard Baisch (Bremen), Dr. Dieter Deiseroth (Leipzig/Düsseldorf), Prof. Dr. Hartmut Grassl (Hamburg), Dr. Angelika Hilbeck (Zürich) , RAin Christine Vollmer (Bremen)

Anmerkungen

1 Quellen: KfK-Mitarbeiterbrief vom 15.01.1973 an den Parl. Staatssekretär im Bundesforschungsministerium Dr. Volker Hauff (SPD), in: http://www.forum-ludwig-marum.de/site/assets/files/1012/reader.pdf S. 23–25; vgl. dazu ferner u. a. Kiefer/Schuffenecker in: Dernières Nouvelles d'Alsace v. 24.10.1975.

2 Als Faksimile zugänglich unter: http://www.forum-ludwig-marum.de/site/assets/files/1012/reader.pdf S. 10.

3 Vgl. dazu u. a. FAZ v. 26.11.1975 „Ärgernis am ILL in Grenoble – 350 französische Wissenschaftler fordern die Abberufung von R. Greifeld".

4 Vgl. FAZ vom 8.12.1975; vgl. ferner die bisher unveröffentlichte Studie von Dr. Gruenbaum (in frz. Sprache): „Genese der Plutoniumgesellschaft – Politische Konspirationen und Geschäfte", S. 276–287; Beate et Serge Klarsfeld, Mémoires. Paris, 2015, S. 404.

5   Vgl. dazu u. a. die Eintragungen im Diensttagebuch von Edouard Bonnefoy, 1940/41 als Direktor des Kabinetts des Präfekten des Departements Seine im dienstlichen Kontakt zu Dr. Greifeld als zuständigem Vertreter der deutschen Besatzungsverwaltung. Bonnefoy war zugleich illegal in der Résistance tätig. Er zeichnete Greifelds einschlägige Äußerungen penibel handschriftlich auf. vgl. u. a. die Eintragungen v. 18.7.1940: „Anlässlich der Ehrenparade für den Führer in Paris werden einige Hotels geräumt werden. Wir verlangen, dass die Stadt (Paris) diese Hotels entschädigt für die Zimmer, die deshalb einige Tage leer stehen werden.". Quelle: http://www.stattweb.de/files/civil/Doku20140629.pdf.

6   Vgl. die Einträge im Bonnefoy-Diensttagebuch vom 30.9.1940: „Monsieur Greifeld (M.G.): Bei der Errichtung einer neuen Ordnung in Europa gibt es drei Gruppen von Gegnern, die weggefegt werden, vielleicht nicht morgen, aber mit Gewissheit; das sind die Juden, die Freimaurer und die Plutokraten, diejenigen, die bereit sind, in den Krieg zu treiben, um Geld zu verdienen", sowie vom 5.5.1941: „Dr. Gr. ist verwundert, dass die französische Regierung keine energischeren Maßnahmen gegen die Juden unternimmt, er erklärt, dass die jüdischen Frechheiten kein Ende nähmen und dass es wünschenswert sei, dass eine gute Ordnung hergestellt wird, gegen diese jüdische Bewegung, die für den Krieg verantwortlich ist und fortfährt, unschuldige Bevölkerungen in den Krieg zu treiben."

7   Vgl. ferner dazu die an der Universität Lyon erstellte Studie (Dissertation) von Elodie Prost: Edouard Bonnefoy – Un Haut Fonctionnaire sous L'Occupation (juin 1940 – mai 1945). Le devoir de désobéissance. Lyon, 1999, u. a.: „Dr. Greifeld, Sprecher des deutschen Militärbefehlshabers in Frankreich, war in Permanenz beim Direktor des Kabinetts des Präfekten des Seine-Departements E. Bonnefoy, um die deutschen Forderungen zu unterbreiten."

8   Vgl. die Eintragungen im Diensttagebuch von Edouard Bonnefoy vom 1. und 12.11.1940.

9   Waldemar Ernst war von 1940 bis 1942 Leiter des Polizeireferats des Militärbefehlshabers in Frankreich und verantwortlich für zahlreiche Polizeimaßnahmen gegen die Juden und für die Festnahme der ersten tausend französischen Juden 1941; vgl. dazu die Dokumente in: Serge Klarsfeld, Die Endlösung der Judenfrage in Frankreich; einsehbar unter: http://www.forum-ludwig-marum.de/site/assets/files/1012/reader.pdf, S. 11–13.

10 Vgl. dazu u. a. die Auskünfte des in der Anti-Apartheid-Bewegung engagierten Kölner Arztes Dr. Wolff Geisler gegenüber der Jury.

11 Gruenbaum, a. a. O., Band 2, S. 215 ff.

12 Vgl. US Military Intelligence Report EW-Pa 128, 7 November 1944 (zugänglich im Internet unter: www.cuttingthroughthematrixcl/articles/Intelligence_Report:EW-Pa_28.html – zuletzt eingesehen am 15.6.2015), published in: Hearings before a Subcommittee of the Committee of Military Affairs. United States Senate. Seventy-Nineth Congress. First Session. Pursuant to Senate Resolution 107 (78th Congress) and Senate Resolution 146 (79th Congress), Part. 2, June 25, 1945, p. 30–32; inhaltlich auch wiedergegeben in: Henry Morgenthau Jr., Germany Is Our Problem. New York, 1945, p. 10–11; in deutscher Übersetzung findet sich das Dokument in: Förster/Groehler, Der zweite Weltkrieg. Dokumente, Berlin (Ost), 1972, S. 283–286; ein Faksimile ist abgedruckt in: Gaby Weber, Daimler-Benz und die Argentinien-Connection. Von Rattenlinien und Nazigeldern, Berlin, 2004, S. 120 ff.; eine quellenkritische Auseinandersetzung mit diesem Dokument findet sich bei Dietrich Eichholtz, Das Reichsministerium für Rüstung und Kriegsproduktion und die Straßburger Tagung vom 10. August 1944, in: Bulletin des Arbeitskreises „Zweiter Weltkrieg", Nr. 3/4, 1975, S. 5–21; vgl. dazu auch Christiane Uhlig u. a., Tarnung, Transfer, Transit. Die Schweiz als Drehscheibe verdeckter deutscher Operationen (1938–1952). Hrsg. von der Unabhängigen Expertenkommission Schweiz – Zweiter Weltkrieg, Zürich, 2001, S. 109–111.

13 Vgl. dazu u. a. Rena Giefer/Thomas Giefer, Die Rattenlinie. Fluchtwege der Nazis. Eine Dokumentation. 3. Aufl. 1995, S. 22 ff.; Christiane Uhlig u. a., Tarnung, Transfer, Transit., a. a. O., S. 112 ff. m. w. N.; Gaby Weber, Daimler Benz und die Argentinien-Connection, a. a. O., S. 20 ff.

14 Nähere Nachweise in: Christiane Uhlig u. a., Tarnung, Transfer, Transit. a. a. O., S. 190 f.

15 Ebd., S. 196.

16 Vgl. u.a. den Brief von Generalleutnant a.D. Hans Speidel vom 23.4.1955, als Faksimile in: http://www.forum-ludwig-marum.de/site/assets/files/1012/reader.pdf, S. 29.

17 Vgl. Léon Gruenbaum (in frz. Sprache): „Genese der Plutoniumsgesellschaft, (Fußnote 4), S. 325–350; Vortrag Dr. Wolff Geisler in: Léon Gruenbaum, Der verfolgte Nazi-Jäger. Symposium des Forum Ludwig Marum. Karlsruhe 2014, S. 18–21.

18 Vgl. Joachim Radkau, Plutonium-Politik und Atomwaffen, in: Léon Gruenbaum, Der verfolgte Nazi-Jäger. Symposium des Forum Ludwig Marum, 2014, S. 31 (33).

19 Vgl. dazu Wolff Geisler, ebd., S. 18 ff.

20 Wolff Geisler, ebd., S. 19 f.

21 Robert Jungk, Der Atomstaat, 1979, S. 98 ff.

22 Vgl. dazu u.a. Karl Brandstetter, Allianz des Misstrauens. Diss. Gießen. Köln 1989; Matthias Küntzel, Bonn und die Bombe. Deutsche Atomwaffenpolitik von Adenauer bis Brandt. Frankfurt am Main, 1992; Roland Kollert, Die Politik der latenten Proliferation. Militärische Nutzung „friedlicher" Kerntechnik in Westeuropa. Wiesbaden, 1994; ders., Atomtechnik als Instrument westdeutscher Nachkriegs-Außenpolitik. VDW-Materialien 1/2000; Tilman Hanel, Die Bombe als Option – Motive für den Aufbau einer atomtechnischen Infrastruktur der Bundesrepublik bis 1963. Essen, 2015.

23 Vgl. dazu u.a. http://www.spiegel.de/einestages/deutsche-aufruestung-a-947286.html; Franz-Josef Strauß, Erinnerungen, 1989, S. 347 ff.; Kollert, Atomtechnik …, 2000, S. 12 ff.; Gregor Schöllgen/Stephan Geier, Schwellenmacht Deutschland, in: FAZ v. 31.5.2012, S. 7.

In addition to the Whistleblower Award, this year for the first time the Federation of German Scientists [Vereinigung Deutscher Wissenschaftler – "VDW"] and the German Section of the International Association of Lawyers Against Nuclear Arms ("IALANA") are also presenting the

Posthumous Whistleblower Award

to the physicist who formerly worked at the Karlsruhe Nuclear Research Centre (KfK)

Dr. Léon Gruenbaum (1934–2004)

1. The award winner was born in 1934 while his Jewish parents were in Forbach (Lorraine/Lothringen), having fled from the Nazis in Germany. In the unoccupied part of France, helped by friends from the French Resistance, the family managed to escape deportation to one of the NS extermination camps. After the liberation, Léon Gruenbaum studied physics in France and at the Technical University in Munich. One of his professors was Werner Heisenberg, at whose institute he successfully completed his doctorate in 1964. After conducting research in the UK and in Germany at the TU Darmstadt, he gained a 3-year fixed-term contract as a physicist in the "Society for Nuclear Research (GfK)" in Karlsruhe in 1970 (later: Karlsruhe Nuclear Research Centre KfK; then from 1990 Research Centre Karlsruhe FZK; after the merger with the university in 2009, Karlsruhe Institute for Technology KIT). It was already made clear to him that an extension for a further 2 years and a subsequent permanent contract were a distinct possibility.

a) During his work at the KfK in Karlsruhe there were some controversies, including those surrounding the long-serving Administrative Managing Director Dr. jur. Rudolf Greifeld (1911–1984). An NSDAP member since 1937 and member of the National Socialist Association of German Legal Professionals NSRB since 1936, Dr. Greifeld had held this post at the GfK/KfK since 1956. Prior to this position, he had been employed in the banking sector at the Württembergischen Sparkassen- und Giroverband since 1945 and then at the Württemberg Economic Ministry in Stuttgart. At the KfK, the Works Council accused him and the long-term Director of the KfK Legal Department, Dr. Ziegler, whom he had supported, of expressing anti-semitic and NS-sympathetic views on multiple occasions within the KfK. Among other things, he was purported to have boasted to employees about organising the 1940 visit of "The Führer" to

Paris, to have stressed how important Hitler was to him, and to have claimed that "today the Jews are once again making the same mistakes as in the past"[1]. Dr. Gruenbaum supported these protests and addressed Dr. Greifeld directly with regards to them, but he denied the claims. Later it became known that as a student Dr. Greifeld had already been active in the anti-semitic milieu and even held posts in an aggressively anti-semitic student association. Following the controversies that took place in 1972/73, Dr. Gruenbaum's fixed-term contract with the KfK was not extended in 1973, despite an intervention from the Federal Research Ministry. As public criticism of Dr. Greifeld's personal suitability for his post became louder, he took early retirement in 1974. However, he retained a contractual consultancy with the KfK.

b) Even before his contract at the KfK in Karlsruhe was terminated, Dr. Gruenbaum had discovered information about misanthropic acts committed by Dr. Greifeld in the German occupation of France during WWII. Working closely with the Paris-based investigators of Nazi crimes, Beate and Serge Klarsfeld, he managed to uncover documents on the role of Dr. Greifeld in the NS regime and to make these public. One of the documents he found in the archives was written by Dr. Greifeld on 2.1.1941[2] to his colleagues at the police department of the German military administration in Paris to draw their attention "for reasons of competence" to a report he had made, including the remarks that "recently" the "Jews in Paris have been more active again". For example, on New Year's Eve there were "very many Jews" attending the cabaret "Le Beuf sur le Toit" in the hotel "George V" – "as well as members of the Wehrmacht". On the same night, at the cabaret "Trois Valses" the crowd had booed down a German song being played by the band. Jews were also present at that incident, he reported. And there were "very many Jews" attending the "Carrère" cabaret. So, he, Dr. Greifeld, "calls for a re-examination of the granting of late licenses for establishments frequented by the Wehrmacht members and for any late licenses to be made subject to the condition that the owner affixes a notice on the door forbidding entry to Jews". After a handwriting expert at the Court of Appeal in Paris had confirmed the authenticity of the signature of Dr. Greifeld on the old document by comparing it to more recent examples, Dr. Gruenbaum and the Klarsfelds called a press conference in Strasbourg in October 1975 to call for the resignation of Dr. Greifeld from his post as the German delegate in the steering committee of the English-French-German Institut Laue-Langevin (ILL) nuclear research facility in Grenoble. Since Dr. Greifeld denied the publicly made accusations against him, a "Committee on the Greifeld Affair" was formed in France. It collected signatures from more than 400 French and international academics calling on the German Research Ministry to demand that Dr. Greifeld resigns. Research Director G. Amsel from the University of Paris VII turned to the German Federal Research Minister at the time, Hans Matthöfer (SPD), and demanded the cessation of Dr. Greifeld's delegation to Grenoble, in the interest of Franco-German relations[3]. Shortly afterwards, Dr. Greifeld stepped down from his appointment as a member of the ILL steering committee in Grenoble.[4] However, he continued to deny the activities he was being accused of during the NS era. In the meantime, specialist historians have gathered further incriminating material proving Dr. Greifeld's involvement in Hitler's visit to Paris, which took place during his period working in German-occupied France[5] and additionally his active participation[6] in discrimination against Jews.[7] His job had also involved dealing with the dismissal of Prof. Paul Langevin[8], the former Director of the "École de Physique et Chimie industrielle" in Paris. The Institut Laue-Langevin (ILL) in Grenoble, on whose steering committee Dr. Greifeld served until forced to retire in 1976, was named after him. In Paris (and in Karlsruhe for decades after the war) he also had close contact to Dr. Waldemar Ernst, who (in France and later in Poland) was actively involved in the deportation of Jews to Ausschwitz and elsewhere[9] and who was Director of the Schwäbische Hüttenwerke smelting works in Aalen after 1945.

c) After leaving KfK in Karlsruhe, Dr. Gruenbaum relocated to Paris. From then on he pursued his work on a comprehensive historical and political study of the "Genesis of the Plutonium Society – Political Conspiracies and Deals" which he intended to submit as a dissertation to the Sorbonne. The manuscript in French is still extant and is currently being prepared for publication. Many times before he died, he made the results of his study available to civil society initiatives and groups such as oneworld and anti-apartheid movements[10], so they would be publicly discussed and form the basis of counter-actions. In the study, Dr. Gruenbaum uncovered lines of connection which suggest coherences between 'post-war planning' by the leading functionaries in the NS regime and the actual post-war developments in Western Germany[11]. This mainly concerned the transfer of large sums of money, technological expertise and, in the case of nuclear research (the "Uranverein" – Uranium Association), the relocation of active, highly qualified specialist personnel from the German "Reich" to "neutral foreign countries" such as Argentina and Brazil. Dr. Gruenbaum made reference to meetings such as one between delegates from the NS Armaments Ministry, led by Albert Speer, and the NS Economics Ministry as well as representatives of armaments companies from the Rhine/Ruhr regions and top-level SS officers. Chaired by Wehrwirtschaftsführer Dr. Friedrich Scheid, this took place on 10 August 1944 in the hotel "Rotes Haus" in Strasbourg – in the period after the Allied Normandy landings in June and when the fall of Paris could be predicted, as well as the defeat of the NS regime itself. Dr. Gruenbaum found out about this from a document, which apparently has not yet made an impact on German history-writing, but which was referenced in the minutes of a meeting of the Subcommittee on War Mobilization at the US Senate on 25 June 1945, led by Senator Harley M. Kilgore[12]; it was officially declassified by the US authorities in 2000. This research has uncovered basic designs for "Nazi post-war planning" but little research has been conducted on the post-1945 implementation of that planning. It is nonetheless known that after the end of the war, a large number of severely 'tainted' high-level functionaries of the NS regime managed to escape to South America via routes known as the "ratlines", with help from the Vatican and the Red Cross. Additionally, many companies who had worked closely with the NS regime managed to transfer large sums of money and technological expertise into "neutral foreign countries", from where it could be reintroduced into the German economy some years later.[13] Today, studies have proven that the International Committee of the Red Cross (ICRC) in Geneva alone issued the necessary travel documents *(titres de voyage)* to c. 25,000 NS-regime participants by mid-1947 and c. 70,000 by the end of 1948[14]; these included known NS war criminals such as Klaus Barbie, Josef Mengele, Erich Priebke and Adolf Eichmann.[15] The extent of the capital and technology transfer from the doomed NS regime to neutral countries (particularly Sweden, Switzerland, Argentina, Brazil and other South American countries) is still insufficiently researched; US estimates, however, speak of billions of dollars. In his study, Dr. Gruenbaum revealed how in Argentinean scientific institutes in particular, German nuclear scientists had been employed after 1945 who were previously involved in the "Uranprojekt" of the NS regime.

d) Furthermore, Dr. Gruenbaum found evidence to show how a large number of scientists and administrators with an NS record were able to secure high-ranking positions within the field of German nuclear research once it was permitted again in 1954/55. He then made this information available to civil society initiatives. In the KFZ Karlsruhe after 1956, this concerned the former War Administration Counsellor *(Kriegsverwaltungsrat)* Dr. Rudolf Greifeld, employed as the Administrative Managing Director, and the first Technical Director of the GfK, Dr. Gerhard Ritter, who had worked at IG Farben on the development and production of poison gas pre-1945. Another name with a Nazi past was the chemist Dr. Walther Schnurr. In the NS regime he was a leading explosives expert at Dynamit AG. After 1945 he relocated to Argentina. He was employed by the Argentinean President Peron to work on the first attempts to develop the country's nuclear weapons production. Then in 1956, Federal Minister Franz-Josef Strauß (CSU) called him back to Germany as Head of Department at the Ministry for Nuclear Affairs. In 1957, he was then appointed as Technical-Scientific Managing Director of the GfK/KfK.

e) By researching and making available the results of his study, Dr. Gruenbaum also helped to uncover the role of the Nuclear Research Centre (which in 1956 had not been established in Munich as expected by Prof. Werner Heisenberg but, due to recommendations from the highest ranks in the German armed forces[16], in Karlsruhe) in the development of nuclear technology which could lead to proliferation. The close cooperation between the KfK and Argentina[17] led to the construction of the Atucha 1 heavy water reactor in Argentina in 1968, based on a prototype developed and built in

Karlsruhe. Prof. Joachim Radkau showed[18] that Dr. Schnurr was involved as an important go-between. A reprocessing plant developed at the KfK was also delivered to Argentina. Dr. Gruenbaum drew attention to the fact that the Atucha 1 reactor produced some 150 kg "military-grade" plutonium each year. Work designing this type of reactor, which allowed for plutonium removal without down-time, had already been carried out during the NS regime. The consequences are now known: in 1978, the Argentinean military government, which had for years refused to sign the Non-Proliferation Treaty, started a secret nuclear weapons programme, which was only abandoned after the demise of the junta in 1983.

f) Dr. Gruenbaum also worked closely with civil society initiatives to disclose other dubious projects.[19] These included the Qattara Project in Egypt: German companies were planning to employ German expertise there to develop nuclear explosive devices, supposedly to blast a canal from the Mediterranean sea to the Qattara Depression (134 m below sea level). The idea was that water would flow for 30 years and drive a hydroelectric plant. This would demonstrate the 'peaceful use' of atomic power. However, the project was never realised. He also pointed out the dubious satellite project of the Otrag company from Munich, which was receiving German taxpayers' money to develop the idea of positioning a ring of geo-stationary satellites above the equator. More than 200 rocket launches would be needed and Otrag acquired a 225,000 sq. km. site from Zaire near Kolwezi in the uranium-rich province of Shaba/Katanga to test rockets and drones. It is not known if anything resulted from this. Further, Dr. Gruenbaum cast his critical glance at the Inga-Shaba project: German companies were preparing the construction of a power station at the estuary of the River Congo and the transmission of its electricity over 1200 km to Lowezi-Shabe. The stated aim was to enrich uranium using the electricity. In his study, Dr. Gruenbaum also pointed out how in 1975 the German government provided support (via the Society for Nuclear Research in Karlsruhe) to Brazil for the enrichment of uranium and promised to help develop 8 nuclear reactors. After the end of the military dictatorship this project was called off. To anti-apartheid initiatives, Dr. Gruenbaum provided information about the transaction that took place in 1977 selling the vortex jet nozzle technology for uranium enrichment, developed under its inventor Prof. Becker in the KfK in Karlsruhe, to the apartheid government in South Africa. Dr. Gruenbaum discovered that this aerodynamic enrichment plant in South Africa had to be considered together with the construction of the Cabora Bassa Dam in the then Portuguese colony of Mozambique. Implemented by the companies Siemens, AEG, BBC, Hochtief and Voith and funded by German development aid, the project was designed to produce electricity for transmission over 1800 km to the uranium enrichment plant in South Africa. With this, South Africa's apartheid government was able to develop nuclear weapons – most probably in close cooperation with Israel. It was only just before the end of the apartheid era in 1991 that South Africa (with US help) destroyed the six weapons it had produced. As the Cologne-based physician Dr. Wolff Geisler says, Léon Gruenbaum's information and encouragement were "a decisive factor for the development of public opposition to these unbelievable projects – opposition which was able to partially obstruct or prevent them".[20]

2. What were the reasons for the whistleblowing activities of Léon Gruenbaum? He was trying to gain an understanding of the background and reasons for his persecution during the NS era and the discrimination he once again faced in post-war Germany. He wanted to discover the connections and contexts. According to Robert Jungk's summary of the conversations he had with him on this issue, Dr. Gruenbaum did not believe it was a coincidence that Germany's first Minister for Nuclear Affairs, Franz-Josef Strauß, "called in a remarkably large number of characters who had already held senior positions during the Third Reich". In particular, he was interested in the latent military options that were objectively connected with the so-called "peaceful uses" for plutonium production. When, during a visit to Paris in 1973, Robert Jungk asked him whether "this theory is still significant in today's situation", Dr. Gruenbaum responded: *"Certainly. I think it really is not a coincidence that these men were so interested in the nuclear industry. They must have already told themselves at a much earlier stage that this industry would be a key one, overshadowing all others in terms of the abundance of power and influence. And there is probably also another motivation: the desire of the Germans to have nuclear weapons one day, too – or at least to have available the industrial capacity in case the situation one day meant they should enable production of the weapons they were forbidden to have."*[21] Dr. Gruenbaum was not alone in this conclusion about the latent military options associated with a nuclear technology infrastructure in Germany – even if those options actually became illegal under international law when the Non-Proliferation Treaty came into effect.[22] In the meantime, there is good documentation of the fact that the Federal Government signed an agreement on the "joint development and production of nuclear devices" with France and Italy in April 1958, although this was strictly rejected by President de Gaulle when he came to power and he regarded it as non-existent.[23]

3. Dr. Léon Gruenbaum's whistleblowing and the associated conflicts within the KfK in Karlsruhe had serious consequences for him. He experienced a serious worsening of his nervous disorder, which itself was probably a condition resulting from the meningitis he suffered as a child while fleeing the Nazis with his family. In the latter part of his life he increased his visits to friends in Karlsruhe and in 2004 he died there at the age of 70. His final resting place is the cemetery in Bad Mingolsheim.

He would have had little understanding when he was told that Dr. Rudolf Greifeld, the long-term Administrative Managing Director of the KfK in Karlsruhe, which was recently incorporated into the Karlsruher Institut für Technologie (KIT), was still an

Honorary Senator of the centre. There is still hope that the expert opinion being finalised by the historian Prof. Rusinek from the University of Düsseldorf, who is also the Director of the Archives at the Jülich Research Centre, will lead to the KIT finally taking the decision to divest Dr. Greifeld of this honour because of his involvement in the NS regime.

Frankfurt am Main/Berlin, in August/September 2015

The Whistleblower Award Jury:

Gerhard Baisch (lawyer, Bremen), Dr. Dieter Deiseroth, Federal Judge ret. (Leipzig/Düsseldorf), Prof. Dr. Hartmut Grassl (Hamburg), Dr. Angelika Hilbeck (Zürich), Christine Vollmer (lawyer, Bremen)

Notes

1   sources: KfK-Mitarbeiterbrief (staff letter) from 15.01.1973 to the Parl. State Secretary in the Federal Ministry of Research Dr. Volker Hauff (SPD), in: http://www.forum-ludwig-marum.de/site/assets/files/1012/reader.pdf p. 23–25; see also i.a. Kiefer/Schuffenecker in: Dernières Nouvelles d'Alsace v. 24.10.1975.
2   accessible as facsimile at: http://www.forum-ludwig-marum.de/site/assets/files/1012/reader.pdf p. 10.
3   on this, see, i.a., FAZ, 26.11.1975 „Ärgernis am ILL in Grenoble – 350 französische Wissenschaftler fordern die Abberufung von R. Greifeld".
4   see FAZ, 8.12.1975; see also the unpublished study by Dr. Gruenbaum (in French): "Genesis of the Plutonium Society – Political Conspiracies and Deals", p. 276–287; Beate et Serge Klarsfeld, Mémoires. Paris, 2015, p. 404.
5   on this, see i.a. the entries in the service diary of Edouard Bonnefoy, 1940/41, Director of the Cabinet of the Seine Department Prefecture, who was in contact with Dr. Greifeld as part of his duties as the representative of the German Occupation Administration. Bonnefoy was actually also illegally active in the Resistance. By hand he carefully recorded the relevant quotes from Greifeld. See i.a. the entries from 18.7.1940: "On the occasion of the honour parade for the Führer in Paris, several hotels will be cleared out. We require the city of Paris to compensate these hotels for this disruption since they will have to remain empty for several days." Source: http://www.stattweb.de/files/civil/Doku20140629.pdf.
6   see the entries in Bonnefoy service diary from 30.9.1940: "Monsieur Greifeld (M.G.): During the establishment of a new order in Europe there are three groups of opponents who need to be brushed out of the way, perhaps not tomorrow but definitely at some time: the Jews, the Freemasons and the Plutocrats – those who are willing to wage war in order to make money", as well as 5.5.1941: "Dr. Gr. is astonished that the French government is not undertaking keen measures against the Jews; he declares that the Jewish insolence has no end and that it is desirable to establish a good order, against this Jewish movement that is responsible for the war and continues to drive innocent peoples into war."
7   see also the study (dissertation) completed at the University of Lyon by Elodie Prost: Edouard Bonnefoy – Un Haut Fonctionnaire sous L'Occupation (juin 1940 – mai 1945). Le devoir de désobéissance. Lyon, 1999, incl.: "Dr. Greifeld, Representative of the German Military Command in France, was permanently at the Director of the Cabinet of the Seine Department Prefecture E. Bonnefoy to communicate the German demands."
8   see the entries in the service diary of Edouard Bonnefoy on 1.11 and 12.11.1940.

9   From 1940 bis 1942 Waldemar Ernst was Director of the Police Department of the Military Command in France and responsible for numerous police measures against the Jews and the arrest of the first thousands of French Jews in 1941; see the documents in: Serge Klarsfeld, Die Endlösung der Judenfrage in Frankreich; einsehbar unter: http://www.forum-ludwig-marum.de/site/assets/files/1012/reader.pdf, p. 11–13.

10   see for example the information provided to the jury by the committed anti-apartheid campaigner and doctor from Cologne, Dr. Wolff Geisler.

11   Gruenbaum, op. cit., Vol 2, p. 215 ff.

12   see US Military Intelligence Report EW-Pa 128, 7 November 1944 (accessible online at: www.cutting-throughthematrixcl/articles/Intelligence_Report:EW-Pa_28.html – accessed on 15.6.2015), published in: Hearings before a Subcommittee of the Committee of Military Affairs. United States Senate. Seventy-Ninth Congress. First Session. Pursuant to Senate Resolution 107 (78th Congress) and Senate Resolution 146 (79th Congress), Part. 2, June 25, 1945, p. 30–32; its contents are also reproduced in: Henry Morgenthau Jr., Germany Is Our Problem. New York, 1945, p. 10–11; a German translation can be found in: Förster/Groehler, Der zweite Weltkrieg. Dokumente, Berlin (Ost), 1972, p. 283–286; a facsimilie is reprinted in: Gaby Weber, Daimler-Benz und die Argentinien-Connection. Von Rattenlinien und Nazigeldern, Berlin, 2004, p. 120 ff; a consideration of the document which critically examines the sources can be found in Dietrich Eichholtz, Das Reichsministerium für Rüstung und Kriegsproduktion und die Straßburger Tagung vom 10. August 1944, in: Bulletin des Arbeitskreises "Zweiter Weltkrieg", Nr. 3/4, 1975, p. 5–21; see also Christiane Uhlig et al., Tarnung, Transfer, Transit. Die Schweiz als Drehscheibe verdeckter deutscher Operationen (1938–1952). publ. by Unabhängige Expertenkommission Schweiz – Zweiter Weltkrieg, Zürich, 2001, p. 109–111.

13   on this, see Rena Giefer/Thomas Giefer, Die Rattenlinie. Fluchtwege der Nazis. Eine Dokumentation. 3rd edition 1995, p. 22 ff.; Christiane Uhlig et al., Tarnung, Transfer, Transit., op. cit., p. 112 ff. with further references; Gaby Weber, Daimler Benz und die Argentinien-Connection, op. cit., p. 20 ff.

14   further evidence in: Christiane Uhlig et al., Tarnung, Transfer, Transit. op. cit., p. 190 f.

15   ibid., p. 196.

16   see i.a. the letter written by Generalleutnant a. D. Hans Speidel from 23.4.1955, reproduced in: http://www.forum-ludwig-marum.de/site/assets/files/1012/reader.pdf, p. 29.

17   see Léon Gruenbaum (in French): "Genesis of the Plutonium Society", p. 325–350; Lecture by Dr. Wolff Geisler in: Léon Gruenbaum, Der verfolgte Nazi-Jäger. Symposium des Forum Ludwig Marum. Karlsruhe 2014, p. 18–21.

18   see Joachim Radkau, Plutonium-Politik und Atomwaffen, in: Léon Gruenbaum, Der verfolgte Nazi-Jäger. Symposium des Forum Ludwig Marum, 2014, p. 31 (33).

19   on this, see Wolff Geisler, ibid., p. 18 ff.

20   Wolff Geisler, ibid., p. 19 f.

21   Robert Jungk, Der Atomstaat, 1979, p. 98 ff.

22   see i.a. Karl Brandstetter, Allianz des Misstrauens. Diss. Gießen. Köln 1989; Matthias Küntzel, Bonn und die Bombe. Deutsche Atomwaffenpolitik von Adenauer bis Brandt. Frankfurt am Main, 1992; Roland Kollert, Die Politik der latenten Proliferation. Militärische Nutzung „friedlicher" Kerntechnik in Westeuropa, Wiesbaden, 1994; ders., Atomtechnik als Instrument westdeutscher Nachkriegs-Außenpolitik. VDW-Materialien 1/2000; Tilman Hanel, Die Bombe als Option – Motive für den Aufbau einer atomtechnischen Infrastruktur der Bundesrepublik bis 1963. Essen, 2015.

23   on this, see i.a. http://www.spiegel.de/einestages/deutsche-aufruestung-a-947286.html; Franz-Josef Strauß, Erinnerungen, 1989, p. 347 ff.; Kollert, Atomtechnik…, 2000, p. 12 ff.; Gregor Schöllgen/Stephan Geier, Schwellenmacht Deutschland, in: FAZ, 31.5.2012, p. 7.

Cette année, l'Association des Scientifiques Allemands (VDW) et la Section Allemande de l'Association Internationale des Juristes IALANA décernent — à part du Prix pour les Lanceurs d'Alerte — pour la première fois également le

Prix d'Honneur Posthume pour Lanceur d'Alerte

Le prix est conféré à l'ancien collaborateur du Centre de recherche nucléaire de Karlsruhe, le physicien

Dr Léon Gruenbaum (1934–2004)

1. Le lauréat est né en 1934 à Forbach (Lorraine), où s'étaient réfugiés ses parents juifs après avoir fui l'Allemagne nazie. Dans la zone non-occupée de la France, avec l'aide d'amis de la Résistance, sa famille a réussi à le préserver de la déportation vers un des camps d'extermination du régime nazi allemand. Après la Libération Léon Gruenbaum a fait des études de physique en France et également à l'Université Technique de Munich, et un de ses professeurs était Werner Heisenberg, à l'institut duquel il avait fait avec succès son doctorat.

Après des travaux de recherche en Grande-Bretagne et à l'Université Technique de Darmstadt, il a obtenu en 1970 un contrat d'une durée de trois ans en tant que physicien dans la « Société de recherche nucléaire S.A.R.L. » de Karlsruhe (ultérieurement « Centre de re-cherche nucléaire » de Karlsruhe, puis « Centre de recherche de Karlsruhe » et depuis la fusion avec l'Université de Karlsruhe en 2009 « Institut de technologie de Karlsruhe » – KIT) ; la perspective d'une prorogation de deux ans de son contrat ainsi qu'un éventuel poste permanent lui avait été proposée.

a) Au cours de son travail au Centre de recherches nucléaires, il y eut des controverses notamment avec le Dr Rudolf Greifeld (1911—1984), directeur administratif pendant de longues années. Le Dr Greifeld (depuis 1937 membre du NSDAP, depuis 1936 membre du syndicat des juristes national-socialistes « NS-Rechtswahrerbund » et également membre du SD – service de renseignements de la SS) était directeur de la Société de recherche nucléaire et du Centre de recherche nucléaire depuis 1956 ; auparavant, à compter de 1945, il avait occupé un poste dans l'Association wurtembergeoise des instituts bancaires d'épargne et de virement, puis au ministère de l'Économie du Wurttemberg à Stuttgart. Le comité de l'établissement et autres reprochaient au Dr Greifeld – ainsi qu'au chef du service juridique du Centre de recherche nucléaire Dr Ziegler, un protégé du Dr Greifeld – d'avoir affiché au Centre à plusieurs reprises dans ses propos une affinité avec l'antisémitisme et au nazisme. Il se serait notamment vanté devant des collaborateurs d'avoir été l'organisateur de la visite d'Hitler à Paris et aurait déclaré que « le Führer était une personnalité importante » et que les Juifs commettaient aujourd'hui « les mêmes erreurs qu'autrefois »[1]. Le Dr Gruenbaum était dans les rangs de ceux qui protestaient contre ces paroles et interpella Greifeld à ce sujet ; cependant, ce dernier nia avoir tenu de tels propos. Par la suite, il se révéla que déjà en tant qu'étudiant le Dr Greifeld prenait part à des activités antisémites et avait des fonctions notamment dans une association étudiante qui manifestait un antisémitisme agressif. Par suite des controverses des années 1972/73, le contrat de travail à durée déterminée du Dr Gruenbaum n'a pas été prorogé par le Centre de recherche nucléaire de Karlsruhe en 1973, et cela malgré une intervention auprès du ministère fédéral de la Recherche. Comme les compétences personnelles du Dr. Greifeld avaient fait l'objet de critiques publiques de plus en plus vives, il prit sa retraite de façon anticipée en 1974, en poursuivant tout de même ses activités pour le Centre de recherche nucléaire dans le cadre d'un contrat de conseil.

b) Déjà avant de quitter le Centre de recherche nucléaire, le Dr Gruenbaum avait pris connaissance des activités inhumaines du Dr Greifeld dans l'administration de l'occupation allemande pendant la Seconde Guerre mondiale. En coopération étroite avec les militants anti-nazis Beate et Serge Klarsfeld résidant à Paris, il a pu présenter au public des documents mettant en lumière notamment le rôle du Dr Greifeld dans le régime nazi. Des recherches dans des archives ont permis de découvrir une lettre, écrite de la main du Dr Greifeld le 2 janvier 1941[2] et adressée « pour des raisons de compétence » à ses collègues de la Section de la police de l'administration militaire allemande à Paris. Il y signale que « ces derniers temps, les Juifs prennent de nouveau leurs aises à Paris. Ainsi, dans la nuit de la St. Sylvestre, on pouvait rencontrer (abstraction faite des soldats de la Wehrmacht) un très grand nombre de Juifs au cabaret „Le Bœuf sur le Toit", situé dans l'immeuble de l'hôtel „Georges V". Cette même nuit, on a sifflé une chanson allemande jouée par l'orchestre au cabaret „Trois Valses" […]. Il y avait à ce moment-là aussi des Juifs. […] De même le cabaret „Carrère" voit passer beaucoup de Juifs. » Lui, le Dr Greifeld, suggère « par conséquent de vérifier l'autorisation de reculer l'heure de clôture des locaux fréquentés par les soldats de la Wehrmacht et de subordonner cette autorisation à l'obligation pour le propriétaire d'apposer à sa porte une pancarte interdisant l'entrée aux Juifs. »

Après confirmation de l'authenticité de la signature du Dr Greifeld de l'époque par une experte en graphologie auprès de la cour d'appel de Paris, le Dr Gruenbaum, soutenu par le couple Klarsfeld, demanda lors d'une conférence de presse tenue en octobre 1975 à Strasbourg la destitution du Dr Greifeld de ses fonctions de représentant de la République fédérale d'Allemagne au sein du comité directeur de l'Institut de recherche nucléaire anglo-franco-allemand Laue-Langevin (ILL) de Grenoble. Comme le Dr Greifeld récusait publiquement les reproches qui lui étaient faits, un « Comité sur l'affaire Greifeld » s'était constitué en France. Ce comité avait rassemblé les signatures de plus de 400 scientifiques français et étrangers, soutenant la demande de destitution du Dr Greifeld, adressée au ministère fédéral de la Recherche. Le 27 février 1976, le directeur de recherche M. G. Amsel de l'Université Paris VII s'est adressé au ministre fédéral Hans Matthöfer (SPD) pour lui demander la déstitution du Dr Greifeld dans l'intérêt de l'amitié franco-allemande.[3] Peu après, le Dr Greifeld a quitté son poste de membre du comité de direction à Grenoble[4], rejetant toujours les reproches qui lui étaient adressés concernant son comportement pendant le régime nazi. Entretemps, des historiens spécialisés en la matière ont rassemblé davantage de preuves détaillées indiquant que pendant son service dans l'administration d'occupation allemande à Paris, le Dr Greifeld s'était occupé de la visite de Hitler à Paris[5] et avait pris part activement[6] à la discrimination des Juifs.[7] Il convient de mentionner que, dans le cadre de ses fonctions, le Dr Greifeld avait également été impliqué dans le licenciement du Prof. Paul Langevin[8], à l'époque directeur de l'« École de Physique et Chimie industrielle » de Paris, dont le nom avait par la suite été donné à l'« Institut Laue-Langevin » (ILL) de Grenoble (où le Dr Greifeld était membre du Comité de Direction jusqu'à sa démission forcée en 1976). Au cours de son service à Paris (et également après la guerre pendant des décennies à Karlsruhe), le Dr Greifeld entretenait des relations étroites avec le Dr Waldemar Ernst qui prenait activement part ici (et plus tard en Pologne) à la déportation des Juifs à Auschwitz[9] et qui après 1945 était directeur de l'entreprise Schwäbische Hüttenwerke GmbH in Aalen.

c) Après avoir quitté son poste au Centre de recherche nucléaire de Karlsruhe, le Dr Gruenbaum a déménagé à Paris et commencé une étude complexe en matière d'histoire et de sciences politiques sous le titre provisoire de « Genèse de la société du plutonium – conspirations politiques et opérations commerciales », qu'il voulait présenter comme thèse de doctorat à la Sorbonne. Le manuscrit en langue française est disponible et sa publication est en cours de préparation. Le Dr Gruenbaum a souvent communiqué les résultats de cette étude, surtout à des groupes d'initiative de la société civile (du mouvement pour un monde uni et du mouvement anti-apartheid)[10], afin d'engager un débat publique sur ses conclusions et de fournir à ces groupes une base pour des contre-offensives. Dans cette étude, il a mis en évidence des liens indiquant des rapports entre le « post-war-planning », préparé par certains responsables du système nazi pendant la phase finale de la Seconde Guerre mondiale et le développement après-guerre de l'Allemagne de l'Ouest.[11] Il s'agissait avant tout du transfert de fonds financiers importants, de savoir-faire technologique et de personnel hautement spécialisé ayant travaillé dans la recherche nucléaire allemande, entre autres au sein de l'association de l'uranium (« Uranverein »), effectués du Reich vers « l'étranger neutre » (l'Argentine, le Brésil, entre autres). Le Dr Gruenbaum y a fait notamment référence à une rencontre des décideurs du ministère de l'armement nazi dirigé par Albert Speer, du ministère de l'économie nazi et des représentants de l'industrie de l'armement allemand du Rhin et de la Ruhr ainsi que de hauts fonctionnaires de la SS. Cette rencontre avait eu lieu sous la direction du Wehrwirtschaftsführer (responsable du secteur des armements) Dr Friedrich Scheid le 10 août 1944 dans l'hôtel « Maison Rouge » à Strasbourg suite au débarquement des troupes des alliés en Normandie en juin 1944, dans le contexte de la perte imminente de Paris et de la perspective de la chute du régime nazi. Le Dr Gruenbaum avait manifestement pris connaissance de cette rencontre par un document jusqu'ici peu connu des historiens allemands et qui se trouvait dans un procès-verbal sur les audiences du 25 juin 1945 du sous-comité dirigé par le sénateur Harley M. Kilgore (« Subcommittee on War Mobilization »)[12] ; il a été officiellement déclassé par les autorités compétentes des États-Unis en 2000. Lors de cette réunion, les concepts de base d'un « nazi post-war planning » ont été définis ; à ce jour, l'application de ce programme après 1945 a fait l'objet de peu de recherches. On sait cependant qu'un grand nombre de fonctionnaires du régime nazi accusés de crimes graves ont pu s'enfuir à la fin de la guerre avec l'aide du Vatican et de la Croix Rouge par la dite « route des rats » vers l'Amérique du Sud. De même, pour beaucoup d'entreprises qui coopéraient étroitement avec le régime nazi, il était possible de transférer de grandes sommes financières et leur savoir-faire technologique vers l'« étranger neutre » de façon à pouvoir les réintroduire dans l'économie allemande quelques années plus tard.[13] Aujourd'hui, des études ont démontré que le seule Comité international de la Croix-Rouge (CICR) à Genève aurait établi jusqu'au milieu de 1947 près de 25 000 titres de voyage permettant aux décideurs nazis de continuer leur fuite outremer ; à la fin de l'année 1948, ce chiffre s'élevait à env. 70.000[14]. On comptait parmi eux des criminels nazis connus, tels que Klaus Barbie, Josef Mengele, Erich Priebke et Adolf Eichmann.[15] La dimension et l'envergure des transferts de capital et de technologie, organisés par le régime s'effondrant vers des états neutres (surtout vers la Suède, la Suisse, l'Argentine, le Brésil et d'autres pays de l'Amérique latine) jusqu'ici sont largement méconnues. Selon des estimations réalisées par les États-Unis, il s'agirait de milliards. Le Dr Gruenbaum a révélé dans son étude, entre autres, qu'à partir de 1945, des scientifiques allemands spécialisés dans la recherche nucléaire, auparavant impliqués dans le « projet uranium » du régime nazi, travaillaient notamment dans les centres de recherche argentins.

d) Le Dr Gruenbaum a également mis en évidence dans son étude et informé des groupes d'initiative de la société civile qu'un grand nombre de scientifiques et fonctionnaires à passé nazi ont pu accéder à des positions dirigeantes dans la recherche nucléaire, à nouveau autorisée en Allemagne à partir de 1954/55. Au Centre de recherche nucléaire de Karlsruhe, à compter de 1956, outre l'ancien conseiller d'administration de guerre Dr Greifeld devenu directeur administratif, c'était le cas du premier directeur technique de la « Société de recherche nucléaire S.A.R.L. » Dr. Gerhard Ritter, qui avant 1945 avait une fonction dirigeante dans le développement et la production de gaz toxiques du groupe IG Farben. Un autre personnage avec un passé nazi de la sorte était le chimiste Dr Walther Schnurr, un expert de premier plan en explosifs du Reich au sein de l'entreprise Dynamit AG, qui avait émigré en Argentine après 1945. Le président argentin Peron l'avait engagé pour les premières tentatives de mettre en place en Argentine une production d'armes atomiques ; en 1956 le Ministre Fédéral Franz-Josef Strauß (CSU) l'avait rappelé en Allemagne et l'avait installé en tant que chef de département dans son ministère des Questions nucléaires ; en 1957, il a été nommé directeur technique et scientifique du Centre de recherche nucléaire de Karlsruhe.

e) Par son étude et les informations mises à la disposition de groupes d'initiative de la société civile, le Dr Gruenbaum a permis de mettre en évidence le rôle du Centre de recherche nucléaire qui, contrairement aux attentes de Prof. Werner Heisenberg, avait été créé non à Munich, mais, sur les recommandations de généraux de la Bundeswehr, à Karlsruhe[16] : le Centre a joué un rôle dans le développement de technologies nucléaires allant à l'encontre des accords de non-prolifération. La coopération étroite entre le Centre de recherche nucléaire de Karlsruhe et l'Argentine[17] en 1968 a mené au commencement des travaux pour la construction du réacteur à l'eau lourde Atucha I en Argentine sur la base d'un prototype développé et réalisé dans le Centre de recherche nucléaire de Karlsruhe. Les études de Prof. Joachim Radkau[18] ont démontré que le Dr Schnurr était un intermédiaire important dans ce projet. Le Dr Gruenbaum avait attiré l'attention sur le fait que le réacteur nucléaire Atucha I produisait une quantité d'env. 150 kg de plutonium de « qualité militaire ». Pendant le régime nazi, on avait déjà travaillé sur ce type de réacteur qui permet le prélèvement de plutonium sans interrompre le service du réacteur. On en connaît les conséquences : en 1978, la junte argentine, qui pendant de longues années avait refusé d'adhérer au traité sur la non-prolifération des armes nucléaires, avait lancé un programme secret de développement de l'arme atomique qui n'avait été abandonné qu'après la chute de la junte en 1983.

f) De plus, le Dr Gruenbaum avait dévoilé en coopération étroite avec des groupes d'initiative de la société civile d'autres projets douteux.[19] On comptait parmi eux notamment le projet Qattara en Egypte : Des entreprises allemandes envisageaient d'y faire développer par des spécialistes allemands des ogives explosives nucléaires, soi-disant pour creuser par explosions un canal reliant la mer Méditerranée à la dépression de Qattara située 134 mètres plus bas. Le courant d'eau devait couler pendant 30 années pour alimenter une usine hydro-électrique ; pour cela on aurait eu besoin de 267 bombes atomiques « civiles ». Le projet n'a pas été réalisé. Egalement il a attiré l'attention sur le projet douteux des satellites de la société Otrag Munich, qui prévoyait la mise en place sur l'équateur d'une chaîne de satellites geo-stationnaires ce qui nécessitait plus de 200 lancements de missiles et devait être subventionné avec des fonds publics. La société Otrag a acheté au Zaïre un terrain d'environ 225 000 km carrés autour de Kolwezi dans la province riche en uranium Shaba/Katanga afin de procéder à des essais de missiles et drones. Les résultats ne sont pas connus. Un autre projet exposé à l'attention critique du Dr Gruenbaum était le projet Inga-Shaba. Des entreprises allemandes préparaient la construction d'une centrale hydroélectrique à l'estuaire du Congo et la transmission de l'énergie électrique sur une distance de 1200 km à Lowezi-Shabe. L'objectif indiqué était l'enrichissement de l'uranium. Dans son étude, le Dr Gruenbaum renvoyait également au fait qu'en 1975 le gouvernement de l'Allemagne de l'Ouest avait garanti son soutien au Brésil dans le domaine de l'enrichissement de l'uranium par l'intermédiaire de la « Société de recherche nucléaire » de Karlsruhe et de même pour le développement de huit réacteurs nucléaires. Après la fin de la dictature militaire, ce projet a été stoppé. En outre, le Dr Gruenbaum avait révélé à des groupes d'initiative du mouvement anti-apartheid qu'en 1977 le procédé d'enrichissement de l'uranium par tuyère, développé par la « Société de recherche nucléaire » de Karlsruhe sous la direction de son inventeur Prof. Becker, avait été cédé à L'État d'apartheid d'Afrique du Sud. Cette installation d'enrichissement d'uranium en Afrique du Sud, comme le Dr Gruenbaum le remarquait, était liée au projet du barrage de Cabora-Bassa dans l'ancienne colonie portugaise Mozambique. La production de l'énergie électrique de ce projet des entreprises allemandes Siemens, AEG, BBC, Hochtief et Voith, qui était subventionnée par une aide au développement allemande, avait pour but d'alimenter l'installation d'enrichissement de minerai d'uranium en Afrique du Sud à une distance de 1800 kilomètres. Le régime d'apartheid de l'Afrique de Sud développait sur cette base des armes atomiques, et cela, selon toute vraisemblance, dans le cadre d'une coopération étroite avec Israël. Ce n'est qu'à la veille de la chute de l'apartheid que l'Afrique du Sud a détruit ses six bombes atomiques avec l'aide des États-Unis. Les informations et suggestions de Léon Gruenbaum ont, comme l'ancien activiste d'anti-apartheid le docteur Wolff Geisler de Cologne l'a souligné, apporté une contribution décisive pour la formation d'une opinion publique alternative contre ces projets incroyables qui freinait et voire a empêché leur réalisation. »[20]

2. Quels étaient les motifs pour Léon Gruenbaum de s'engager dans ce travail d'information, en tant que lanceur d'alerte ? Son but était de mettre en lumière les causes sous-jacentes et le contexte social de sa persécution pendant le régime nazi, puis de sa nouvelle discrimination dans l'Allemagne d'après-guerre. Il avait à cœur de comprendre le contexte et de révéler des liens. A son avis, comme l'avait résumé Robert Jungk suite à ses entretiens avec lui, ce n' était pas par hasard que le premier ministre des questions atomiques Franz-Josef Strauß avait « invité un nombre remarquable de personnalités

qui occupaient déjà des postes de direction dans le Troisième Reich ». Léon Gruenbaum portait un intérêt particulier aux options militaires qui de manière latente sont liées à la production dite « pacifique » du plutonium. À la question de Robert Jungk, posée lors d'une visite à Gruenbaum en 1973 à Paris, « est-ce que cette théorie est encore valable pour la situation actuelle ? », celui-ci a répondu : « *Bien sûr. Je pense que ce n'était pas par hasard que ces hommes portaient un intérêt si marqué précisément à l'industrie nucléaire. Ils avaient certainement compris très tôt qu'il s'agissait là d'une industrie clé qui dépasserait de loin toutes les autres en termes de pouvoir et d'influence. Il y a cependant certainement encore un autre motif : le désir des allemands de disposer eux-aussi de la bombe atomique — ou bien d'avoir dans ses mains au moins les capacités industrielles permettant sa fabrication en cas de nécessité de cet espèce d'arme qui leur est interdit d'avoir.* »[21]. Le Dr Gruenbaum n'était pas le seul à prendre un tel jugement sur les options militaires latentes qui étaient liées au développement de l'infrastructure nucléaire dans la République fédérale d'Allemagne, qui désormais, à partir du moment de l'entrée en vigueur du traité sur la non-prolifération des armes nucléaires, sont devenues illégales.[22] Entre-temps tout au moins il est très bien documenté que le gouvernement R.F.A. en avril 1958 avait signé (paraphé) avec la France et l'Italie un accord sur le développement en commun des engins explosifs atomiques, lequel cependant de Gaulle refusa strictement, le regardant comme inexistant.[23]

3. Les actions de Léon Gruenbaum afin de rendre publiques des affaires qui n'étaient pas destinées au public et les affrontements à ce sujet dans le Centre de recherche nucléaires ont eu par la suite des retombées graves pour lui. Sa maladie nerveuse, certainement une conséquence tardive de la méningite, dont il avait été atteint dans son enfance pendant la fuite de la famille devant les nazis, s'aggrava de plus en plus. C'est à Karlsruhe, où il avait des amis, qu'il a passé les dernières années de sa vie et qu'il est mort, en 2004, à l'âge de 70 ans. Il a trouvé son dernier repos au cimetière de Bad Mingolsheim.

Le Dr Gruenbaum ne comprendrait pas que le Dr Greifeld, directeur du centre de recherche nucléaire de recherche de Karlsruhe pendant des années, qui est devenu il y a quelques années l'Institut de technologie de Karlsruhe (KIT), détienne encore à ce jour le titre de sénateur honoraire du KIT.

Nous espérons que, sur la base de l'expertise que l'historien Prof. Rusinek de l'Université de Dusseldorf et directeur de l'archive du Centre de recherche nucléaire de Juliers doit soumettre prochainement, le KIT, vu le passé nazi du Dr Greifeld, prendra enfin la décision de supprimer ce titre de sénateur honoraire.

Francfort-sur-le-Main/Berlin en août/septembre 2015

Le jury décernant le Prix d'Honneur Posthume pour Lanceur d'Alerte
Gerhard Baisch (Bremen), Dr Dieter Deiseroth (Leipzig/Düsseldorf), Prof. Dr Hartmut Grassl (Hamburg), Dr Angelika Hilbeck (Zürich), Christine Vollmer (Bremen)

Traduit par R. Junghanns, O. de Senger

Annotations

1   Sources : lettre des collaborateurs du Centre de recherche nucléaire de Karlsruhe du 15/01/1973 au secrétaire d'état parlementaire au ministère fédéral de la Recherche Dr Volker Hauff (SPD) ; cf. également Kiefer/Schuffenecker dans : Dernières Nouvelles d'Alsace du 24/10/1975.

2   Le document est accessibles en tant que fac-similé sous l'adresse : www.forum-ludwig-marum.de/site/assets/files/1012/reader.pdf (à la page 10).

3   Cf. l'article „Ärgernis am ILL in Grenoble – 350 französische Wissenschaftler fordern die Abberufung von R. Greifeld" (Scandale à ILL de Grenoble — 350 scientifiques français demandent la démission de R. Greifeld) dans le journal FAZ du 26.11.1975.

4   Cf. le journal FAZ du 08/12/1975 : cf. également l'étude du Dr Gruenbaum : „Genese der Plutoniumsgesellschaft – Politische Konspirationen und Geschäfte", S. 276–287 [« Genèse de la société du plutonium : conspirations politiques et opérations commerciales » ; titre de l'étude en langue allemande, texte en langue française, non publié jusqu'ici] ; Beate et Serge Klarsfeld, Mémoires. Paris, 2015, S. 404.

5   Cf. les notes prises par Edouard Bonnefoy dans l'agenda de service, qui en 1940/41 en tant que directeur du cabinet du préfet du département Seine était en contact avec Dr. Greifeld, représentant responsable de l'administration de l'occupation allemande pour le Département Seine. Bonnefoy travaillait clandestinement dans la résistance. Il transcrivait les propos de Dr Greifeld dans un agenda. Ci-après les notes du 18/7/1940 : « À l'occasion de la revue en l'honneur du Führer, on fera évacuer certains hôtels. Nous demandons que la Ville indemnise ces hôtels pour les chambres qui vont se trouver inoccupées pendant quelques jours. » Sources : www.stattweb.de/files/civil/Doku20140629.pdf.

6   Cf. les notes de Bonnefoy dans l'agenda de service du 30/09/1940 : « M. le Dr. G. [Monsieur le Dr. Greifeld] : « Dans l'instauration d'un ordre nouveau en Europe, il y a trois groupes d'opposants qui seront balayés — peut-être pas demain, mais sûrement ; ce sont les Juifs, les Francs-Maçons et les Ploutocrates, ceux qui sont prêts à pousser à la guère pour gagner de l'argent. », ainsi que celles du 5/5/1941 : « La question juive. Le Dr. Gr. s'étonne que le gouvernement français ne prenne pas à l'égard des Juifs des mesures plus énergiques, déclare que l'insolence juive ne cesse pas et qu'il est souhaitable que bon ordre soit mis à ce mouvement juif, responsable de la guerre et qui continue à pousser à la guerre d'innocentes populations. »

7   Cf. Elodie Prost : Edouard-Bonnefoy : Un Haut Fonctionnaire sous l'Occupation (juin 1940–mai 1945). Le devoir de désobéissance. Lyon, 1999

8   Cf. les notes de Bonnefoy dans l'agenda de service du 1er et 12/11/1940.

9   Waldemar Ernst était de 1940 jusqu'à 1942 chef de la section policière du Gouverneur militaire en France et était responsable de maintes actions policières contre les Juifs et de l'arrestation des mille premiers Juifs français en 1941 ; cf. les documents, compris dans : Klarsfeld, Serge : La « solution finale » de la question juive en France, disponible à : www.forum-ludwig-marum.de/site/assets/files/1012/reader.pdf, pages 11—13.

10 Cf. les renseignements, donnés au jury par le médecin et activiste du mouvement anti-apartheide Dr. Wolff Geisler.

11 Gruenbaum loc. cit., tome 2, p. 215 et suivantes.

12 Cf. US Military Intelligence Report EW-Pa 128, 7 November 1944 (www.cuttingthroughthematrixcl/articles/Intelligence_Report : EW-Pa_28.html – 15.6.2015), published in : Hearings before a Subcommittee of the Committee of Military Affairs. United States Senate. Seventy-Nineth Congress. First Session. Pursuant to Senate Resolution 107 (78th Congress) and Senate Resolution 146 (79th Congress), Part. 2, June 25, 1945, p. 30–32 ; see also : Henry Morgenthau Jr., Germany Is Our Problem. New York, 1945, p. 10–11 ; traduction allemagne : Förster/Groehler, Der zweite Weltkrieg. Dokumente, Berlin (Ost), 1972, S. 283–286 ; see also : Gaby Weber, Daimler-Benz und die Argentinien-Connection. Von Rattenlinien und Nazigeldern, Berlin, 2004, S. 120 ff. ; Dietrich Eichholtz, Das Reichsministerium für Rüstung und Kriegsproduktion und die Straßburger Tagung vom 10. August 1944, in : Bulletin des Arbeitskreises „Zweiter Weltkrieg", Nr. 3/4, 1975, S. 5–21 ; Christiane Uhlig u. a., Tarnung, Transfer, Transit. Die Schweiz als Drehscheibe verdeckter deutscher Operationen (1938–1952). Hrsg. von der Unabhängigen Expertenkommission Schweiz – Zweiter Weltkrieg, Zürich, 2001, S. 109–111.

13 Cf. Rena Giefer/Thomas Giefer, Die Rattenlinie. Fluchtwege der Nazis. Eine Dokumentation. [La route de rats. Chemins de fuite des nazis. Une documentation.] 3e éd. 1995, p. 22 et suiv. ; Gaby Weber, Daimler Benz und die Argentinien-Connection, loc. cit., pp. 20 et suiv.

14 Pour plus de détails, voir : Christiane Uhlig u. a., Tarnung, Transfer, Transit. [Camouflage, transfert, transit], loc. cit., pp. 190 et suivantes.

15 Loc. cit., p. 196.

16 Cf. le lettre de Generalleutnant a. D. Hans Speidel de 23.4.1955, sons adresse : http://www.forum-ludwig-marum.de/site/assets/files/1012/reader.pdf, S. 29.

17 Cf. Léon Gruenbaum (en langue française) : „Genese der Plutoniumsgesellschaft" [Genèse de la société du plutonium], pp. 325 — 350 ; conférence de Dr Wolff Geisler, tenue au symposium sur Léon Gruenbaum à Karlsruhe 2014, pp. 18 — 21.

18 Cf. Joachim Radkau, Plutonium-Politik und Atomwaffen, in : Léon Gruenbaum. Der verfolgte Nazi-Jäger [Le chasseur de nazis persécuté]. Symposium du Forum Ludwig Marum, 2014, p. 31 (33).

19 Cf. Wolff Geisler, loc. cit. , pp. 18 et suivantes.

20 Cf. Wolff Geisler, loc. cit. , pp. 19 et suivante.

21 Robert Jungk, Der Atomstaat [L'État atomique], 1979, pp. 98 et suivantes.

22 Cf. Karl Brandstetter, Allianz des Misstrauens [Alliance de la défiance]. Diss. Gießen. Cologne 1989 ; Matthias Küntzel, Bonn und die Bombe. Deutsche Atomwaffenpolitik von Adenauer bis Brandt. [Bonn et la bombe. La politique allemande de l'arme atomique d'Adenauer à Brandt]. Francfort-sur-le-Main, 1992 ; Roland Kollert, Die Politik der latenten Proliferation. Militärische Nutzung „friedlicher" Kerntechnik in Westeuropa [La politique de la prolifération latente. L'exploitation militaire de la technique nucléaire « pacifique » en Europe de l'Ouest], Wiesbade, 1994 ; Roland Kollert, Atomtechnik als Instrument westdeutscher Nachkriegs-Außenpolitik. [La technique nucléaire comme instrument de politique extérieure d'après-guerre de l'Allemagne de l'Ouest]. Documents de la VDW 1/2000 ; Tilman Hanel, Die Bombe als Option – Motive für den Aufbau einer atomtechnischen Infrastruktur der Bundesrepublik bis 1963 [La Bombe en tant qu'option : motifs de la mise en place d'une infrastructure de technique nucléaire de la République Fédérale jusqu'en 1963]. Essen, 2015.

23 Cf. www.spiegel.de/einestages/deutsche-aufruestung-a-947286.html ; Franz-Josef Strauss, Erinnerungen [Mémoires], 1989, pp. 313 et suiv. ; Kollert, Atomtechnik … [Technique nucléaire …], 2000, pp. 12 et suiv. ; Gregor Schöllgen/Stephan Geier, [Puissance émergente Allemagne], publié dans le journal FAZ le 31/5/2012, p. 7.

Die „Vereinigung Deutscher Wissenschaftler (VDW)" und die Deutsche Sektion der Juristenvereinigung „IALANA" verleihen in diesem Jahr 2015 den Whistleblower-Preis unter anderem an den

ehemaligen US-Drohnenpiloten Brandon Bryant (Missoula/USA)

1. Person und Lebensweg von Brandon Bryant

Brandon Bryant ist 29 Jahre alt. Nach dem Besuch der High-School im US-Staat Montana begann er eine Ausbildung zum Journalisten, die er jedoch aus finanziellen Gründen nach einem Semester abbrach. Mit 19 Jahren ging er im Juli 2005 zur US Air Force, weil ihm dort eine kostenlose Ausbildung garantiert wurde. Er wurde dort ab April 2006 als Drohnenpilot („remotely-piloted-aircraft sensor operator" für Drohnen vom Typ „Predator") geschult und trainiert. Seinen ersten Einsatz flog er am 3. Dezember 2006. Seit Januar 2007 wurde er im Irak eingesetzt. Ab 2009 arbeitete er bei einer geheimen Spezialeinheit für targeted killing in einem gekühlten Container auf dem Gelände der Luftwaffenbasis Cannon in New Mexico.[1]

Mehr und mehr wird ihm die Arbeit zuwider. Er will etwas tun, das Leben rettet, statt Leben nimmt. Wenn er Kritik an einzelnen Einsätzen übt oder sonst Bedenken geltend macht, wird das von seinen Vorgesetzten nicht ernst genommen. Er erwägt einen beruflichen Wechsel. Wegen der seelischen Belastungen kann er nicht mehr regelmäßig schlafen. Schließlich bricht er während der Arbeit zusammen, spuckt Blut und wird für Monate krankgeschrieben.[2] Danach arbeitet er wieder im Container. Seine Distanz zum US-Tötungsprogramm mit Drohnen wird zunehmend größer. Rückblickend erkennt er: „Ich wollte als Soldat einen geachteten Job machen, nicht in einem Container am Bildschirm sitzen und auf feige Weise Menschen jagen".

Zum 4. Juli 2011 kündigte er seinen Job bei der US Army, weil er seine Tätigkeit nicht mehr aushielt. Für ihn stand fest: Es gab keine Rücksicht auf zivile Opfer, man wusste nicht, wen man weswegen tötete, und es gab keine ernsthafte Kommunikation mit der Führung über Probleme, die einen beschäftigten. Man blitzte ab und erhielt auf Fragen meist die Antwort: „Wozu musst du das wissen?"[3] Und „wenn wir mit einem Außenstehenden gesprochen hätten, dann hätten wir unsere Zulassung verloren".[4]

Vom Ausstieg ließ er sich auch durch lukrative Angebote (ein Bonus von 109.000 US-$ fürs Weitermachen, Beförderung zum Instrukteur, besseres Gehalt, u. a.[5]) nicht abhalten. Zuvor hatte er sich erfolglos für eine andere Tätigkeit als „Ausbilder für Überlebenstraining" beworben. Mit Drohnen wollte er nie wieder irgend etwas zu tun haben. Bei seiner ehrenhaften Entlassung erhielt er ein Dokument, in dem bestätigt wurde, dass seine gesamte Einheit 1.626 „targeted killing operations" ausgeführt hatte. Dieses Dokument schockierte ihn. Bis dahin war ihm der Umfang des Tötungsprogramms nicht in diesem Ausmaß gegenwärtig gewesen. Er selbst war nach seiner Einschätzung an insgesamt 13 Tötungen durch Drohneneinsätze unmittelbar beteiligt.

Bereits bei seinem Ausscheiden aus der US-Air Force litt Brandon Bryant unter einer massiven posttraumatischen Belastungsstörung (PTB) und verlor zeitweise das aktive Gedächtnis. Ferner litt er an den Folgen eines im Dienst erlittenen Sturzes, der Verletzungen an der Wirbelsäulen sowie an Schulter und Hüfte verursacht hatte. Längere Zeit war er trotz aller Therapiemaßnahmen arbeitsunfähig. Von der American Veterans Administration erhielt er für die Behandlung der PTB keinerlei Unterstützung.[6] Heute lebt er unter einfachsten Bedingungen zurückgezogen in den Wäldern seiner Heimat in der Nähe von Missoula im US-Bundesstaat Montana.

2. Enthüllte Missstände

(a) Erstmals im Jahr 2012 hat Brandon Bryant in Interviews[7] auf der Grundlage seiner eigenen dienstlichen Erfahrungen öffentlich kritisiert, dass die von den USA mit dem Ziel der Tötung von als Terroristen verdächtigten Personen geführten Drohnenangriffe in Afghanistan, Pakistan, Somalia und Jemen als „präzise und sauber" dargestellt werden. In Wahrheit forderten sie unzählige unschuldige Opfer unter der Zivilbevölkerung. Zudem belaste diese Art der Kriegsführung viele der eingesetzten Drohnenpiloten psychisch schwer. Brandon Bryant dazu: „Die Wahrheit ist – nichts ist sauber, es kann nie sauber sein".[8]

(b) Ende 2013/Anfang 2014 enthüllte er gegenüber recherchierenden Journalisten anhand seiner Kenntnisse des geheimen Drohnen-Programms die konstitutive Rolle der technischen Einrichtungen und des „Air and Space Operation Command (AOC)" in der US-Air-Base in Ramstein und die weltweiten Verbindungswege für die Steuerung der Drohnen und Auswertung ihrer Daten.[9]

(c) 2014 enthüllte er aufgrund seiner Kenntnisse über das geheime „Gilgamesh"-Ortungssystem und anhand seiner konkreten Einsatzerfahrungen, dass die Behauptung der deutschen Bundesregierung unzutreffend ist, die von deutschen Geheimdienst-Stellen an US-Dienste weitergegebenen Handy-Nummern angeblicher Terroristen seien zur Zieldefinition ungeeignet.

*a.   Öffentliche Kritik an der Legende vom „präzisen und sauberen" Töten
(„targeted killing")*

In dem ihm bei seinem Ausscheiden aus der Armee im Jahr 2011 ausgehändigten „Certificate" wurde Brandon Bryant bescheinigt, mit seiner Einheit an der Tötung von 1.626 Menschen beteiligt gewesen zu sein. Unter diesen Menschen hatten sich viele Kinder und Zivilisten befunden. Von ihm eingesehene Aufzeichnungen belegen[10] darüber hinausgehend die Tötung von über 2300 Personen während der Zeit seines Einsatzes. Nach seinen glaubhaften Angaben hatten die Drohnenpiloten bei den meisten Einsätzen keine Kenntnis davon, wer die Opfer der Drohneneinsätze waren oder was sie taten. Nur einige wenige von ihnen seien, so Brandon Bryant, identifizierbar aktive Kämpfer gewesen..

Beim Drohnenkrieg werden auch Kinder und Jugendliche, ja sogar US-Bürger, nicht verschont. Das zeigt u. a. der Fall des 16-jährigen US-Bürgers Abdulrahman al-Awlaki, Sohn des militanten islamistischen Predigers Anwar al-Awlaki: Nachdem sein Vater am 30.9.2011 durch einen Drohnenangriff im Jemen getötet worden war, war er selbst zwei Wochen später zusammen mit seinem Cousin und 5 anderen Männern Opfer eines gezielten Drohneneinsatzes und wurde beim Essen im Freien getötet.[11] Oder der 13-jährige Mohammed Tuaiman, der im Februar 2015 im Jemen durch einen Drohneneinsatz der CIA getötet wurde, nachdem zuvor sein halbwüchsiger Bruder und sein Vater beim Kamele-Hüten ebenso getötet worden waren.[12]

Waren hier noch verwandschaftliche Beziehungen vermutlich Ursache für die Tötungen, wurden in der aktiven Zeit von Brandon Bryant vielfach auch Personen zum Ziel tödlicher Drohnenschläge, von denen man nicht mal die Namen kannte. Nach Berichten der „New York Times" werden alle Männer im wehrpflichtigen Alter, die sich in einer definierten Zone mit terroristischen Aktivitäten aufhalten, von CIA/US-Army umstandslos als feindliche Kämpfer eingestuft.[13] Die dem zugrunde liegende „Logik": Leute, die sich dort aufhalten oder mit hohen Al-Qaida-Mitgliedern angetroffen werden, führen nichts Gutes im Schilde. Diese sog. signature strikes wurden bereits während der Bush-Regierung im Jahr 2008 in Pakistan begonnen und durch die Obama-Regierung seit 2009 intensiviert. Während der acht-jährigen Bush-Regierung wurden in 51 Drohneneinsätzen in Pakistan zwischen 410 und 595 Menschen getötet.[14] Bis Februar 2015 hat Obama allein in Pakistan 419 Drohneneinsätze durchführen lassen. Insgesamt wurden nach vorliegenden Studien bei solchen Angriffen seit 2009 über 4500 Menschen in Pakistan, Jemen und Somalia getötet.[15,16]

Nach einem Bericht der Menschenrechtsorganisation Reprieve kommen auf jede gezielte Tötung eines terroristischen Aktivisten 28 Unbekannte, die getötet werden.[17] Nur 2 Prozent[18] dieser durch einen Drohnentreffer getöteten Personen in Pakistan sind Al-Qaida-Führer der ersten Ebene.[19] Die übrigen Getöteten sind entweder Kämpfer einer niedrigeren Führungs-Ebene, die kaum eine existentielle Bedrohung für die USA darstellen, oder sie sind einfache Zivilisten oder andere unbekannte Personen.[20]

Anders als die US-Regierung es darzustellen sucht, ist das Konzept der sog. „signature strikes" alles andere als präzise und fehlerfrei. Um anvisierte Gruppen von Personen als Kämpfer oder als Nichtkämpfer zu identifizieren, werden Verhaltensmuster definiert und zugrunde gelegt, die nicht hinreichend aussagekräftig sind. „Verdächtige" Verhaltensmuster liegen nicht notwendiger Weise weit entfernt von „normalen" Verhaltensweisen.[21] So ist es z. B. üblich, dass Männer in Pakistan Waffen tragen, weil sie sich in unsicheren und instabilen Regionen aufhalten. Das heißt jedoch nicht notwendig, dass sie Kämpfer oder Taliban- oder Al-Qaida-Mitglieder sein müssen. Hinzu kommt, dass die von Drohnen übermittelten Bilder i. d. R. nicht unterscheiden lassen, ob jemand eine Hacke oder ein Gewehr über der Schulter trägt.

Dies trägt die Schlussfolgerung: Im Rahmen des US-Drohnenkriegs werden Menschen getötet, obwohl die US-Akteure nicht sicher wissen, wen sie töten.[22]

Zusammenfassend äußert Brandon Bryant zu dieser Art Kriegsführung: *„Ich habe Schuld auf mich geladen. Ich habe mich entschieden, die Air Force zu verlassen, weil ich an der Integrität meiner Vorgesetzten gezweifelt habe. Sie haben internationales Recht gebrochen, sie haben Menschenrechtsverletzungen begangen. Wir sind eine regelrechte Tötungsmaschinerie".*[23]

b. Enthüllung der zentralen Rolle der US-Air-Base Ramstein im Drohnenkrieg der USA

Ende 2013/Anfang 2014 entschloss sich Brandon Bryant, mit Journalisten über die zentrale Funktion der US-Air-Base in Ramstein für den gesamten weltweiten Drohnenkrieg der USA zu sprechen. Hintergrund war, dass mehrere Journalisten bei Recherchen auf Unterlagen über den Bau einer neuen Relaisstation in der US-Air-Base Ramstein gestoßen waren. Im US-Haushaltsplan wurde dazu erläutert, dass diese Baumaßnahmen u. a. für Operationen der US-Spezialkräfte in Afrika notwendig seien. Wörtlich heißt es da: *„Without this facilities, the aircraft will not be able to perform their essential UAS missions within the EUCOM, AFRICOM and CENTCOMAOR. UAS weapon strikes cannot be supported and necessary intelligence information cannot be obtained".*[24] Weitere Berichte dazu waren auf „Linked In" erschienen (u. a. von zivilen Auswertern, die in Ramstein mit Drohnen-Einsätzen beschäftigt waren[25]). Anfang April 2014 berichteten dann das NDR-Fernsehmagazin „Panorama" und die Süddeutsche Zeitung ausführlich über diese bisher unbekannte Funktion der US-Air-Base Ramstein.[26] Dabei fungierte Brandon Bryant als Kronzeuge, als entscheidender Gewährsmann, der nicht nur die technische Seite der Informationsübertragung detailliert erklären, sondern auch an Hand seiner jahrelangen Tätigkeit belegen konnte, dass er sich in über 6.000 Flug-

stunden zu Beginn seines täglichen Dienstes als Drohnenpilot immer in Ramstein ein-
loggen musste, wo auch die von der jeweils im Einsatz befindlichen Drohne übertragenen Bilder in Echtzeit analysiert und Zielvorgaben entwickelt wurden.

Brandon Bryant hat enthüllt, dass das lange von offizieller Seite gepflegte Bild nicht
aufrecht erhalten werden kann, in Ramstein würden in einem rein technischen Vorgang „nur" Daten weitergeleitet. Auch die Behauptung der Bundesregierung, die eigenen Geheimdienste hätten zwar Handydaten weitergegeben, die seien aber nicht zur
Ortung eines Ziels verwendbar, widerlegte er mit Verweis auf die Gilgamesh-Kom-
ponente in der technischen Ausstattung der Drohnen, die eine metergenaue Ortung eines Handys ermöglicht.[27]

Mitte April 2015 veröffentlichten das Whistleblower-Portal „The Intercept" und
das Nachrichtenmagazin „DER SPIEGEL" eine streng geheime Power-Präsentation
(PP) zum Drohnenprogramm[28] aus dem Jahr 2012. Die PP-Informationen zu den technischen Einzelheiten bestätigten die früheren Enthüllungen Brandon Bryants. „DER
SPIEGEL" zitierte zudem aus ihm zugespielten Dokumenten, die beweisen, dass die
US-Regierung um die juristische Problematik wusste, die ein Drohnenprogramm mit
extralegalen Tötungen für den Standort Deutschland aufwerfen musste, und dass sie
hierüber in Kontakt mit der Bundesregierung stand.

aa. Technische Rolle der Relaisstation in Ramstein

Brandon Bryant deckte auf, dass alle Drohneneinsätze über die Militärbasis in Ramstein abgewickelt werden. Er berichtete aus eigener beruflicher Erfahrung, dass die
Piloten auf Militärbasen in Nevada, Arizona oder Missouri sitzen, die Ziele jedoch
in Afrika oder im Nahen Osten liegen. Die Drohnen werden von Soldaten in Nahost
o. ä. gestartet, danach übernehmen die Piloten in den USA ihre Steuerung. Die Basis
in Ramstein ist beim Datentransfer immer involviert. Über Ramstein werden die Signale übermittelt, die den Drohnen die Befehle geben, was sie tun sollen. Der jeweilige Drohnenpilot loggt sich über die US-Base Creech, ein Luftwaffenstützpunkt in
der Wüste von Nevada, der als Drohnenzentrale und Relaisstation für zehn Air-Force-
Basen in verschiedenen US-Bundesstaaten dient, im Air and Space Operation Center
(AOC) in Ramstein ein. Der schnelle Datenaustausch läuft über Glasfaserkabel. Steht
die Verbindung zwischen dem Drohnenpiloten und Ramstein, werden die Steuerbefehle
von dort an einen Satelliten umgeleitet. Aus dem All gelangen sie dann zur Drohne.

Entscheidend für die präzise Steuerung beim Abschuss ist die sog. Latenz, also die
Zeit, die vergeht, bis das Signal vom Joy-Stick des Piloten die Drohne erreicht. Hier
kommt Ramsteins geografische Lage ins Spiel, weil Satelliten, die um die Erde kreisen,
keine Signale auf direktem Weg etwa von Pakistan auf den amerikanischen Kontinent
senden können, da die Erdkrümmung zu stark ist. Einen zweiten Satelliten einzubezie-

hen, würde die Latenzzeit verlängern, wodurch schnelles Reagieren und präzise Manöver unmöglich würden. Ohne die superschnelle Glasfaserverbindung bis Ramstein und Weiterleitung der Signale aus Ramstein und zurück würden die Piloten praktisch blind fliegen. Umgekehrt kommen auf demselben Weg die Signale von der Drohne zurück, insbesondere die Bilder der hochauflösenden Hellsicht- und Infrarot-Kameras, die sich unter der Drohne befinden. Ramstein ist damit bis heute der zentrale Punkt für die Datenübertragung, das Epizentrum der Kommunikation im weltweiten Drohnenkrieg.[29]

Brandon Bryant hat ferner enthüllt, dass wohl in Italien eine weitere Station als Notersatz für die Drohnen-Logistik-Ramstein aufgebaut werden solle. Inzwischen ist dazu bekannt geworden, dass dies offenbar im Stützpunkt Sigonella erfolgt.[30]

bb. Ramstein ist mehr als eine Relaisstation für den Datentransport

Brandon Bryant enthüllte 2014, dass er in 6000 Flugstunden sich jeweils zu Schichtbeginn in Ramstein über das verschlüsselte Chat-Programm „mIRC" mit seinem Rufzeichen angemeldet und das geheime Kennzeichen der Drohne, die er nun steuern sollte, eingegeben habe, ehe er Verbindung mit der Drohne bekam und deren aufgenommene Bilder auf seinen Bildschirmen empfangen konnte. Obwohl nicht erlaubt, habe er in Zeiten, als sich wenig tat, mit den Leuten, die mit der Bildauswertung befasst waren, gechattet und dabei erfahren, dass sie in Ramstein arbeiteten.[31]

Dort wurde aber nicht nur die Verbindung zur Drohne hergestellt. Als Pilot erhielt er von dort auch in kurzen Abständen Berichte zur Erläuterung der von der Drohne übertragenen Bilder und Anforderungen hinsichtlich der weiteren Navigation zur Verbesserung der Beobachtungsbedingungen;[32] auch wurde in diesen Berichten das Ziel definiert. Offenbar wurden von diesen Teams die Bildinformationen verschränkt mit anderen militärischen oder Geheimdienst-Informationen zur Definition des jeweiligen Ziels. Es sollen dort auch juristische Berater eingebunden sein zur Einhaltung des Völkerrechts bei dem geplanten Drohnenangriff.[33] Nach Bryants Einschätzung kamen nur die konkreten Befehle zum Abschuss der Hellfire-Raketen aus den Stäben in den USA. Im Mai 2013 gab es allerdings Hinweise, dass zumindest hinsichtlich der Drohneneinsätze in Afrika das Oberkommando des US-Militärs für Afrika (Africom) mit Sitz in Stuttgart Einsatzbefehle erteilen könnte. Gesucht wurden nämlich für Stuttgart „Geheimdienst-Analysten" mit der Aufgabe, Ziele für Drohnen-Einsätze in Afrika zu „nominieren".[34]

Bereits seit Februar 2003 ist in Ramstein das sog. „Distributed Common Ground System 4" (DGS-4) installiert, eine von weltweit 5 Einheiten, die Drohnenbilder auswerten.[35] Inzwischen ist aus weiteren Recherchen zur Bedeutung von Ramstein bekannt, dass dort ab 2011 bisherige Behelfslösungen ersetzt wurden durch den Neubau eines großen Zentrums – „Air and Space Ops Center" (AOC) mit insgesamt 12 Satellitenantennen, in dem bis zu 650 Mitarbeiter rund um die Uhr tätig sind [36]. Es ist zu vermuten, dass das DGS-4 dort integriert ist. Medien enthüllten bereits 2014, dass Dutzende von zivilen deutschen Angestellten in Ramstein tätig waren und sich auf „LinkedIn" teilweise konkret der Mitwirkung am targeted killing brüsteten [37].

c. *Enthüllungen über die Ortung von Mobiltelefonen*

Die militärische Kampfdrohnen der USA sind – entgegen der Darstellung der Bundesregierung – in der Lage, für ihre tödlichen Angriffe Mobiltelefone zu orten. Auch dies hat Brandon Bryant zusammen mit einem weiteren anonymen Whistleblower, der beim „Joint Special Operations Command" (JSOC) tätig war, erstmals im Februar 2014 enthüllt.[38]

Deutsche Geheimdienste übermittelten in der Vergangenheit bei der Terrorismusbekämpfung u. a. Mobiltelefon-Nummern von Verdächtigen etwa in Afghanistan an US-Dienststellen. Die Bundesregierung rechtfertigte diese Praxis damit, dass angeblich eine Mobilfunknummer allein nicht zur Lokalisierung für einen präzisen Luftschlag ausreiche. Dokumente aus dem Jahr 2012 belegen jedoch, dass die Drohnen mittels eines speziellen Ortungssystems in der Lage sind, Personen anhand ihres Telefonsignals so genau zu lokalisieren, dass ein Luftschlag möglich wird.[39] Wenn man die Handynummer einer Zielperson kennt, kann man ihre SIM-Karte und ihren Aufenthaltsort über die Entfernung zu umliegenden Mobilfunkmasten orten. Man erfährt zwar so zunächst nur, in welcher Funkzelle sich ein Verdächtiger aufhält. Dann kommt das Gilgamesh-System ins Spiel. Es wird anstelle der Hellfire-Rakete unter eine Drohne gehängt und funktioniert dann wie ein mobiler IMSI-Catcher. Das führt dazu, dass die Handys im Umkreis automatisch mit der Drohne Kontakt aufnehmen. Das Gilgamesh-System gleicht alle Nummern mit einer Datenbank ab. Gibt es einen Treffer, fliegt die Drohne im Kreis um den Bereich herum. Da das Handy immer wieder mit der Drohne Kontakt aufnimmt, kann man es schließlich orten – und zwar bis auf etwa einen Meter genau.[40]

Der Angriff mithilfe der Handy-Daten gilt in Wahrheit der SIM-Karte. Es wird unterstellt, dass die Person, deren SIM-Karten-Daten die Geheimdienste aufgrund der Überwachung des Mail-Verkehrs identifiziert haben, weiterhin diese Karte nutzt – eine nicht immer zutreffende Hypothese. Aufgrund der häufigen Weitergabe der Handys oder nur der SIM-Karte durch die ins Visier geratenen Personen sei es gezielt, um abzulenken, oder einfach, weil sie ahnungslos an Freunde oder Familienmitglieder, darunter auch Kinder kurzfristig weitergegeben werden, ist das Resultat, dass falsche Leute getötet werden, quasi programmiert.[41]

3. Bedeutung der Enthüllungen durch Brandon Bryant

Brandon Bryant machte durch seine persönlich verbürgten Informationen über den geheimen Drohnenkrieg mit extralegalen Tötungen nicht nur ethische Fragen zum Einsatz bewaffneter Drohnen zum Thema. Er erzwang auch eine bis heute anhaltende Auseinandersetzung mit der Frage, ob die deutsche Regierung nicht mitverantwortlich für die Tötungen ist, wenn sie das Geschehen in Ramstein auf deutschem Boden weiter duldet.

a. *Kriegsführung mit bewaffneten Drohnen*

Während einige Staaten wie u. a. Israel und die USA seit Jahren bewaffnete Drohnen in bewaffneten Konflikten einsetzen, ist weltweit – und besonders in Deutschland – eine Diskussion um die Zulässigkeit dieser neuen Methode der Kriegsführung im Gange. Teils werden Drohneneinsätze aus verschiedenen Gründen überhaupt abgelehnt. Andere halten Aufklärungsflüge für unbedenklich, wenden sich aber gegen jeden Einsatz bewaffneter Drohnen. Eine dritte Auffassung wendet sich nur oder besonders gegen die gegenwärtige Praxis der extra-legalen Tötungen der USA, hält aber Drohnenangriffe mit Raketen bei Einhaltung des Kriegsvölkerrechts durchaus für zulässig. Schließlich gibt es eine breite Front des Widerstands gegen die Entwicklung autonomer Waffenprogramme, die nach ihrer Installation ohne menschliche Intervention selbständig Ziele finden und angreifen.[42]

Brandon Bryant teilte wohl zunächst die erwähnte dritte Position, hat aber durch sein eigenes Schicksal erfahren, dass der einzelne Drohnenpilot keine Möglichkeit hat, selbst offensichtliche Verletzungen des Kriegsvölkerrechts zu verhindern und damit schwersten Gewissenskonflikten ausgesetzt wird. Die intime Nähe zu den Opfern durch längere Beobachtung ebenso wie die Tötung völlig unbekannter Menschen allein nach der Signatur verschärfen die Konflikte noch.

Heute sagt Bryant: „I hate the drone program and the people in it. They're a bunch of children with a neat, expensive toy".[43] Auch die Medienwissenschaftlerin Jutta Weber kritisiert die „Play-Station-Mentalität" und führt als Beispiel die Redeweise von US-Militärs über erfolgreiche Drohneneinsätze als „Bug Splat" an.[44]

Die Diskussion in Deutschland hat dazu geführt, dass die Bundesregierung bisher noch nicht eindeutig erklärt hat, dass sie bewaffnete Drohnen für die Bundeswehr anschaffen wird.

Ihre offizielle Position zu dieser Frage ergibt sich noch aus dem Koalitionsvertrag der jetzigen Regierungsparteien von Ende 2013:

> *„Extralegale, völkerrechtswidrige Tötungen mit bewaffneten Drohnen lehnen wir kategorisch ab. Deutschland wird für die Einbeziehung bewaffneter unbemannter Luft-*

*fahrzeuge in internationale Abrüstungs- und Rüstungskontrollregime eintreten und sich
für eine völkerrechtliche Ächtung vollautomatisierter Waffensysteme einsetzen, die dem
Menschen die Entscheidung über den Waffeneinsatz entziehen.*
*Vor einer Entscheidung über die Beschaffung qualitativ neuer Waffensysteme werden
wir alle damit im Zusammenhang stehenden völker- und verfassungsrechtlichen, sicher-
heitspolitischen und ethischen Fragen sorgfältig prüfen. Dies gilt insbesondere für neue
Generationen von unbemannten Luftfahrzeugen, die über Aufklärung hinaus auch weitergehende Kampffähigkeiten haben" (S.168 des Vertrags).*[45]

b. Der US-Drohnenkrieg und die Air Base in Ramstein

Die USA sehen sich spätestens seit dem 11.9.2001 einem bewaffneten Angriff des terroristischen Al-Qaida-Netzwerks ausgesetzt, gegen den sie sich in Wahrnehmung des
Selbstverteidigungsrechts nach Art. 51 UN-Charta zur Wehr setzen dürfen. Sie nehmen bis heute als völkerrechtlich gerechtfertigt in Anspruch, Terroristen weltweit zu
verfolgen und zu vernichten. Diese Rechtsauffassung wird von vielen Staaten und Völ-
kerrechtlern hart kritisiert. Insbesondere die Tötung mit Drohnenangriffen auf Personen in Staaten, die sich nicht in einem bewaffneten internationalen Konflikt mit den
USA befinden (Pakistan, Somalia, Jemen, Mali, u.a.) durch die CIA stoßen auf Kritik und werden als extra-legale Tötungen, die das humanitäre Völkerrecht missachten,
bezeichnet. Zudem stellen sie jeweils auch eine Verletzung der territorialen Integrität
des betreffenden Staates dar (Art. 2 Abs. 4 UN-Charta). Im November 2014 erfolgte
der 500. Angriff dieser Art.[46]

Die gegenwärtige deutsche Regierung lehnt extra-legale Tötungen ab, soweit sie
völkerrechtswidrig sind. Zumindest bei den Drohnenangriffen in Nicht-Kriegszonen,
bei „signature-strikes" und den Angriffen auf Hochzeitsgesellschaften u.a. Menschen-
ansammlungen mit erwartbar hohen zivilen Todesopfern kann daran kaum ein Zweifel sein.

Kann und muss die Bundesregierung diese Angriffe, die in Ramstein zumindest im
Auswertungszentrum mit vorbereitet werden, unterbinden? Diese Frage hat Brandon
Bryant zugespitzt mit seiner Enthüllung, dass das DGS-4 in Ramstein für seine gesamten Flüge zuständig war und Ramstein bisher die einzige Relaisstation in Europa
für den Datentransfer ist.

Die US-Air-Base Ramstein – der weltweit größte US-Stützpunkt außerhalb der
USA – ist kein exterritoriales Gebiet. Das Gelände ist deutsches Staatsgebiet (überwiegend im Eigentum des Landes Rheinland-Pfalz) und den Amerikanern für lange
Zeit entsprechend dem NATO-Truppen-Statut (NTS) mit einem Nutzungsvertrag vom
16.10.1968 „zur ausschließlichen Nutzung zu Verteidigungszwecken überlassen" worden. Gemäß Art. 53 Abs. 1 des Zusatzabkommens zum NATO-Truppenstatut (ZA-NTS)

gilt für die Benutzung deutsches Recht.⁴⁷ Nach Art. II NTS sind die stationierten Truppen verpflichtet, deutsches Recht zu achten.

Nach deutschem Recht macht sich jeder, der eine andere Person tötet (hier: mit einer Rakete aus einem Luftfahrzeug, also „mit gemeingefährlichen Mitteln", „grausam" und ggf. auch „heimtückisch"), wegen Mordes strafbar, es sei denn, der Angriff ist völkerrechtlich gerechtfertigt. Soweit Kriegsvölkerrecht anwendbar ist, ist nach § 8 VStGB (Völkerstrafgesetzbuch) ebenfalls mit lebenslanger Freiheitsstrafe bedroht, wer eine nach dem humanitären Völkerrecht zu schützende Person tötet. Hier gilt nach § 1 VStGB das Weltrechtsprinzip, so dass auch Täter verfolgt werden können, die im Ausland töten.

Alle Glieder der Befehls- und Ausführungskette, die an dem targeted killing mitwirken, beteiligen sich an völkerrechtswidrigen Aktionen. Auch die Unterstützung dieser Aktionen durch weitere Bereitstellung deutschen Territoriums oder Luftraums durch die Bundesregierung kann als „Beihilfe" ein völkerrechtliches Delikt sein.

Die Bundesregierung wusste vom Bau des AOC in Ramstein. Das Department of Defense hatte im November 2011 dem Verteidigungsministerium mitgeteilt, dass in Kürze auf der Air Base in Ramstein eine Relaisstation für Drohneneinsätze errichtet werde, mit deren Hilfe ein Kontrollzentrum für den Einsatz der Drohnen vom Typ „Predator", „Reaper" und „Global Hawk" geschaffen werde.⁴⁸

Die Bundeswehr unterhält weiter seit 1996 in Ramstein beim Oberbefehlshaber der US Air Force in Europa (USAFE) ein „Verbindungskommando der Bundesluftwaffe" (VKdoLw), das unmittelbaren Zugang zum US-Kommandeur hat und damit über Details des Programms informiert worden sein dürfte und seinerseits dem Inspekteur der Luftwaffe (InspL) berichtet.⁴⁹ Denn zu den Aufgaben des Verbindungskommandos gehören u. a. auch:

– Unterrichtung des InspL über Planungen und Maßnahmen der USAFE

– Unterrichtung des USAFE-Head Quarter nach Weisung InspL über Angelegenheiten von gemeinsamem Interesse

– Vertreten nationaler Forderungen und Wünsche gegenüber USAFE.

Nachdem 2013 erste Fragen aufgekommen waren, inwieweit Soldaten und Anlagen bei AFRICOM in Stuttgart und in Ramstein in den Drohnenkrieg der USA eingebunden sein könnten, versicherte der NATO-Oberbefehlshaber, der US-General Breedlove, aus den Gebäuden in Ramstein würden keine Drohnen starten – was auch niemand behauptet hatte.⁵⁰ Im Juni 2013 erklärte Präsident Obama in Berlin sinngemäß ebenso: Wir starten von Deutschland aus keine unbemannten Drohnen zur Bekämpfung von Terroristen.⁵¹ Immer wieder beteuerten die USA, „man beachte in Ramstein die deutschen Gesetze", „von amerikanischen Stützpunkten in Deutschland würden Einsätze bewaffneter ferngesteuerter Luftfahrzeuge weder geflogen noch befehligt"[52] – was richtig sein dürfte, aber die eigentliche Frage umgeht.

Nach den Informationen, die im April 2015 dem „SPIEGEL" zugänglich waren, ist davon auszugehen, dass die USA 2001 zunächst planten, die targeted-killing-strikes direkt von Ramstein aus zu steuern, Rechtsberater des Pentagon jedoch meinten, dies könne mit den rechtlichen Grenzen des NATO-Truppenstatuts nicht vereinbar sein und ein Veto der Schröder-Regierung provozieren oder zumindest das Geheimprogramm öffentlich machen. Daraufhin wurde die Steuerung von der Satellitenverbindung räumlich getrennt und in die USA verlegt.[53] Am 18.7.2013 beantwortete die Bundesregierung eine Kleine Anfrage der Fraktion DIE LINKE zu den geheimen Aktionen der USA in Ramstein. Tenor: von Verstößen dort gegen das Völkerrecht ist der Bundesregierung nichts bekannt.[54]

Die Bundesregierung stellt sich aber zu Unrecht als unwissend dar; zumindest könnte und müsste sie sich angesichts der Schwere der Vorwürfe wissend machen. Nach den vom „SPIEGEL" am 17.4.15 publizierten Informationen lagen der Redaktion Unterlagen vor, wonach im Juni 2013 die damalige Staatssekretärin im Auswärtigen Amt, Emily Haber, von Washington eine Zusicherung verlangen wollte, dass sich US-Stellen „nicht an gezielten Tötungseinsätzen" beteiligen. Nach einem internen Vermerk sei dies abgelehnt worden: „Bundeskanzleramt und Verteidigungsministerium plädieren hingegen dafür, Druck aus Parlament und Öffentlichkeit ‚auszusitzen'".[55] Auf dieser Linie weigert sich die Bundesregierung seit Jahren, zu dem Ramstein-Komplex nachdrücklich genaue Informationen von den zuständigen US-Stellen einzufordern. Sie verhält sich damit nach außen hin wie die sprichwörtlichen drei Affen („Nichts hören, nichts sehen, nichts sagen"). Auch die Bundesanwaltschaft, zuständig für die Verfolgung von Verbrechen nach dem Völkerstrafgesetzbuch, vertritt zwar die Auffassung, Drohnenangriffe seien nur in tatsächlichen Kriegsgebieten zu rechtfertigen, hat aber nach Presseberichten bezüglich Ramstein nur einen „Beobachtungsvorgang" angelegt und bisher keine förmlichen Ermittlungen eingeleitet.

Im Verfahren „Jaber ./. BRD" vor dem Verwaltungsgericht Köln wegen eines Drohnen-Angriffs im Jemen bestreitet die Bundesregierung rundheraus, über die zentrale Bedeutung des Luftwaffenstützpunkts Ramstein im Drohnenkrieg Bescheid zu wissen. Im übrigen handelten die USA in Ramstein selbständig hoheitlich, was keiner Genehmigung oder Überprüfung seitens der BRD bedürfe. Und schließlich in offener Verkennung von § 1 VStGB: „Es kann nicht Aufgabe der Beklagten (sc. BRD) sein, gegenüber anderen, souveränen Staaten als ‚Weltstaatsanwaltschaft' aufzutreten."[56]

Es ist Brandon Bryants Informationen zu danken, dass sich der Fokus der Debatte um den Drohnenkrieg der USA in Deutschland nunmehr immer stärker auf die Aktivitäten der USA in Ramstein konzentrieren kann. Die US-Regierung hat zu keiner Zeit seine Informationen als unzutreffend dargestellt oder dementiert. Dadurch ist auch die Bundesregierung mit ihrer Politik der stillschweigenden Duldung so delegitimiert, dass in der Öffentlichkeit inzwischen sogar die Kündigung der Überlassungsvereinbarungen (Art. 48 Abs. 3 ZA-NTS) für Ramstein gefordert wird, um wirksam die Völkerrechtsverstöße dort zu unterbinden.

4. Persönliche Motive von Brandon Bryant für sein Whistleblowing

Brandon Bryant quittierte seinen Dienst bei der US-Air-Force am 17.4.2011. Infolge der schweren Gewissenskonflikte hatte sich zu dieser Zeit bei ihm eine posttraumatische Belastungsstörung entwickelt, die ihn zunächst auf den Kampf um eine angemessene Behandlung zurückwarf. Erst nach eineinhalb Jahren war er in der Lage, einer Verpflichtung nachzukommen, die er schon während seines Dienstes gefühlt hatte: über die Medien die Öffentlichkeit aufzuklären über den schmutzigen Drohnenkrieg der USA. Es handelte sich von nun an um ein externes Whistleblowing. Zuvor hatte er sich im Dienst immer wieder bei seinen unmittelbaren Vorgesetzten erfolglos um Veränderungen bemüht. Er meint im Hinblick auf seine mitunter sehr drastische Kritik, es habe ihn nur seine gute Leistung im Dienst vor Bestrafung bewahrt.[57] Einerseits will er nun erreichen, dass die US-Army die Drohnenpiloten nicht länger allein lässt mit ihren aus dem Einsatz sich entwickelnden ethischen Konflikten. Andererseits setzt er sich ein für eine Beendigung des Drohnenkriegs in der jetzigen Form.

Nach dem ersten Medienbericht im „SPIEGEL" vom 10.12.2012[58] wurde man in den USA auf ihn aufmerksam. In vielen Interviews und öffentlichen Veranstaltungen tritt er seitdem für seine Ziele ein.[59] Dabei missachtet er das ihm erteilte dienstliche Schweigegebot und das offensichtliche Interesse der Führung seines Landes, die Umstände der gezielten Tötungen mit Drohnenangriffen vor der internationalen Öffentlichkeit geheim zu halten.

Zunächst war ihm nicht bewusst, dass seine intime Kenntnis der Logistik der Drohnen-Angriffe, zentralisiert über die US-Air Base in Ramstein, für die kritische deutsche Öffentlichkeit von höchster Bedeutung ist, weil hier seinerzeit noch wenig darüber bekannt war und ist. Erst als er von Journalisten in Deutschland als Informant und unmittelbarer Zeuge ‚entdeckt' wurde, gab er Anfang 2014 auch insoweit sein Wissen rückhaltlos preis und gab dadurch der Debatte in Deutschland einen neuen Schub. Die Fragen an die Bundesregierung und Forderungen, gegen das Tun der Amerikaner in Ramstein einzuschreiten, wurden nunmehr sehr konkret.[60] Es folgen zahlreiche Auftritte Bryants in Deutschland und anderen Ländern, z.B. in Diskussionsrunden im Fernsehen, jeweils unterlegt mit der Frage nach der Bewertung der Aktivitäten in Ramstein unter dem Blick aufs Völkerrecht. Brandon Bryant gab und gibt so dem extra-legalen Drohnenkrieg der USA ein Gesicht.

Im Frühjahr 2015 kommt es zu einem weiteren Whistleblowing eines bisher Unbekannten zum Thema Ramstein, nunmehr anhand streng geheimer Dokumente aus dem

Jahr 2012. Widersprüche zu Bryants Enthüllungen ergeben sich daraus nicht. Die beiden Whistleblower ergänzen sich mit ihren Informationen. Inzwischen begreift sich auch Bryant selbst als Whistleblower und sieht sich in der Traditionslinie von Edward Snowden und Chelsea Manning, wobei er seine eigene Rolle eher unterbewertet, offensichtlich nach wie vor betroffen von Schuldgefühlen. Er hat auch eine eigene Website unter dem Namen „redhand" eingerichtet, auf der andere Soldaten und Kritiker des Drohnenprogramms zu Wort kommen sollen.

Auch hat sich Bryant dem zuständigen NSA-Bundestagsuntersuchungsausschuss als Zeuge für detailliertere Informationen aus erster Hand angeboten.[61]

Am 25.10.2013 nimmt er in New York an einem UN-Panel zum US-Drohnenprogramm mit Menschenrechtsanwälten, Uni-Dozenten und Rapporteuren der UN teil. Sein Beitrag fand und findet großen Widerhall.[62]

5. Folgen des Whistleblowing für Brandon Bryant

Bryant musste mit möglichen strafrechtlichen Ermittlungen gegen sich wegen des Bruchs des dienstrechtlichen Schweigegebots rechnen. Bisher ist es dazu nicht gekommen. Aktuell leidet er nicht nur an den Folgen der während der Dienstzeit erlittenen Gesundheitsverletzungen, sondern zusätzlich unter der sozialen Ausgrenzung in seinem Heimatland. Aktive Soldaten und Veteranen sehen ihn als „Verräter" und beschimpfen ihn. Der „SPIEGEL"-Artikel vom 10.12.12 erschien übersetzt in „Daily Mail" unter der reißerischen Überschrift „drone operator followed orders to shoot a child … and decided he had to quit", worauf ihm 157 Freunde auf facebook umgehend die „Freundschaft" kündigen. Bryant liest in einer Art Selbstkasteiung tausende von bösartigen Kommentaren wie: „man sollte dich anklagen wegen Verrat und hinrichten für dein Reden mit den Medien".[63] Er selbst meint: „Ich bin vermutlich der bestgehasste Mensch, den man am wenigsten leiden kann".[64] Auch im näheren Umfeld gibt es Ankündigungen, ihm etwas anzutun.[65] So hat er das Zusammenleben mit seiner Mutter und Kontakte mit örtlichen Freunden beendet, offenbar, um sie nicht mit zu gefährden, und ein unstetes Leben begonnen. Mit der Welt, die ihm gut gesonnen ist, ist er über Smartphone und Internet verbunden. Weil er die Aufklärung über den Drohnenkrieg als notwendig und als seine Verpflichtung ansieht, nutzt er die mediale Öffentlichkeit weiterhin, obwohl dies seine soziale Isolation in seinem Heimatstaat noch verstärken kann.

Umso mehr ist es unsere Verpflichtung, seine wichtigen Beiträge als Whistleblower zur Diskussion über den völkerrechtswidrigen Drohnenkrieg der USA zu würdigen und auch öffentlichkeitswirksam anzuerkennen.

Frankfurt am Main/Berlin, im August/September 2015

Die Jury zur Vergabe des Whistleblower-Preises:

RA Gerhard Baisch (Bremen), Dr. Dieter Deiseroth (Leipzig/Düsseldorf), Prof. Dr. Hartmut Grassl (Hamburg), Dr. Angelika Hilbeck (Zürich), RAin Christine Vollmer (Bremen)

Anmerkungen

1   DER SPIEGEL Nr. 50/2012 vom 10.12.12.
2   Wie 1.
3   Info des Preisträgers vom 24.07.15 an die Whistleblower-Preis-Kommission.
4   ZEIT vom 27.10.13.
5   Wie 3.
6   Wie 3.
7   Vgl. das erste Interview in DER SPIEGEL vom 10.12.12 mit Nicola Abé.
8   ZEIT vom 27.10.13.
9   Panorama-Sendung vom 3.4.14 und Süddeutsche Zeitung vom 4.4.14.
10   E-Mail v. Brandon Bryant an Jury v. 24.7.15.
11   http://www.nytimes.com/2013/07/18/opinion/the-drone-that-killed-my-grandson.html.
12   http://theguardian.com/world/2015/feb/10/drones-dream-yemeni-teenager-mohammed-tuaiman-death-cia-strike.
13   http://www.nytimes.com/2012/05/29/ world/obamas-leadership-in-war-on-al-quaeda.html.
14   https://www.thebureauinvestigates.com/2011/08/10/the-bush-years-2004-2009/.
15   https://www.thebureauinvestigates.com/2015/02/02/almost-2500-killed-covert-us-drone-strikes-obama-inauguration/ und Council on Foreign Relations vom 21.11.14 – http://blogs.cfr.org/zenko/2014/11/21/americas-500th-drone-strike/#.
16   Adam Hudson, Report vom 4.8.15, http://www.truth-out.org/news/item/32166-thanks-to-reliance-on-signature-drone-strikes-us-military-doesn-t-know-who-it-s--killing#st_refDomain=&st_refQuery http://www.spiegel.de/politik/deutschland/ramstein-air-base-us-drohneneinsaetze-aus-deutschland-gesteuert-a-1029264-2.html.
17   http://www.reprieve.otg/us-drone-strikes,kill-28-unknown-people-for-every-intended-target-new-reprieve-report-reveals.html.
18   http://www.motherjones.com/mojo/2011/01/military-drone-afghan-success-rate-uav.
19   http://foreignpolicy.com/2013/04/10/fewer-than-2-percent-of-drone-strike-victims-in-pakistan-are-senior-al-quaede-leaders/.
20   http://www.mcclatchydc.com/news/nation-world/world/middle-east/article24747826.html.
21   So der Journalist Jack Serle, TBIJ´s Covert Drone War team, http://www.washingtonpost.com/world/asia_pacific/pakistan-tribesman-fear-losing-their-guns-and-rockets/2015/01/15/ae055164-9a70-11e4-bcfb-059ec7a93ddc_story.html.
22   http://www.washingtonpost.com/world/asia_pacific/pakistan-tribesman-fear-losing-their-guns-and-rockets/2015/01/15/ae055164-9a70-11e4-bcfb-059ec7a93ddc_story.html und Adam Hudson, s. Anm. 14
23   Zitat nach panorama-sendung vom 3.4.14, s. Anm. 9, ab Minute 2:00.
24   Military Construction Program, Fiscal Year (FY) 2011 – http://www.saffm.hq.af.mil/shared/media/document/AFD-101203-039.pdf, S. 232); übersetzt in „Luftpost" 060-13 vom 8.5.13: „Ohne diese Anlage werden Drohnen nicht im Stande sein, ihre notwendigen Operationen innerhalb der Befehlsbereiche des EUCOM, des AFRICOM und des CENTCOM exakt durchzuführen; mit Drohnen durchgeführte Angriffe und Aufklärungsaufträge könnten nicht angemessen unterstützt werden."
25   Süddeutsche Zeitung vom 30.5.13.

26 Vgl. Nachweise in Anmerkung 9.
27 Vgl. panorama-sendung vom 3.4.14 , siehe Anm. 9, ab Minute 10:00.
28 http://www.spiegel.de/politik/deutschland/ramstein-air-base-us-drohneneinsaetze-aus-deutschland-ge
    steuert-a-1029264-2.html; https://firstlook.org/theintercept/2015/04/17/ramstein/.
29 NDR-Panorama vom 3.4.14.
30 DER SPIEGEL vom 17.4.15.
31 ARD-Tagesschau vom 3.4.14.
32 NDR-Panorama vom 5.4.14 .
33 So Christian Fuchs am 11.9.2015 beim IALANA-Kongress „Unser Nachbar NSA" in Wiesbaden.
34 Süddeutsche Zeitung vom 30.5.13.
35 Wie Anm. 31.
36 Wie Anm. 29.
37 ARD-Tagesschau vom 3.4.14.
38 Zunächst in The Intercept vom 10.2.14 – https://theintercept.com/2014/02/10/the-nsas-secret-role/ und
    danach in der Sendung von NDR-Panorama vom 3.4.14.
39 DER SPIEGEL vom 17.4.15 – http://www.spiegel.de/politik/deutschland/ramstein-air-base-us-droh
    neneinsaetze-aus-deutschland-gesteuert-a-1029264-2.html.
40 Brandon Bryant in: NDR-Panorama vom 3.4.14 und in einem Interview mit der SZ vom 4.4.2014, http://
    www.sueddeutsche.de/politik/us-drohnenkrieg-immer-fliessen-die-daten-über-ramstein.
41 Detailliert wird die Irrtumsproblematik dargestellt in The Intercept vom 10.2.14 – https://theintercept.
    com/2014/02/10/the-nsas-secret-role/.
42 Am 28.7.2015 wurde ein warnender offener Brief von über 13.000 Fachleuten aus der Robotik- und
    AI(Artificial Intelligence)- Forschung veröffentlicht, vgl. http://ialana.de/arbeitsfelder/frieden-durch-
    recht/entwicklung-voelkerrecht/drohnen-und-gezielte-toetungen/1230-autonomous-weapons-an-open-
    letter-from-ai-robotics-researchers.
43 Brief an die Whistleblower-Preis-Kommission vom 24.7.15.
44 Frei übersetzt „Käfer klatschen"- zitiert nach Wolfgang Kaleck, Ausweitung der Kampfzone, 2012, auf
    der website des ECCHR unter: de/unsere-themen/voelkerstraftaten-und-rechtliche-verantwortung/droh
    nen.html?pdf=1512 – 50.92 kB.
45 https://www.google.de/#q=koalitionsvertrag+bundesregierung+2013+pdf ; in einem Schreiben des
    Bundesverteidigungsministeriums an die IALANA vom 2.Juli 2015 heißt es allerdings, anläßlich der
    Sachverständigenanhörung vom 30.6.14 im Verteidigungsausschuss sei festgestellt worden, dass „keine
    grundsätzlichen rechtlichen Bedenken hinsichtlich der Beschaffung und des möglichen Einsatzes auch
    bewaffneter Drohnen bestehen."
46 ZEIT-online vom 1.12.14 – http://www.zeit.de/ausland/2014-12/usa-drohnenangriff-obama.
47 Vgl. Luftpost Nr. 177/12.
48 DER SPIEGEL vom 17.4.15 – http://www.spiegel.de/politik/deutschland/ramstein-air-base-us-drohnen
    einsaetze-aus-deutschland-gesteuert-a-1029264.html.
49 Vgl. BT-Drs. 17/14401, S.2 ff.
50 DER SPIEGEL vom 17.4.15.
51 „We do not use Germany as a launching point for unmanned drones… as a part of our counterterrorism
    activities" – nach : https://firstlook.org/theintercept/2015/04/17/ramstein/.
52 Tagesschau vom 3.4.14/16:29 h – https://www.tagesschau.de/inland/ramstein-Drohnen100.html.
53 Der SPIEGEL vom 17.4.15 – http://www.spiegel.de/politik/deutschland/ramstein-air-base-us-drohnen-
    einsaetze-aus-deutschland-gesteuert-a-1029264-2.html.
54 BT-Drs. 17/14401; die Panorama-Redaktion hatte der Bundesregierung im April 2014 ebenfalls präzise
    Fragen gestellt. Die Antworten sind im Anhang zu der Panorama-Sendung vom 5.4.2014 veröffentlicht.
55 Wie Anm. 48.

56 Zitiert in DER SPIEGEL vom 17.4.15, s. Anm. 49; das Verfahren ist noch anhängig. Das Urteil des VG Köln – 3 K 5625/14 – vom 27.5.14 ist veröffentlicht unter http://ialana.de/aktuell/laufende-gerichtsver fahren/drohnensteuerung-ueber-ramstein.

57 Bryant mit mail vom 12.7.15 an die Whistleblower-Preis-Jury.

58 Interview mit Nicola Abé. – http://www.spiegel.de/spiegel/print/d-90048993.html.

59 Z.B. bei Democracy Now, GQ, CNN, NBC, FOX, Time Magazine – nach http://projectredhand.org/the-team/.

60 Vgl. dazu den eingehenden Fragenkatalog der Fraktion DIE LINKE in BT-Drs. 17/14401.

61 ARD-Tagesschau vom 3.4.14 – https://www.tagesschau.de/inland/ramstein-Drohnen100.html.

62 „The most moving statement came from Brandon Bryant…" – http://www.rollingstone.com/politics/news/individuals-worlds-apart-united-by-the-trauma-of-drone-strikes-20131029.

63 Interview mit Matthew Power bei GQ aus März 2013 – http://www.gq.com/news-politics/big-is sues/201311/drone-uav-pilot-assassination?currentPage=1.

64 ARD-Diskussion bei Beckmann am 28.11.13 u. a. mit John Goetz und Brandon Bryant ab Minute 27.00.

65 Ebd: „Veteranen in meiner Heimatstadt sagten mir, du sollst nicht weiter reden und bedrohten mich mit eventuell extremen Maßnahmen" (Übersetzung in der Sendung).

In 2015, the Federation of German Scientists [Vereinigung Deutscher Wissenschaftler – "VDW"] and the German Section of the International Association of Lawyers Against Nuclear Arms ("IALANA") present the

Whistleblower Award

to (among others) the

former US drone pilot
Brandon Bryant (Missoula/USA)

1. Personal Information and Biography of Brandon Bryant

Brandon Bryant is 29 years old. After attending high school in the US state of Montana, he began a journalism course which he then had to abandon after one semester for financial reasons. At the age of 19, in July 2005 he joined the US Air Force because this promised him a free vocational training. In April 2006 he began to study and train as a "remotely-piloted-aircraft sensor operator" (referred to below as "drone pilot") for Predator drones. He flew his first mission on December 3, 2006. In January 2007 he was deployed to Iraq. Starting in 2009, he worked for a secret special unit for targeted killing, operating out of an air-conditioned container at Cannon Air Force Base in New Mexico.[1]

He found the work increasingly unpleasant, preferring to do something that saves lives instead of taking them. In cases where he criticised individual missions or expressed other concerns, his superiors did not take him seriously and eventually he began to consider changing career. The psychological burdens were affecting his sleep; at one point he even collapsed during his work. He was spitting blood and had to take sick leave for several months.[2] Afterwards he returned to work in the container but he felt an increasing emotional detachment from the US killing programme using drones. Looking back he recognises: "As a soldier I wanted to be doing a job worthy of respect. I did not want to sit in a container in front of a monitor hunting down people in a cowardly way."

On July 4, 2011, he resigned from his post in the US Army because he could not stand his work any longer. He knew for certain: There was no consideration of civilian victims. The pilots did not know who they were killing or why and there was no serious communication with their commanders about anything they were worried about. They were met with rebuffs such as: "Why do you need to know that?"[3] It was clear to them that "if we spoke to any outsiders, we would have lost our accreditation"[4].

Lucrative offers were made to persuade him not to quit (a bonus of US $109,000 for continuing, promotion to instructor, better salary, and others)[5] but he did not let himself be deterred. Previously he had unsuccessfully applied for a transfer to a different role, as an instructor for survival training. He never wanted to have anything to do with drones again. As he was honourably discharged, he received a document which confirmed that his unit had carried out 1626 "targeted killing operations". The document shocked him since he had previously not been fully aware of the scope of this killing programme. He estimates that he was directly involved in a total of 13 killings by drone.

At the point of leaving the armed forces, Brandon Bryant was already suffering a severe case of post-traumatic stress disorder (PTSD) and even suffered periodic loss of his active memory. Additionally, he suffered from the consequences of a fall during his service which caused injuries to his spine, shoulder and hip. In spite of all therapeutic measures, he was unfit for work for a long period. For his PTSD, the American Veterans Administration offered him no treatment whatsoever[6]. Today he is living in very simple conditions in a remote forested part of his homeland near Missoula, Montana.

2.   Irregularities Revealed

(a) In 2012, in his interviews Brandon Bryant publicly criticised for the first time[7] the fact that the drone attacks in Afghanistan, Pakistan, Somalia and Yemen carried out by the USA with the aim of killing persons suspected to be terrorists are portrayed as "precise and clean". His own experiences in active service show that the truth is they claimed the lives of innumerable innocent victims from the civilian population. Additionally, this type of warfare puts the drone pilots under severe psychological stress. Brandon Bryant says: "The truth is: Nothing is clean. It can never be clean."[8].

(b) At the end of 2013 and beginning of 2014 he spoke with investigative journalists. Based on his knowledge of the secret drone programme, he revealed the vital role played by the technical facilities and the Air and Space Operation Command (AOC) at the US airbase in Ramstein, Germany, as well as the worldwide data connections for drone control and analysis of the images they provide.[9]

(c) In 2014, based on his knowledge of the secret GILGAMESH geolocation system and his specific mission experience, he revealed the inaccuracy of the German government's claim that the mobile telephone numbers of terrorist suspects passed on by German intelligence agencies to US authorities could not be used to define targets.

a.   Public criticism of the myth of "precise and clean" killing (targeted killing)

In the certificate handed to him when he left the Army in 2011, it is documented that Brandon Bryant and his unit were involved in the killing of 1626 people. Many of these were children and civilians. Additionally, records he had seen document[10] the killing of over 2300 people during the time of his missions. According to his credible statements, during most of the missions the drone pilots did not know who the victims of the drone mission were or what they had done. Brandon Bryant states that only a few of them were clearly identifiable as active fighters.

Drone warfare does not spare children or youth, or even US citizens. This is shown by, among others, the case of 16-year-old US citizen Abdulrahman al-Awlaki, son of the militant Islamist preacher Anwar al-Awlaki: Two weeks after his father was killed in Yemen on September 30, 2011 during a drone attack, he was eating outside with his cousin and five other men when they too became the victims of targeted drone attacks[11]. Or that of 13-year-old Mohammed Tuaiman, who was killed by a CIA drone mission in February 2015 after his teenage brother and father had also been killed as they tended their camels[12].

In these cases, family relationships were presumably a reason for the killings, but during the active service of Brandon Bryant there were many persons fatally targeted by drone attacks whose name was not even known. According to reports in the New York Times, the CIA and US Army simply categorised all men of fighting age as enemy fighters if they were within a defined zone where terrorist activities were being carried out[13]. The 'logic' behind this: People who hang out in the same area or meet high-ranking Al Qaeda members cannot be doing anything good. These so-called "signature strikes" had already begun in Pakistan in 2008 during the Bush government and were intensified under Obama from 2009. During the eight-year Bush government, between 410 and 595 people were killed in 51 drone attacks in Pakistan[14] . By February 2015, Obama had ordered 419 drone attacks in Pakistan alone. Studies have shown that over 4500 people have been killed since 2009 in this type of attack in Pakistan, Yemen and Somalia[15;16].

According to a report from the human rights organisation Reprieve, for every targeted killing of an active terrorist, there are 28 unknown people killed[17]. Only 2 per cent[18] of the people killed in Pakistan by drone attacks are senior Al Qaeda leaders[19]. The other people killed are either fighters of the lower ranks – who can hardly be described as posing an existential threat for the USA – or they are simple civilians or other unknown people.[20]

Contrary to the way the US government portrays it, the signature strike procedure is by no means precise or error-free. In order to identify people as combatants or non-combatants, behaviour patterns are defined. However these are not sufficiently valid, since 'suspicious' behaviour patterns are not necessarily clearly distinguishable from 'normal' ones.[21] For example, it is common for men in Pakistan to carry weapons because they live in insecure and unstable regions. So a man carrying a weapon is not necessarily the "signature" of a Taliban or Al Qaeda fighter. Further, the images transmitted from drones cannot generally differentiate between a farming tool or a gun being carried over the shoulder.

So the conclusion has to be drawn that during the US drone war people are being killed although the US side cannot be sure who it is killing.[22]

Summarising, Brandon Bryant commented on this type of warfare: *"I have incurred guilt. I decided to quit the Air Force because I had doubts about the integrity of my commanders. They have breached international law and committed violations of human rights. We were a real killing machine."*[23]

b. Revealing the crucial role played by the US Airbase Ramstein in the US drone war

At the end of 2013 and beginning of 2014, Brandon Bryant decided to speak to journalists about the crucial function of the US airbase in Ramstein for the entire worldwide US drone war. The background was the discovery by several journalists of documents relating to the construction of a new relay station within the Ramstein airbase. Additionally, the US budget included entries explaining that these construction measures were necessary for operations of US special forces in Africa: "Without these facilities, the aircraft will not be able to perform their essential UAS missions within the EUCOM, AFRICOM and CENTCOMAOR. USA weapon strikes cannot be supported and necessary intelligence information cannot be obtained."[24]

Further reports on this appeared on LinkedIn, including some from civilian image analyses employed in Ramstein in connection with drone interventions[25]. At the beginning of April 2014, the German broadcaster NDR broadcasted in its regular series Panorama and the Süddeutsche Zeitung newspaper published an article with extensive details on these previously unknown functions of the US airbase Ramstein.[26] Here, Brandon Bryant took on his role as accomplice witness and decisive authoritative source who could not only explain in detail the technical side of the information transfer but also, thanks to his years of service, could prove that during over 6000 flight hours at the beginning of his daily work as a drone pilot he had to log into the system at Ramstein, where the images from currently deployed drone sensors were analysed in real-time and target instructions were developed.

Brandon Bryant revealed that the image carefully cultivated by official sources could not be maintained: in Ramstein there was much more than a purely technical procedure which 'merely' forwarded data. The Federal German government's claim that although German intelligence agencies had passed on mobile communications data this could not be used to locate a target was also debunked with Brandon Bryant's information on the GILGAMESH components in the drone's technical equipment which allows a mobile phone to be located within metres[27].

In mid-April 2015, the whistleblower portal The Intercept and the current affairs magazine DER SPIEGEL published a top-secret PowerPoint presentation on the drone programme[28] from 2012. The information in this file on the technical details confirmed the previous revelations from Brandon Bryant. Additionally, DER SPIEGEL quoted from documents it had received which prove that the US government knew of the legal implications for Germany associated with a drone programme including extrajudicial killings and that there was correspondence with the German government on this.

aa. Technical role of the relay station in Ramstein

Brandon Bryant revealed that all drone missions are operated via the military base in Ramstein. He reported from his own direct working experience that the drone pilots are sitting in military bases in Nevada, Arizona or Missouri whereas the targets are in Africa or the Middle East. The drones are launched and landed by soldiers in the Middle East (or elsewhere) and once in the air the pilots in the USA take over the controls. The base in Ramstein is always involved in forwarding data. Signals are transferred via Ramstein which tell the drones what to do. Each drone pilot logs into the Air and Space Operation Center (AOC) in Ramstein via the US base Creech, an Air Force base in the Nevada desert which serves as a drone HQ and relay station for ten Air Force bases in various US federal states. Fibre optic cables make the high-speed data transfer possible. Once the connection between the drone pilots and Ramstein is established, the commands are then sent from Ramstein to a satellite which broadcasts them to the drone.

Precise control, especially when it comes to the actual firing of a weapon, is only possible if the 'latency' is low: the time that passes between a pilot issuing commands on his joystick and this information reaching the drone. Due to the curvature of the Earth's surface, a satellite in orbit cannot directly convey a signal from the American continent to a place such as Pakistan – this is where the geographical position of Ramstein becomes crucial. Involving a second satellite would increase the latency making it impossible to react quickly and precisely enough for them and others involved. So the pilots would be almost blind without the high-speed fibre-optic connection to Ramstein. The signals from the drones are carried back along the same path, in particular the images from their high resolution infrared cameras. So Ramstein is the central link in the data forwarding: the epicentre of communication in the worldwide drone war[29].

Brandon Bryant also disclosed that another base is foreseen in Italy as an emergency replacement for the drone logistics in Ramstein. In the meantime it has become known this refers to the base at Sigonella.[30]

bb. Ramstein is more than a relay station for data forwarding

Brandon Bryant revealed in 2014 that at the beginning of every shift during his 6000 flight hours, he used his call sign to log in to Ramstein via an encrypted version of the chat software "mIRC", entering the confidential registration number of the drone that he was to control in order to establish a connection with it and receive its transmitted images on his monitor. Although it was not permitted, during quiet moments he chatted with the people involved in the image analysis and found out that they were working in Ramstein[31].

That was, however, not the place where the connection to the drone was made. As a pilot those image analyses would give him frequent reports to help understand the transmitted images and instructions on where to navigate in order to improve the conditions for the required observation;[32] in these reports the targets would also be defined. Obviously, these teams had access to other military or intelligence information which they combined with the information from the images in order to define a particular target. The procedure also foresees legal advisers being consulted in order to determine where international law may dictate what a planned mission may or may not do.[33] According to Bryant's estimation, it was only the actual orders to fire Hellfire missiles which came from commanders in the USA. However, in May 2013, there were indications that mission commands were being given by the United States Africa Command (AFRICOM) from its headquarters in Stuttgart, at least when drone missions in Africa were concerned. This appeared to be the case because "Intelligence Analysts" were being sought for Stuttgart with the task of "nominating" targets for drone missions in Africa.[34]

As early as February 2003, the "Distributed Common Ground System 4 (DGS-4)" had been installed in Ramstein – one of five units worldwide which evaluates drone images.[35] In the meantime, further research on the significance of Ramstein has discovered that in 2011 previous temporary facilities were replaced by the construction of a large new facility, the Air and Space Ops Center (AOC) with a total of 12 satellite antennas. Up to 650 employees are active here around the clock[36]. So it can be assumed that DGS-4 was integrated into this. In 2014 the press uncovered the fact that dozens of civilian German employees were working in Ramstein, with some of them even boasting on LinkedIn about their participation in targeted killings[37].

c. *Revelations about geolocation of mobile telephones*

Contrary to the claims of the German government, the US military fighter drones are quite capable of geographically locating mobile telephones for their deadly attacks. This, too, was disclosed for the first time by Brandon Bryant, together with an anonymous whistleblower who worked at the Joint Special Operations Command (JSOC) in Fort Bragg, North Carolina, in February 2014[38].

As part of their counter-terrorism activities German intelligence agencies have in the past passed on mobile telephone numbers, of suspects from Afghanistan, for example, to US authorities. The government justified this by reassuring the public that a telephone number does not enable geolocation precise enough for an airstrike. Documents from 2012, however, prove that a special geolocation system fitted to drones enables them to use a person's telecommunications signals to track them accurately enough to make an airstrike possible.[39] Knowing the telephone number of a target person identifies their SIM card. It is simple to use this information to identify which cell the SIM card is currently in and even the distances to specific telecommunications masts. This is where the GILGAMESH device then comes into play. It is fitted under the drone instead of a Hellfire missile and operates as a mobile "IMSI-catcher", tricking the mobile phone into locking onto this apparent telecommunications tower. This involves the SIM card's unique International Mobile Subscriber Identity (IMSI), which the GILGAMESH system then looks up in its database. If the SIM card is on the target list, the drone will fly around the area, with the phone continuing to contact it as a 'base tower'. Analysing the connections from several places allows the system to geolocate the SIM card to within one metre.[40]

This procedure based on a telephone number actually locates the SIM card. It is claimed that surveillance of e-mail and other communications allows the intelligence agencies to be sure that the targeted person is still using this SIM card – but this cannot always be true. Phones are lent or given innocently to friends and relatives, including children, to use and targets who know they are likely to be the subject of surveillance even deliberately pass around SIM cards to confuse their trackers. So it is almost certain that the 'wrong' person will be killed at some time or another.[41]

3.   Significance of Brandon Bryant's Revelations

By personally vouching for the reliability of his information on the secret drone warfare with its extrajudicial killings, Brandon Bryant did more than just raise ethical issues. He also forced a public debate, which is still raging, on the issue of whether the German government is making itself jointly responsible for the killings because it is tolerating the activity taking place on German territory in Ramstein.

a.   Fighting wars with armed drones

On the one hand we have a worldwide discussion on the permissibility of these new methods of warfare, but on the other hand there are states such as Israel and the USA which have already been deploying armed unmanned aerial vehicles in armed conflicts for years. Some voices speak out against any sort of drone deployment, although they may have different reasons for this opinion, whereas others might consider it safe or inoffensive to use these unmanned drones for reconnaissance flights but reject any armed deployment. A third viewpoint is only critical of the current extrajudicial killings by the USA but considers firing missiles from drones to be permissible as long as there is compliance with relevant international law. Furthermore, there is a broad front of opposition against the development of autonomous weapons systems. These would set off to find and attack targets completely independently, without further human intervention.[42]

Initially, Brandon Bryant held the third position mentioned. However, his own direct experience showed him that individual drone pilots had no opportunity to prevent even obvious breaches of international law on armed conflict, which plagued his conscience. This was heightened both by the sense of closeness built up to a particular target if the person was subject to long periods of observation and by the killing of completely unknown targets identified simply by a 'signature'.

Today Bryant says: *"I hate the drone program and the people in it. They're a bunch of children with a neat, expensive toy."*[43] . The media scientist Jutta Weber also criticises a "playstation mentality", illustrated by the example of US military personnel referring to successful drone missions as "bug splats"[44].

The discussion in Germany has led to a situation where the government has still failed to declare a final decision as to whether drones will be purchased for the German armed forces.

Its official position on this issue is still the clause from the Coalition Agreement of the current governing parties at the end of 2013:

> *"We categorically reject extrajudicial, illegal killings using armed drones. Germany will commit itself to the inclusion of armed unmanned aerial vehicles in international disarmament and anti-proliferation treaties and for an international ban on fully automated weapons systems which remove human intervention from the decision to fire the weapon. Before deciding on the procurement of qualitatively new weapons systems we will carefully check any relevant international and constitutional law and consider issues of ethics and security policy. This applies particularly to new generations of unmanned aerial vehicles whose military capabilities go beyond reconnaissance."*[45]

b.   The US drone war and the Ramstein airbase

Even before 9/11, the USA considered itself to be involved in armed combat with the terror network al-Qaeda, entitling it to resist in self-defence as per Art. 51 of the UN Charter. This reasoning leads the USA to believe it is justified under international law in its worldwide pursuit and destruction of terrorists. However, there are many countries and specialists in international law who sharply criticise this legal opinion. Particular criticism is levelled at the practice of sending drones to attack and kill people in countries which are not engaged in armed international conflict with the USA (Pakistan, Somalia, Yemen, Mali and others): these are labelled 'extrajudicial killings' and do not comply with international law on armed combat. They are also a breach of the territorial integrity of these states (Article 2.4 of the UN Charter). In November 2014, the 500th attack of this type took place[46].

The current German government rejects these extrajudicial killings where they breach international law. And there can be no doubt about these, at least as far as the 'signature strikes' are concerned: the attacks in non-war zones including attacks on wedding parties and other gatherings with high proportions of civilians among those killed.

Is the German government obliged and able to prevent these attacks, which involve Ramstein at least as far as the image analysis centre is concerned? This question has become even more provocative now that Brandon Bryant has disclosed how the DGS-4 in Ramstein was responsible for all of his flights and Ramstein is the only relay station in Europe so far for the data transfer.

The US airbase at Ramstein – the largest US base in the world outside the USA – is not extraterritorial. The site is German state territory; most of the site is owned by the Federal State of Rheinland-Pfalz. It was made available to the Americans under the NATO Status of Forces Agreement (SOFA) for defence purposes, covered by a right-of-use agreement from 16 Oct 1968. According to Article 53.1 of the NATO SOFA SA, German law applies to this use[47]. According to Article 2 of the NATO SOFA, the troops stationed there are obliged to respect German law.

And the German Criminal Code considers anyone to be guilty of the offence of murder if they kill another person without any justification under international law. (The GCC specifies several criteria for a killing to be classified as murder; using a missile from an unmanned aerial vehicle probably fulfils "by means that pose a danger to the public", "cruelly" and "by stealth".) Where international law on armed conflict applies, Section 8 of the Code of Crimes against International Law (VStGB) also foresees a life-long prison sentence for anyone who kills a person who should be protected under humanitarian law. According to § 1 of the VStGB, this type of crime is subject to universal jurisdiction, so German courts can prosecute perpetrators who murdered in other countries.

The whole chain of command involved in these targeted killings is committing actions against international law. Even supporting these actions can be considered an offence, so the German government providing German land and airspace to the perpetrators is surely a case of "aiding and abetting".

The German government knew about the construction of the AOC in Ramstein. In November 2011, the US-Department of Defense informed the German Ministry of Defence that in the near future a relay station for drone missions would be constructed at Ramstein Air Base to contribute to the command centre for missions with drones of the types Predator, Reaper and Global Hawk[48].

Furthermore, since 1996 the German armed forces have had a "Liaison Office for the German Air Force" (VKdoLw) in Ramstein at USAFE (US Air Force in Europe), with direct access to the US commander and reporting directly to the German Chief of Staff of the Air Force (InspL).[49] So it certainly has mechanisms to obtain any information it deems necessary for its duties. The tasks of the Liaison Office include:

- reporting to InspL on plans and measures of USAFE

- reporting to USAFE HQ according to instructions from InspL on affairs of joint interest

- representing national demands and wishes to USAFE.

When the first questions came to light in 2013 on the extent of involvement of soldiers and facilities at AFRICOM in Stuttgart and in Ramstein in US drone warfare, the NATO Supreme Allied Commander, US General Breedlove, asserted that no drones were starting from the facilities at Ramstein – which nobody had actually been claiming.[50]. Visiting Berlin in June 2013, President Obama provided a similar declaration: "We do not use Germany as a launching point for unmanned drones … as a part of our counterterrorism activities"[51] . Again and again the USA asserted that it "observes German laws in Ramstein" and that "missions involving armed remote-controlled aerial vehicles are not started from American bases in Germany, nor are commands given for them there"[52] – which may well be correct, but sidesteps the real issue.

According to information seen by DER SPIEGEL in April 2015, it can be assumed that in 2001 the USA initially planned to control the targeted killing strikes directly from Ramstein. However, legal advisers at the Pentagon were of the opinion that this might not be compliant with the NATO SOFA and could provoke a veto from the Schröder government, or at least risk having to disclose the top secret programme. This then led to the separation between the control and the satellite connection, with the former being relocated to the USA.[53] On 18.7.2013, the German government responded to a minor interpellation tabled by the Left Party parliamentary group on the secret activities of the USA in Ramstein. The tone was clear: the government is unaware of any breaches of international law[54] .

However, the government was wrong to present itself as unknowing in this case. And even if it were, the severity of the accusations would mean it should find out anything it might not yet know. According to the information published in DER SPIEGEL on 17.4.2015, the editors were in possession of documents which show that in June 2013, the then State Secretary at the German Federal Foreign Office, Emily Haber, requested assurance from Washington that the US bases were not involved in "targeted killing missions". An internal annotation notes the rejection of this request: "The Federal Chancellery and Ministry of Defence therefore advocate 'sitting out' the pressure from parliament and the public."[55] Following this approach, the German government has for years refused to exert any pressure on the responsible US authorities to provide detailed information on the Ramstein facilities. This behaviour is very similar to that of the monkeys in the old story: "Hear nothing, see nothing, say nothing." Even the Attorney General of Germany, responsible for the prosecution of crimes as defined in the Code of Crimes against International Law, is of the opinion that drone attacks are only justifiable in areas of actual warfare. However, with regards to Ramstein he has not initiated any formal investigations but instead merely a "monitoring procedure".

In the process "Jaber ./. BRD" at the Administrative Court in Cologne concerning a drone attack in Yemen, the government is also disputing the claim that it knew about the central importance of the Ramstein airbase for the conduct of drone warfare. It also asserts that the USA is acting 'independently sovereign' in Ramstein, requiring no permission or monitoring from the German government. Furthermore, in an obvious contradiction to Section 1 of VStGB: "It cannot be the responsibility of the defendant [the FRG] to act as a 'world prosecutor' regarding other, sovereign states."[56]

It is due to Brandon Bryant's information that the debate in Germany on the globally fought US drone war can concentrate more strongly on the activities of the USA in Ramstein. The US government has at no point refuted or contradicted the information he revealed. This also means that the German government with its policy of silent tolerance has lost so much of its legitimacy there is now even a public call for the termination of the right-of-use agreements (Art. 48 Para 3 SOFA SA) for Ramstein in order to effectively prevent the breaches of international law.

4.   Brandon Bryant's Personal Motives for Whistleblowing

Brandon Bryant quit his Air Force service on 17.4.2011. As a consequence of his severe moral struggles he had been suffering from a post-traumatic stress disorder at the time which meant that he was initially busy trying to secure an appropriate course of treatment. Only after a year and a half did he feel able to start fulfilling an obligation he already felt during the period of his active service: using the media to inform the public about the dirty drone war being fought by the USA. So from this point on he was involved in a case of 'external whistleblowing'. Previously he had never been successful in his attempts to pressure his immediate superiors into enacting changes. In fact, his criticism at that time had been so severe he thinks he should really have suffered some form of punishment, but was saved by his excellent performance of his work[57]. One aim of his efforts now is to ensure the US Army no longer leaves its drone pilots alone in their struggles with the psychological conflicts arising out of their work. Another aim is to put an end to the drone war in its current form.

After the first press reports in DER SPIEGEL on 10.12.2012[58] he became a subject of attention in the USA. He campaigned for his aims in numerous interviews and at public events.[59] In doing so he violated his military duty of confidentiality and went against the obvious interest the leaders of his country have in keeping the details of the targeted killings by drone out of the eyes of international media.

At first, he was not even aware that his inside knowledge of the logistics of the drone attacks, based around the US airbase in Ramstein, would be such an extremely significant issue for the critical German public – since so little information was actually previously available or known. It was only after journalists in Germany 'discovered' him as an informant and direct witness that he began, in 2014, to freely disclose the full extent of his knowledge. In doing so, he set a strong impulse for the public debate in Germany. The questions to the government and calls to intervene and prevent the American actions in Ramstein have since become very specific[60]. This was followed by many appearances in Germany and other countries, including discussion programmes on TV. They were all backed up with the question of assessing the activities at Ramstein in regard to international law on the conduct of warfare. In this way, Brandon Bryant lent a recognisable face to the issue of the US extrajudicial drone war.

In Spring 2015 there was another case of whistleblowing from an unknown person on the issue of Ramstein, including top secret documents from 2012. None of these contradict anything Brandon Bryant disclosed. In fact, the two whistleblowers complement each other well. In the meantime, Brandon Bryant has come to see himself as a whistleblower and part of the same lineage as Edward Snowden and Chelsea Manning, although he still tends to underestimate his own role and is obviously still affected by feelings of guilt. He has set up his own website with the name "redhand" where other soldiers and critics of the drone programme can speak out.

He also volunteered to be a witness for detailed first-hand information for the German parliamentary committee investigating the NSA affair[61]. On 25.10.2013 in New York he took part in a UN panel on the US drone programme, together with human rights lawyers, university professors and UN Rapporteurs. His contribution met with a very positive response.[62]

5. Consequences of Whistleblowing for Brandon Bryant

Bryant had to assume that legal proceedings would be started against him because of his breech of confidentiality, but it has not yet come to this. As well as the consequences of the psychological and physical injuries he suffered during his service, he is also currently suffering from social exclusion in his home country. Many active soldiers and veterans see him as a 'traitor' and are cursing him. The article in DER SPIEGEL from 10.12.12 appeared in translation in the UK "Daily Mail" newspaper with the sensationalist headline "Drone operator followed orders to shoot a child … and decided he had to quit". This resulted in 157 people ending their Facebook 'friendship' with him. As a form of penance, Brandon Bryant read through thousands of malicious comments such as: "He should be prosecuted as a traitor and hung for talking to the press."[63]. He says himself: "I am probably the best hated person who nobody can stand."[64] Closer to home there are also threats to harm him[65]. This led to him moving out of his mother's house and breaking contact to his local friends so as not to endanger them. An unstable way of living began. His smartphone and the internet keep him in contact with those in the world who are more sympathetic towards him. Since he considers it necessary and his duty to raise awareness of the drone war, he continues to use the media publicity, even though this might increase the social isolation in his home town.

So we have an even greater duty to value and very publicly acknowledge his important contribution as a whistleblower to the discussion surrounding the illegal drone warfare conducted by the USA.

Frankfurt am Main/Berlin, in August/September 2015

The Whistleblower Award Jury:

Gerhard Baisch (lawyer, Bremen), Dr. Dieter Deiseroth, Federal Judge (Leipzig/Düsseldorf), Prof. Dr. Hartmut Grassl (Hamburg), Dr. Angelika Hilbeck (Zürich), Christine Vollmer (lawyer, Bremen)

Notes

1   DER SPIEGEL Nr. 50/2012 from 10.12.12.
2   as Note 1.
3   information from 24.7.15.
4   ZEIT from 27.10.13.
5   as Note 3.
6   as Note 3.
7   see the first interview in DER SPIEGEL from 10.12.12 with Nicola Abé.
8   ZEIT from 27.10.13.
9   Panorama broadcast 3.4.14 and Süddeutsche Zeitung newspaper 4.4.14.

10 e-mail from Brandon Bryant to the Whistleblower Award Jury, 24.7.15.
11 http://www.nytimes.com/2013/07/18/opinion/the-drone-that-killed-my-grandson.html.
12 http://theguardian.com/world/2015/feb/10/drones-dream-yemeni-teenager-mohammed-tuaiman-death-cia-strike.
13 http://www.nytimes.com/2012/05/29/ world/obamas-leadership-in-war-on-al-quaeda.html.
14 https://www.thebureauinvestigates.com/2011/08/10/the-bush-years-2004-2009/.
15 https://www.thebureauinvestigates.com/2015/02/02/almost-2500-killed-covert-us-drone-strikes-obama-inaugration/ and Council on Foreign Relations from 21.11.14 – http://blogs.cfr.org/zenko/2014/11/21/americas-500th-drone-strike/#.
16 Adam Hudson, report from 4.8.15, http://www.truth-out.org//news/item/32166-thanks-to-reliance-on-signature-drone-strikes-us-military-doesn-t-know-who-it-s--killing#st_refDomain=&st_refQuery; http://www.spiegel.de/politik/deutschland/ramstein-air-base-us-drohneneinsaetze-aus-deutschland-ges teuert-a-1029264-2.html.
17 http://www.reprieve.otg/us-drone-strikes,kill-28-unknown-people-for-every-intended-target-new-re prieve-report-reveals.html.
18 http://www.motherjones.com/mojo/2011/01/military-drone-afghan-success-rate-uav.
19 http://foreignpolicy.com/2013/04/10/fewer-than-2-percent-of-drone-strike-victims-in-pakistan-are-sen ior-al-quaede-leaders/.
20 http://www.mcclatchydc.com/news/nation-world/world/middle-east/article24747826.html.
21 according to the journalist Jack Serle, TBIJ's Covert Drone War team, http://www.washingtonpost.com/world/asia_pacific/pakistan-tribesman-fear-losing-their-guns-and-rockets/2015/01/15/ae055164-9a70-11e4-bcfb-059ec7a93ddc_story.html.
22 http://www.washingtonpost.com/world/asia_pacific/pakistan-tribesman-fear-losing-their-guns-and-rock ets/2015/01/15/ae055164-9a70-11e4-bcfb-059ec7a93ddc_story.html and Adam Hudson, see Note 14.
23 quoted in Panorama broadcast on 3.4.14, see Note 9, from minute 2:00 [re-translation from German].
24 Military Construction Program, Fiscal Year (FY) 2011 – http://www.saffm.hg.af.mil/shared/media/doc ument/AFD-101203-039.pdf. p 223).
25 Süddeutsche Zeitung from 30.5.13.
26 see evidence in Note 9.
27 see NDR-Panorama from 3.4.14; see Note 9, from minute 10:00.
28 see: http://www.spiegel.de/politik/deutschland/ramstein-air-base-us-drohneneinsaetze-aus-deutschland-gesteuert-a-1029264-2.html; https://firstlook.org/theintercept/2015/04/17/ramstein/.
29 NDR-Panorama from 3.4.14.
30 DER SPIEGEL from 17.4.15.
31 ARD-Tagesschau from 3.4.14.
32 NDR-Panorama from 5.4.14 .
33 Christian Fuchs in the IALANA Conference "Our Neighbour NSA" in Wiesbaden on September 13th, 2015.
34 Süddeutsche Zeitung from 30.5.13.
35 as Note 31.
36 as Note 29.
37 ARD-Tagesschau from 3.4.14.
38 initially in The Intercept from 10.2.14 – https://theintercept.com/2014/02/10/the-nsas-secret-role/ and then in the episode of NDR-Panorama on 3.4.14.
39 DER SPIEGEL from 17.4.15 – http://www.spiegel.de/politik/deutschland/ramstein-air-base-us-drohnen einsaetze-aus-deutschland-gesteuert-a-1029264-2.html.
40 Brandon Bryant in NDR Panorama broadcast on 3.4.14 and in an interview with the Süddeutsche Zei tung on 4.4.2014, http:// www.sueddeutsche.de/politik/us-drohnenkrieg-immer-fliessen-die-daten-über-ramstein.

41 a detailed description of these problems of false identification can be found in The Intercept on 10.2.14 – https://theintercept.com/2014/02/10/the-nsas-secret-role/.

42 A warning letter was published on 28.07.2015 by more than 13,000 experts from the fields of robotics and artificial intelligence, see http://ialana.de/arbeitsfelder/frieden-durch-recht/entwicklung-voelker recht/drohnen-und-gezielte-toetungen/1230-autonomous-weapons-an-open-letter-from-ai-robotics-re searchers.

43 e-mail to the Whistleblower Award Jury on 24.07.15.

44 quoted in Wolfgang Kaleck, Ausweitung der Kampfzone, 2012 on the website of the ECCHR at: de/ unsere-themen/voelkerstraftaten-und-rechtliche-verantwortung/drohnen.html?pdf=1512 – 50.92 kB.

45 (p. 168 – own translation): https://www.google.de/#q=koalitionsvertrag+bundesregierung+2013+pdf; in correspondence from the Federal Defence Ministry (Department Head Dr. Sohm) to IALANA from 2.7.2015 however, it is stated that the expert hearing on 30.6.2014 in the parliamentary Defence Committee determined that there are "no fundamental legal worries concerning the procurement and possible deployment of drones, even armed drones".

46 ZEIT-online from 1.12.14 – http://www.zeit.de/ausland/2014-12/usa-drohnenangriff-obama.

47 see Luftpost No.177/12.

48 DER SPIEGEL from 17.4.15 – http://www.spiegel.de/politik/deutschland/ramstein-air-base-us-drohnen einsaetze-aus-deutschland-gesteuert-a-1029264.html.

49 see BT-Drs. 17/14401, p 2 ff.

50 DER SPIEGEL from 17.4.15.

51 at https://firstlook.org/theintercept/2015/04/17/ramstein/.

52 tagesschau from 3.4.14/ 16:29 h- https://www.tagesschau.de/inland/ramstein-Drohnen100.html.

53 DER SPIEGEL from 17.4.15 – http://www.spiegel.de/politik/deutschland/ramstein-air-base-us-drohnen einsaetze-aus-deutschland-gesteuert-a-1029264-2.html.

54 BT-Drs. 17/14401; the Panorama editorial team had also posed precise questions to the government in April 2014. The answers were published in an Annex to the Panorama broadcast of 5.4.2014.

55 as Note 48.

56 quoted in DER SPIEGEL, 17.4.2015, see note 48; the process is still pending. The judgment of the VG Köln – 3 K 5625/14 – from 27.5.14 was published athttp://ialana.de/aktuell/laufende-gerichtsverfahren/ drohnensteuerung-ueber-ramstein.

57 Bryant in his e-mail of 12.7.15 to the Whistleblower Award Jury.

58 interview with Nicola Abé. – http://www.spiegel.de/spiegel/print/d-90048993.html.

59 e.g. at Democracy Now, GQ, CNN, NBC, FOX, Time Magazine – acc. to http://projectredhand.org/ theteam/.

60 see, for example, the catalogue of questions asked by the Left Party group in the German parliament BT-Drs. 17/14401.

61 ARD-Tagesschau from 3.4.14 – https://www.tagesschau.de/inland/ramstein-Drohnen100.html.

62 "The most moving statement came from Brandon Bryant…" – http://www.rollingstone.com/politics/ news/individuals-worlds-apart-united-by-the-trauma-of-drone-strikes-20131029.

63 interview with Matthew Power from GQ in March 2013 – http://www.gq.com/news-politics/big-issues/ 201311/drone-uav-pilot-assassination?currentPage=1.

64 ARD "Diskussion bei Beckmann" on 28.11.13 with guests incl. John Goetz and Brandon Bryant – 27th minute.

65 ibid: "Veterans in my home town told me I shouldn't keep talking and threatened me with possibly extreme measures." (re-translation from German citation).

Begründung der Jury zur Vergabe des Whistleblower-Preises 2015 an Professor Gilles-Eric Séralini

Der von der „Vereinigung Deutscher Wissenschaftler (VDW)" und der Deutschen Sektion der Internationalen Juristenvereinigung IALANA vergebene Whistleblower-Preis geht in diesem Jahr u. a. an Professor Dr. Gilles-Eric Séralini, der als Molekularbiologe an der Universität Caen (Normandie/Frankreich) tätig ist und insbesondere zu Auswirkungen des Einsatzes von Herbiziden, darunter des „Unkrautvernichtungsmittels" Glyphosat, forscht.

Mit dem Whistleblower-Preis werden Persönlichkeiten geehrt, die in ihrem Arbeitsumfeld oder Wirkungskreis im öffentlichen Interesse ungeachtet möglicher persönlicher Nachteile schwerwiegende, mit erheblichen Risiken oder Gefahren für Mensch und Gesellschaft, Umwelt oder Frieden verbundene Missstände oder Fehlentwicklungen aufgedeckt haben. Whistleblower mit ihren spezifischen Kenntnissen als Insider oder ExpertInnen und ihrer gemeinwohlorientierten mutigen Bereitschaft, Alarm zu schlagen, stellen häufig die einzige Möglichkeit dar, in Forschungs- und Entwicklungseinrichtungen, in staatlichen Bürokratien, in der Wirtschaft, aber auch in den internationalen Beziehungen Risiken und Gefahren für wichtige Rechtsgüter wie etwa Leben und Gesundheit aufzudecken.

Prof. Séralini erfüllt diese Kriterien in mehrfacher Hinsicht.

1. Öffentliche Aufdeckung von Risiken für Leben und Gesundheit

1. Prof. Séralini und seine Forschungsgruppe an der Universität Caen tragen seit vielen Jahren mit ihren wissenschaftlichen Studien und Publikationen maßgeblich dazu bei, die Öffentlichkeit, die Fachwissenschaft und die zuständigen europäischen und nationalen Zulassungsstellen auf gravierende Risiken hinzuweisen, die ausweislich ihrer Forschungsergebnisse mit der Verwendung des weltweit am häufigsten eingesetzten Herbizids, des Glyphosat-basierten „Roundup", verbunden sind oder jedenfalls verbunden sein können. Das ist insbesondere für wichtige Rechtsgüter wie Leben und Gesundheit sowie für die Umwelt von großer Bedeutung, wurde doch nachgewiesen, dass diese Substanz und ihre Abbauprodukte inzwischen weitverbreitet in der Nahrung und Umwelt vorkommen, einschließlich in Mensch und Tier[1,2,3]. Unter dem Markennamen Roundup vertreibt u. a. der Konzern Monsanto seit 1974 in über 130 Ländern – auch in

Deutschland – eine Serie von Breitbandherbiziden, die in der Landwirtschaft Anwendung finden und auch von Hobbygärtnern benutzt werden. Die einzelnen Roundup-Produkte unterscheiden sich in der Salzformulierung und den verwendeten Beistoffen, dem Medium (Lösung in Wasser oder Granulat) sowie der Glyphosatkonzentration. Um eine bessere Haftung an den Pflanzen zu erreichen, wird ein Netzmittel verwendet. Meistens handelt es sich dabei um mehrfach ethoxyliertes Talgamin (engl.: polyethoxylated tallow amine, abgekürzt POEA; auch Tallowamin).

a) In der von Prof. Séralini und seiner Forschungsgruppe durchgeführten und 2012 veröffentlichten Langzeit-Fütterungsstudie wurden über 2 Jahre lang Ratten (Stamm Sprague-Dawley) mit gentechnisch verändertem (gv-)Mais NK 603 und mit zwei Glyphosat-basierten Herbiziden der Marke Roundup („Weather Max" und „Roundup GT Plus") im Trinkwasser gefüttert. Insgesamt wurden 200 Ratten in den Versuch einbezogen, davon 180 Tiere in 9 Versuchsgruppen, die mit einer aus 20 Ratten bestehenden Kontrollgruppe verglichen wurden. Die Kontrollgruppe, jeweils 10 weibliche und männliche Tiere, wurde mit der Standard-Diät A04, die 33 % konventionellen Mais enthielt, und reinem Trinkwasser ernährt. Von den neun Versuchsgruppen, ebenfalls jeweils 10 weibliche und männliche Tiere, erhielten 6 Versuchsgruppen als Nahrung gv-Mais NK 603 (jeweils eine Gruppe mit einem Anteil von 11, 22 oder 33 % in der Standarddiät) bzw. mit Roundup behandelten gv-Mais NK 603 (jeweils eine Gruppe mit 11, 22 oder 33 % in der Standarddiät). Die weiteren 3 Versuchsgruppen erhielten 33 % konventionellen Mais und zugleich Trinkwasser, das mit unterschiedlichen Anteilen an Roundup GT Plus angereichert war. Die Fütterungsversuche waren auf die Erforschung der Toxizität des Glyphosat-basierten Herbizids Roundup und des gentechnisch veränderten Futtermittels gv-Mais NK 603, nicht jedoch als Krebsstudie angelegt.[4,5] Insbesondere sollte die Rattenfütterungsstudie von Monsanto wiederholt werden, in der die Forschergruppe um Prof. Séralini bereits zu einem früheren Zeitpunkt schon nach 90 Tagen Anzeichen von toxischen Effekten fanden[6], die aber von Monsanto als biologisch irrelevant abgetan wurden[7]. Die Studie war die erste Toxizitätsstudie mit Glyphosat-basiertem Roundup mit Ratten, die über zwei Jahre lief und damit die gesamte Lebensdauer der Ratten erfasste. Die Studie wurde von verschiedenen Stiftungen sowie französischen öffentlichen und privaten Trägern [8,9] finanziert. Ihre Kosten beliefen sich auf ca. drei Millionen Euro.

b) Prof. Séralini und seine Kollegen aus der Forschungsgruppe veröffentlichten die Ergebnisse ihrer Fütterungsstudie unter dem Titel „Long term toxicity of a Roundup herbicide and a Roundup-tolerant genetically modified maize" am 19. September 2012 in der internationalen wissenschaftlichen Zeitschrift „Food and Chemical Toxicology" (FCT), die im Elsevier Verlag erscheint. Die Veröffentlichung erfolgte, nachdem das Manuskript zur Qualitätssicherung vorab einer fachwissenschaftlichen Mehrfach-Prüfung durch unabhängige externe Fachgutachter („Peer-Review") unterzogen worden und zur Veröffentlichung freigegeben worden war. Prof. Séralini und seine Co-Autoren stellten in ihrer Studie bei den Versuchsratten, die mit Roundup und gv-Mais NK 603 gefüttert worden waren, eine starke Zunahme der Bildung von Tumoren fest, die deutlich früher erfolgte als bei den Kontrollratten. Nach den Ergebnissen der Studie starben weibliche Ratten deutlich häufiger und früher und entwickelten auch bereits früher Tumore als die Tiere, die in den Fütterungsversuchen keinen Gentechnik-Mais zu fressen und kein mit „Roundup" kontaminiertes Trinkwasser zu trinken bekommen hatten. Auch bei den männlichen Versuchstieren zeigten sich häufiger und früher Tumore; zudem wurden Schädigungen ihrer Leber diagnostiziert. Bei Ratten beider Geschlechter wurden außerdem Nierenschäden festgestellt. Auf der Grundlage dieser Ergebnisse ihrer Fütterungsstudie stellten Prof. Séralini und seine Forscherkollegen in ihrer Publikation und in öffentlichen Präsentationen, in denen sie u. a. auch schockierende Bilder von Versuchsratten mit großen (Tumor-)Geschwulsten zeigten, die Hypothese auf, das in den gv-Mais NK 603 eingebaute Fremdgen könne den Stoffwechsel der Tiere durcheinanderbringen, eventuell in Kombination mit dem Glyphosat-basierten Herbizid Roundup. Wesentliche Schlussfolgerungen der Studie waren ferner, dass die derzeitigen Methoden der Risikobewertung von gentechnisch veränderten Pflanzen und Herbiziden nicht ausreichend seien. Außerdem kam Prof. Séralini zu der Einschätzung, dass Tierfütterungsversuche über Zeiträume von wie bisher nur 90 Tagen zu kurz seien, um mögliche Schäden und Risiken von „Roundup" und von gv-Mais NK 603 für Leben und Gesundheit realistisch beurteilen zu können. Er forderte, dass die Studien, die Unternehmen mit ihren Anträgen auf Genehmigung des Wirkstoffs (hier: Glyphosat) und auf Zulassung des verkaufsfertigen Herbizids (hier: „Roundup …") den zuständigen Stellen vorzulegen haben, vollständig veröffentlicht werden müssten, damit sie durch andere Wissenschaftler unabhängig überprüft werden könnten.

c) Unmittelbar nach der Veröffentlichung, kam es zu schweren Anschuldigungen und persönlichen Angriffen gegen Professor Séralini.[10] In einer netzwerkartigen Kampagne „interessierter Kreise" u. a. aus dem Bereich der Chemieindustrie[11] und des britischen „Science Media Center"[12], welches maßgeblich von Unternehmen aus der Chemieindustrie und von Lobbyorganisationen finanziert wird[13], erfolgten vehemente Attacken gegen ihn.[14] Noch am Tag der Veröffentlichung wurden diskreditierende Kommentare von acht Wissenschaftlern aufgeschaltet, die sich seit vielen Jahren öffentlich begeistert für die Anwendungen der Gentechnik positionieren und profilieren – wobei keiner ein nachweislicher Experte von Rattenfütterungsstudien war. Diese Kommentare waren demzufolge kaum auf eine ernsthafte fachwissenschaftliche Auseinandersetzung mit den Inhalten angelegt. Sie gipfelten unter anderem in der Anschuldigung, Prof. Séralini habe die in wissenschaftlicher und ethischer Hinsicht an Studien zu stellenden Minimalstandards verletzt (z. B. „The study appeared to sweep aside all known benchmarks of scientific good practice and, more importantly, to ignore the minimal standard of scientific and ethical conduct." Oder: „Throughout their manuscript, Séralini et. al. ignore clear indications that there is something fundamentally wrong in their experimental design."[15]. Diese Attacken gegen die persönliche und wissenschaftliche Integrität von Prof. Séralini dauern bis heute an. Soweit konkrete Sachargumente vorgebracht wurden, argumentierten die Kritiker u. a., die Anzahl der Versuchstiere sei zu gering gewesen und lasse Aussagen zu krebserzeugenden Wirkungen von gv-Mais NK603 sowie von „Roundup" und Glyphosat nicht zu; der verwendete Rattenstamm sei für derartige Studien nicht geeignet und entwickle ohnehin häufig Tumore. Zudem seien derart auffällige Ergebnisse in früheren Versuchen mit gv-Mais und Glyphosat nicht beobachtet worden, was gegen sie spräche. Auch das deutsche „Bundesamt für Verbraucherschutz und Lebensmittelsicherheit (BVL)" und das „Bundesinstitut für Risikobewertung (BfR)" kritisierten die Fütterungsstudie und die daraus gezogenen Schlussfolgerungen von Prof. Séralini[16].

2. Die heftigen Angriffe auf Prof. Séralini und seine Forschungsgruppe hatten im Herbst 2013 dazu geführt, dass der Editor-in-Chief der Zeitschrift „Food and Chemical Toxicology" (FCT), A. Wallace Hayes, die 2012 erfolgte Veröffentlichung der Fütterungsstudie wegen „Unschlüssigkeit" („inconclusiveness") förmlich zurückzog (Begründung im Anhang).

a) Im Vorlauf zu dieser Entscheidung wurde im Februar 2013 die bis dahin nicht vorhandene Position ‚Associate Editor for Biotechnology' geschaffen, auf die von den Verantwortlichen der Zeitschrift Professor Richard E. Goodman berufen und in dieser mit dem Vorgang der Séralini-Veröffentlichung betraut wurde. Professor Goodman war bis 2004 Mitarbeiter des Konzerns Monsanto und war bzw. ist Mitglied des „International Life Sciences Institute (ILSI)", eine von der Gentechnikindustrie geförderte Lobbyorganisation[17,18], der aufgrund ihrer Industrienähe gewisse Privilegien, die mit dem Status einer non-profit Organisation verknüpft sind, bei der WHO entzogen wurde[19]. Viele gehen davon aus, dass der Rückzug der Séralini-Publikation sozusagen der Auftrag von Prof. Goodman war[17,18]. Das erhält eine indirekte Bestätigung dadurch, dass dieser Posten bei der Zeitschrift nach erfolgter Zurückziehung der Séralini-Publikation ebenso schnell wieder verschwand wie er entstanden war und mit ihm auch jede Verbindung zu Prof. Goodman, die weder für die Zeit vorher noch hinterher dokumentiert ist. Derartige Vorgänge sind ausgesprochen unüblich in seriösen wissenschaftlichen Fachzeitschriften.

b) Die offizielle Zurückziehung der Publikation durch „Food and Chemical Toxicology" bewirkte fortan, dass Séralinis Studie sowie die darin enthaltenen Daten nicht mehr zitierfähig waren. Sie waren somit gleichsam aus dem wissenschaftlichen Diskurs „entfernt" und Zulassungsbehörden müssen sie nicht mehr in ihren Evaluationen berücksichtigen.

c) Diese Zurückziehung verstieß gegen international anerkannte Regeln der Publikationsethik, wie sie das von den „Peer-Review-Zeitschriften" geschaffene „Committee on Publication Ethics (COPE)"[20] festlegt hat. Denn das Zurückziehen von Publikationen und der darin enthaltenen Daten ist danach nur bei schweren Verstößen wie nachgewiesener Fälschung oder Manipulation, ,ehrlichem' Irrtum („honest error") oder bei Plagiat gerechtfertigt, nicht aber bei nachträglich angenommener „Unschlüssigkeit" („inconclusiveness") einer Veröffentlichung.

Damit wurde im Gefolge der Kontroversen über die Fütterungsstudie – wie in einem „Lehrstück" – öffentlich deutlich, wie eine wissenschaftliche Fachzeitschrift eines großen Verlages unter bestimmten Voraussetzungen starkem Druck „interessierter Kreise" nachgibt und eine Veröffentlichung offiziell zurückzieht, „nur" weil in der zugrunde liegenden Studie für bestimmte – ökonomisch potente – Interessengruppen missliebige wissenschaftliche Befunde erarbeitet und der Öffentlichkeit zugänglich gemacht worden sind.

3. Eine detaillierte Analyse der Kampagne gegen die Publikation findet sich in dem Review „The Séralini affair: degeneration of Science to Re-Science?"[21]. Zwei Kernpunkte der Kritik an Séralinis Methodik – die zu geringe Anzahl der Versuchstiere (jeweils zehn Tiere) und die Verwendung eines Rattenstamms (Sprague-Dawley), der genetisch bedingt zur Ausbildung von Tumoren neigt – wurde durch zahlreiche Wissenschaftler, Blogger und andere Multiplikatoren mit einer solchen Vehemenz in die öffentliche Diskussion getragen, dass inzwischen einige Journalisten[22] und bestimmte Kreise der Öffentlichkeit diese Anwürfe unhinterfragt übernehmen. Der schon oben erwähnte Review von Meyer und Hilbeck untersucht diese Vorwürfe und zieht zwei wesentliche Schlüsse:

Der Rattenstamm Sprague-Dawley, der von Séralini in seiner Fütterungsstudie 2012 benutzt wurde, ist der Standardstamm, der in den zwei weltweit größten Forschungsprojekten zur Untersuchung von Toxizität und Krebswirkung, dem National Toxicology Program des US Department of Health and Human Services sowie dem Ramazzini Foundation Cancer Program der European Ramazzini Foundation for Oncology and Environmental Sciences, herangezogen wurde. Er wurde in den letzten 20 Jahren in mindestens 21 Langzeitstudien zu Toxikologie und Krebserzeugung verwendet, deren Ergebnisse in anerkannten wissenschaftlichen Fachzeitschriften publiziert sind.

In den für die Séralini-Publikation anwendbaren Richtlinien der OECD zu 2-jährigen Fütterungsversuchen zur Untersuchung der Toxizität (nicht: Krebs) von Substanzen werden zwar Gruppen von 20 Tieren empfohlen, zur Untersuchung der Toxizität müssen aber davon nur 10 Ratten verwendet werden. Monsanto hat dieser Richtlinie folgend in seinen Arbeiten zwar 20 Ratten pro Gruppe benutzt, aber nur 10 davon – nach unbekannten Kriterien – für die biochemischen Analysen ausgesucht. Prof. Séralini hat sich auf 10 Tiere pro Gruppe von Anfang an beschränkt und alle für die Tests und Analysen herangezogen. EFSA und alle weiteren Kritiker erwähnen nur die 20 Tiere pro Gruppe, informieren aber nicht darüber, dass tatsächlich nur 10 ausgesuchte Tiere aus einer Gruppe von 20 untersucht werden müssen.

4. Professor Séralini ließ sich durch das „Zurückziehen" seiner Publikation zur Toxizität des „Roundup" (in Verbindung mit gv-Mais NK 603) und zu damit verbundenen Folgen für Leben und Gesundheit (erhöhte Tumoranfälligkeit etc.) nicht entmutigen. Er setzte sich engagiert für eine erneute oder anderweitige Veröffentlichung ein. Schließlich gelang es ihm, die Befunde seiner Fütterungsstudie im Jahre 2014 in der Zeitschrift *Environmental Sciences Europe* des Springer Verlags fast unverändert erneut zu veröffentlichen: „Republished study: long-term toxicity of a Roundup herbicide and a Roundup-tolerant genetically modified maize". [23] In der neu-publizierten Studie wird ausdrücklich (nochmals) darauf hingewiesen, dass die Beobachtungen zur Tumorbildung nicht an sich beweiskräftig genug sind, und eine vollumfängliche Krebsstudie nun die logische Konsequenz aus den gewonnenen Daten und Erkenntnissen sein müsse, aber nicht das Ziel der Studie gewesen sei:

> *"..., this initial investigation was designed as a full chronic toxicity and not a carcinogenicity study. Thus, we monitored in details chronologically all behavioral and anatomical abnormalities including tumors. A full carcinogenicity study, which usually focuses only on observing incidence and type of cancers (not always all tumors), would be a rational follow-up investigation to a chronic toxicity study in which there is a serious suspicion of carcinogenicity."*

5. Professor Séralini und seine Forschergruppe haben in weiteren Veröffentlichungen[24,25] außerdem insbesondere auf das Risikopotenzial von Beistoffen des Glyphosat-basierten Herbizids „Roundup" – in diesem Fall oberflächenaktive Substanzen (surfactants), die die Wirksamkeit des Glyphosats erhöhen sollen, wie z.B. das polyethoxylated tallowamine (POE-15)[26] – hingewiesen. Der Beistoff POE-15 könne zu größerer Toxizität von Glyphosat als bisher allgemein angenommen führen; denn innere Organe wie Nieren und Leber zeigten bei den Versuchstieren Anzeichen von Toxizität. Bei Menschen könne die Wirkung des „Roundup"-Beistoffs POE-15 wahrscheinlich den Hormonhaushalt beeinflussen. Schließlich spreche Einiges dafür, dass er in Kombination mit Glyphosat wahrscheinlich krebsauslösend sei.

6. Schließlich hat Prof. Séralini noch weitergehende Schlussfolgerungen gezogen und insbesondere auf die systemischen Schwachstellen bei der Überprüfung von Herbiziden vor dem Inverkehrbringen etwa des Glyphosat-basierten Herbizids „Roundup" hingewiesen, insbesondere im Zusammenhang mit gentechnisch veränderten (im Folgenden: gv-) Pflanzen, die isoliert von den eingefügten oder aufgebrachten Pestiziden evaluiert werden[27,28].

Über die erstmalige und die erneute Genehmigung des Herbizid-Wirkstoffs Glyphosat entscheidet die EU-Kommission gemeinsam mit allen EU-Mitgliedsstaaten auf der Grundlage einer Empfehlung der Europäischen Behörde für Lebensmittelsicherheit (EFSA)[29]. Anschließend wird in einem nachgeschalteten Verfahren darüber entschieden, ob das Pflanzenschutzmittel (z. B. „Roundup"), also das handelsfertige jeweilige Gemisch aus Wirkstoff und Beistoffen, entsprechend den beantragten Anwendungsbedingungen für eine EU-Zone zugelassen wird. Da es hierzu bislang an einer EU-Durchführungsverordnung fehlt, geschieht dies nach nationalem Recht, in Deutschland nach §§ 42, 43 des Pflanzenschutzgesetzes.

Die Genehmigungs- und Zulassungsverfahren für Herbizide, insbesondere auch im Zusammenhang mit gv-Pflanzen, wo der Einsatz am intensivsten ist, stehen seit langem in der Kritik[30,31].

Insbesondere wird ihre Intransparenz kritisiert. So wird u. a. bemängelt, dass den von den beantragenden Unternehmen vorgelegten Studien und den von diesen gelieferten Daten de facto ein massives Übergewicht eingeräumt wird. Von unabhängigen Wissenschaftlern erstellte Studien spielten bei der Bewertung häufig nur eine untergeordnete Rolle. Die meisten dieser Studien, die Genehmigungs- und Zulassungsanträgen von Unternehmen zugrunde gelegt werden, würden zudem nicht veröffentlicht und nie unabhängig überprüft.

Aus den Stellungnahmen und Begründungen von industrie-nahen Wissenschaftskreisen und Behörden ist seit Jahren erkennbar, dass eine kritische Analyse der verwendeten Methodik in Forschungsarbeiten über gesundheitliche Effekte von Pestiziden mit oder ohne Gentechnik insbesondere dann ausgelöst wird, wenn sie die Sicherheit von gv-Pflanzen tangieren, also wenn die publizierten Ergebnisse der öffentlichen Akzeptanz der Gentechnologie und ihrer Pestiziden schaden könnten.

Das erste Beispiel, das unmittelbar weltweite Berichterstattung auslöste, betraf den Biochemiker Arpad Pusztai, der 2005 mit dem Whistleblower-Preis der VDW und der IALANA ausgezeichnet wurde.[32] An dieser Stelle soll nicht noch einmal auf die Auswirkungen seiner Publikation „Effect of diets containing genetically modified potatoes expressing *Galanthus nivalis* lectin on rat small intestine"[33] von 1999 eingegangen werden, sondern auf die unterlassenen Reaktionen auf seine parallel im selben Jahr erschienene Publikation „Expression of the insecticidal bean alpha-amylase inhibitor transgene has minimal detrimental effect on the nutritional value of peas fed to rats at 30 % of the diet"[34]. In den zugrundeliegenden Experimenten wurden transgene Erbsen an Ratten verfüttert, wobei keine negativen Effekte auftraten. Daher bestand offenbar kein Anlass für eine Analyse oder gar Kritik der Methode, obwohl zumindest ein Kritikpunkt auf beide Studien zutrifft: die Anzahl der Versuchstiere, die unter der durch die OECD-Richtlinien für Fütterungsversuche empfohlenen Zahlen liegt. Das Ausbleiben von negativen Effekten könnte also auch durch statistische Effekte verursacht sein, also ein „false negative" darstellen, was jedoch nicht ein genaues Studium der Methode bewirkte – weder bei den zuständigen Behörden noch bei den „interessierten Kreisen". Volksgesundheitlich sind jedoch „false negative" Ergebnisse, also das Nichtentdecken eines in Wirklichkeit vorhandenen schädlichen Effekts, viel problematischer als ein „false positive", also das Entdecken eines vermeintlich schädlichen Effekts, der sich aber im Nachhinein als nicht vorhanden herausstellt.

Ein jüngeres prominentes Beispiel dieser Praxis der ergebnisgeleiteten Methodenkritik, das im Zusammenhang mit der Fütterungsstudie von Séralini gerne zitiert wird, ist der Review *„Assessment of the health impact of GM plant diets in long-term and multigenerational animal feeding trials: A literature review"*[35]. Der Review wurde ebenso wie die Séralini-Studie 2012 in der Zeitschrift „Food and Chemical Toxicology" publiziert. Dieser Review gilt bei den Kritikern Séralinis als „Kronzeuge", da er zur Schlussfolgerung kommt, dass in zahlreichen anderen Langzeitstudien keine negativen Effekte von gv-Futterpflanzen auf Versuchstiere nachgewiesen werden konnten[36]. Die Autorinnen und Autoren dieses Reviews listen in ihrer Analyse von 24 Fütterungsstudien jedoch eine Reihe methodischer Schwächen und offenkundiger Fehler auf. So wurden die isogenen Elternpflanzen der transgenen Futterpflanzen tatsächlich in nur zehn der Studien als Kontrollfutter benutzt; die Ergebnisse der anderen 14 Studien sind demnach von sehr geringer Aussagekraft, weil sie nicht auf einer wissenschaftlich belastbaren Vergleichsbasis aufbauen. Doch führen Snell et al. (2012) diese methodischen Schwächen und Fehler nur auf, um diejenigen Studien zu disqualifizieren, die negative Ergebnisse zeigten, und nicht jene, die keine Effekte fanden. Soweit die Studien keine Argumente gegen den Einsatz der Gentechnik liefern, wurden gravierende Fehler in der Methodik nicht diskutiert und nonchalent akzeptiert, und zwar selbst dann, wenn der dringende Verdacht besteht, dass sie genau deshalb schädliche Effekte übersehen und „false negatives" sind. Aufgrund dieses offenkundig unwissenschaftlichen Ansatzes kommt der Review zum Schluss, dass die Langzeitstudien den Beweis liefern, dass „gv-Pflanzen ernährungsphysiologisch äquivalent" sind zu ihren nicht-gv Counterparts und dass sie „sicher verwendet werden können in Lebens- und Futtermitteln". Dieser tendenziöse Review, der auf einem unwissenschaftlichen doppelten Standard beruhte, wurde im Gegensatz zum Forschungspapier von Séralini nicht von der Zeitschrift zurückgezogen, sondern sogar als „Gegenbeweis" zu Séralinis experimentellen Forschungsergebnissen ins Feld geführt.

Im Fall der Fütterungsstudie der Séralini-Gruppe erreichte diese Art der ergebnisorientierten und interessensgesteuerten Methodenkritik jedoch einen neuen Höhepunkt. Die vergleichende Untersuchung der Antworten der Europäischen Behörde für Lebensmittelsicherheit (EFSA) einerseits auf die Forschungsergebnisse von Monsanto, eingereicht zur erfolgreichen Beantragung der Zulassung des NK603-Mais' sowie andererseits auf die Publikation von Séralini zeigt, dass auch die EFSA einen doppelten Standard zur Bewertung von Methoden anwendet. Im Review *„Rat feeding studies with genetically modified maize – a comparative evaluation of applied methods* *and risk assessment standards*[37] wird dazu herausgearbeitet und dargelegt, dass beide Publikationen in vier der fünf von EFSA zur Bewertung der Arbeit von Séralini aufgestellten Kriterien vergleichbare Defizite aufweisen. Allerdings wurden und werden diese Kriterien von EFSA gerade nicht zur Bewertung der Monsanto-Studien herangezogen, in denen kein Risiko bei der Verfütterung von NK603-Mais festgestellt wurde. Beide Studien (von Monsanto und von Séralini) wurden vor der Aufstellung der Beurteilungskriterien durchgeführt und veröffentlicht. Diese Kriterien wurden aber von der EFSA nur auf Séralinis Studie angewendet.

7. Trotz der nachhaltigen und andauernden Attacken auf seine persönliche und wissenschaftliche Integrität durch Vertreter „interessierter Kreise" blieb Prof. Séralini in den durch seine Studien ausgelösten Konflikten standhaft. Er wehrte sich gegen Verleumdungen, auch vor Gericht, so beispielsweise 2011 erfolgreich gegen Marc Fellous von der „French Association for Plant Biotechnology [AFBV]"[38].

Soweit in der Sache Einwände gegen die Ergebnisse seiner Fütterungsstudie erhoben wurden, setzte er diesen in Wahrnehmung seiner berufsethischen Verantwortung mit großer Ausdauer und Entschiedenheit auf hohem wissenschaftlichem Niveau seine Argumente entgegen und förderte so den notwendigen wissenschaftlichen und öffentlichen Diskurs in vielfältiger Weise. Damit stimulierte und ermöglichte er in vielen Ländern eine gesellschaftliche Debatte über Risiken, die mit Glyphosat und seinen auf den Märkten unter verschiedenen Handelsnahmen verbreiteten Herbizid-Produkten verbunden sind.

a) Seine Gegenargumente, die er öffentlich mit Vehemenz vertrat, wurden in wissenschaftlichen Fachzeitschriften publiziert, mindestens vier davon in Food and Chemical Toxicology[39]. Es sind keine Entgleisungen dokumentiert oder bekannt, in denen Professor Séralini sich vergleichbarer diskreditierender, ad-hominem Strategien bedient hätte, wie dies viele seine Gegner zu tun pflegen.

Professor Séralini fand mit seiner Haltung und seinen Arbeiten weltweit Unterstützung bei vielen WissenschaftlerInnen, die die von ihm gewählten Methoden verteidigten und seine gewonnenen Ergebnisse für weiterführend halten[40], jedoch nicht, wie viele seiner Kritiker behaupteten, für abschließend.

Zur Unterstützung von Prof. Séralini wird im Fachschrifttum u. a. darauf hingewiesen, dass die von Kritikern aufgestellte These, die in der Fütterungsstudie herangezogenen Versuchsratten seien wegen der offenbar ohnehin erhöhten Tumoranfälligkeit dieses Rattenstamms grundsätzlich nicht geeignet, keinesfalls die Invalidität der zentralen Ergebnisse der Fütterungsstudie von Prof. Séralini und seiner Forscherkollegen begründet. Denn diese Studie belege eben – unabhängig von der Frage der mit fortschreitendem Alter der Ratten zunehmenden Krebsanfälligkeit – jedenfalls ein wichtiges Ergebnis deutlich: Bei den mit dem gentechnisch veränderten Mais NK-603 und mit „Roundup" in verschiedenen Dosierungen gefütterten Versuchsratten hätten sich jedenfalls deren „tumorfreien" Lebenszeiten deutlich erkennbar verringert[41]; das spreche entscheidend für Séralinis Schlussfolgerungen und begründe weiteren Forschungsbedarf, vermöge aber Angriffe auf die persönliche und wissenschaftliche Integrität von Prof. Séralini nicht zu rechtfertigen.

b) Für die Existenz der mit dem Herbizid Glyphosat als Wirkstoff verbundenen Risiken für Leben, Gesundheit und andere fundamentale Rechtsgüter spricht im Übrigen auch die am 20. März 2015 erfolgte Einstufung des Glyphosats als „wahrscheinlich für den Menschen krebserregend" (probably carcinogenic to humans (Group 2A)) durch die „International Agency for Research on Cancer (IARC)", eine Arbeitsgruppe der World Health Organization der Vereinten Nationen in Genf.[42] Binnen drei Tagen nach der Erstpublikation organisierte die Internetseite „Academic Reviews – Testing popular claims against peer-reviewed science"[43] zweier Biotechnologie-Professoren eine Kampagne auch gegen diesen Bericht (der sich auf ca. 200 peer-reviewed Artikel stützt). Unter den von der IARC berücksichtigten wissenschaftlichen Quellen zu Effekten des Herbizids Roundup und seines Wirkstoffes Glyphosat befinden sich sieben Arbeiten, die in den letzten zehn Jahren von der Arbeitsgruppe Séralini veröffentlicht wurden. Während im öffentlichen Diskurs, gerade auch in Bezug auf die diesjährige Whistleblower-Preisverleihung, betont wird, dieser IARC-Bericht halte die Séralini-Studie von 2012 für inadäquat zur Beurteilung der Wirkungen des Glyphosats (u. a. mit Hinweis auf die kleine Tieranzahl)[44], wird in diesen Kommentaren verschwiegen, dass die Ergebnisse der weiteren Publikationen der Séralini-Gruppe uneingeschränkt zur vorsichtig-negativen Beurteilung von Glyphosat durch die WHO-Arbeitsgruppe herangezogen wurden. Es war Professor Séralini selbst, der auf notwendigen weiteren Forschungsbedarf immer wieder hingewiesen hat[23]. Die Behauptung einzelner Kritiker, der IARC-Report habe zu einer „Invalidierung" der Studie Séralinis geführt, ist deshalb nicht nachvollziehbar und entbehrt der faktischen Grundlage.

Am 14. August 2015 hat Professor Séralini's Gruppe im wahrsten Sinne des Wortes „nachgelegt" – und zwar in eben jener Zeitschrift *Food and Chemical Toxicology*, die seinen Rattenfütterungs-Artikel von 2012 im Jahr darauf zurückgezogen hatte. Dies geschah mit dem Aufsatz „Potentielle toxische Effekte von Glyphosat und seine gehandelten Zusammensetzungen bei Werten unter den erlaubten Grenzwerten" („Potential toxic effects of glyphosate and its commercial furmulations below regulatory limits"[45]). In diesem Übersichtsartikel haben vier der an der vom Editor-in-Chief 2013 zurückgezogenen Veröffentlichung beteiligten Wissenschaftler, einschließlich Professor Séralini, die vorhandene wissenschaftliche Literatur gesichtet und festgestellt, dass auch bei in der Umwelt zugelassenen Konzentrationen des Glyphosats Missbildungen an Embryos auftreten können (Teratogenität), Tumore gefördert werden und Nierenversagen auftreten kann.

8. Vor wenigen Tagen ist im September 2015 die internationale sowie nationale Debatte zu Glyphosat weiter eskaliert.

a) Die WHO hat in einer Stellungnahme zur Diskussion über Glyphosat eine ihrer
Arbeitsgruppen zu einer verbesserten Diskussion aufgefordert.[46] Es heißt dort in den
„Main findings and recommendations of the WHO Core Assessment Group on Pesti-
cides, Expert task force on Diazinon, Glyphosate and Malathion":

i) Die Arbeitsgruppe empfiehlt eine volle Neubewertung von Diazinon, Glyphosat
und Malathion durch die gemeinsame Gruppe „FAO/WHO Meeting on Pesticide Residues (JMPR)."

ii) Die Arbeitsgruppe empfiehlt, dass JMPR die eigenen Richtlinien zur Einbin-
dung oder Nichtbeachtung im Zusammenhang mit veröffentlichten oder anderen Datenquellen überprüft.

Aus der Diplomatensprache übersetzt heißt das: „Kommando zurück" und „Unter-
scheidet bitte zwischen wissenschaftlicher Literatur und dem von Interessengruppen
Gelieferten".

Damit ist auch das Bundesinstitut für Risikobewertung (BfR), das für die EU-Kommission den Wirkstoff Glyphosat neu bewertet und in JMPR vertreten ist, noch stärker
in eine schwierige Lage gekommen (siehe dazu den nächsten Abschnitt).

b) Im Vorfeld einer Anhörung im Deutschen Bundestag zu Glyphosat haben die deutsche Nichtregierungsorganisation Campact und das Pestizid Aktions-Netzwerk (PAN)
eine Studie des Toxikologen Peter Clausing publiziert.[47] Clausing hat den schon zuvor
erwähnten, ihm zugespielten BfR-Bericht zur Wiederzulassung von Glyphosat einer
unabhängigen wissenschaftlichen Prüfung unterzogen. Dieser BfR-Bericht, der bislang nicht öffentlich zugänglich ist, ist bisher die wesentliche Grundlage für die Entscheidung, ob Glyphosat in der EU für weitere zehn Jahre oder länger zugelassen wird.
Clausing gelangt zu folgender Einschätzung: „Der Bericht des BfR verdreht Tatsachen
und verschweigt wichtige Studien zur Krebsgefahr von Glyphosat oder stellt sie falsch
dar. Die Schlussfolgerung liegt nahe, dass das BfR die Beweislage gegen Glyphosat
mit Absicht geschwächt hat." So seien im Abschnitt zur Gentoxizität 44 wissenschaftliche Publikationen, die einen gentoxischen Effekt nachgewiesen hätten, nicht berücksichtigt worden. Hersteller-Studien, die keinen krebsauslösenden Effekt beschrieben,
habe das BfR hingegen einbezogen. Diese Schlussfolgerung entspricht den Ergebnissen einer früheren Studie von Antoniou und anderen Autoren zur Rolle des BfR bei der
Beurteilung von Glyphosat-basierten Herbiziden, die schon 2011 Intransparenz und
doppelte Standards beklagten[48]. Dies muss bei der Einschätzung der Rattenfütterungsstudie der Séralini Gruppe durch das BfR[49] berücksichtigt werden.

c) Nach der Glyphosat-Anhörung im Deutschen Bundestag hat sich die SPD-Bundestagsfraktion zwischenzeitlich dafür ausgesprochen, Glyphosat aus Vorsorgegründen umgehend aus dem freien Verkauf für die Privatanwendung heraus zu nehmen. Der Einsatz von Glyphosat in der Landwirtschaft müsse zudem stufenweise bis zu einem völligen Ausstieg reduziert werden.[50]

d) Die Regierungsfraktionen des Bundeslandes Schleswig-Holstein, SPD, Bündnis 90/Die Grünen und SSW, haben im dortigen Landtag ein „Moratorium für die Zulassung von Glyphosat" beantragt[51]. In dem Antrag wird die Landesregierung aufgefordert, unter anderem zu beschließen, dass die befristete Aussetzung der Zulassung so lange gelten müsse, „bis auf EU-Ebene nach intensiver Prüfung eine Entscheidung über eine Erneuerung der Zulassung unter Berücksichtigung der WHO-IARC Monographie und weiterer aktueller Studien gefallen ist."

2. Primär am Gemeinwohl orientiertes Whistleblowing („serving the public interest")

Professor Séralini hat als Wissenschaftler vorbildlich reagiert, in dem er auf eine globale Gefahr für die Gesundheit des Menschen durch ein weltweit in großen Mengen angewandtes Herbizid nicht nur hingewiesen, sondern trotz massiver Angriffe durch Kollegen wiederholt als Wissenschaftler dem begutachtete (peer-reviewte) Beiträge entgegen gesetzt und publiziert hat, die seine ersten Befunde untermauerten und weiterführten. Dabei fand er die Unterstützung einer Vielzahl von WissenschaftlerInnen, die die Attacken auf seine persönliche Integrität kritisierten und seine wissenschaftlichen Arbeiten positiv aufnahmen[52]. Konkrete Anhaltspunkte dafür, dass er – wie manche seiner Kritiker ihm ohne nähere Belege vorwarfen – in seinen Forschungsarbeiten oder Publikationen materielle Vorteile für sich oder ihm Nahestehende erstrebt oder erhalten hätte, sind weder ersichtlich, geschweige denn belegt. Die wissenschaftlichen Beiträge Prof. Séralinis und seines Forschungsteams haben den wissenschaftlichen Diskurs vorangebracht.

Seine Standhaftigkeit gegenüber den Attacken auf seine persönliche und wissenschaftliche Integrität zeugen von einem hohen berufsethischen Verantwortungsbewusstsein. Es ist dieser nachhaltigen und unbeirrbaren Professionalität von Prof. Séralini zu verdanken, untermauert von einer beeindruckenden Anzahl von ca. 50 begutachteten Publikationen allein zum Thema Glyphosat/Roundup (aus einem Gesamtwerk von ca. 100 Publikationen), dass sowohl nationale als auch EU Behörden reagieren mussten und dass nunmehr die Fütterungsversuche zumindest in Teilen wiederholt werden. Eine weitere Konsequenz ist, dass Glyphosat-basierte Herbizide nun voraussichtlich eine deutliche Einschränkung ihrer Anwendung erfahren, vielleicht sogar mit einem

Verbot belegt werden. Auch sollen in Zukunft Rattenfütterungstests obligatorisch werden im Zusammenhang mit gv-Nutzpflanzen.

Dies alles kann maßgeblich, wenn nicht in einigen Teilen sogar fast ausschließlich, auf Prof. Séralinis couragiertes Engagement und seine unermüdliche Forschungstätigkeit zurückgeführt werden. Es ist kaum vorstellbar, dass auf Glyphosat bezogene Forschungsprojekte wie ,GRACE'[53] oder G-TWYST[54] oder auch GMO90Plus[55] je das „Licht der Welt" erblickt hätten ohne die Ergebnisse und Ereignisse rund um die Arbeiten von Prof. Séralinis Forschungsgruppe. Die wissenschaftliche Debatte über die Validität der gewählten Methoden und die beeinflussende Rolle der beteiligten industrienahen Akteure in diesen aufgeführten Projekten (insbesondere GRACE) ist damit auch wieder voll entbrannt und muss geführt werden können.[56]

3. Inkaufnahme erheblicher Risiken durch den Whistleblower (risking retaliation)

Die (unberechtigte) Zurückweisung der 2012 in der Fachzeitschrift „*Food and Chemical Toxicology*" publizierten Studie hätte die wissenschaftliche Integrität von Prof. Séralini fast ruiniert. In der Folgezeit musste sich Prof. Séralini auch gegenüber seiner Universität wegen der gravierenden Angriffe rechtfertigen. Diese stetigen Attacken hinterließen Spuren und Zweifel in der Universitätsleitung und setzten sie unter Handlungsdruck, weil sie nicht mehr im oftmals negativen medialen Scheinwerferlicht stehen wollte. Prof. Séralini äußerte bei einem Gespräch mit einem Jurymitglied, dass ihn dies alles sehr mitgenommen habe. Diese Konflikte verursachten bei ihm erhebliche gesundheitliche Probleme, die ihn schwer belasteten. Nicht vollständig ausgeheilte Krankheiten begleiteten ihn über Jahre und in mindestens einem Fall hätten sie ihm während einer Vorlesungsreise in Großbritannien beinahe das Leben gekostet. Nur schnelle ärztliche Nothilfe, kompetente Diagnose und Therapie sowie hochprofessionelle Betreuung in der Intensivstation eines Londoner Krankenhauses retteten ihm das Leben. Auch für sein familiäres Umfeld blieb dies nicht ohne negative Auswirkungen, auf die hier nicht näher eingegangen werden soll.

4. Zusammenfassende Würdigung

Prof. Séralini hat mit seiner Fütterungsstudie, deren Ergebnisse 2012 publiziert wurden, sowie seinen weiteren Forschungen und Veröffentlichungen wichtige Beiträge geleistet, um die in seinen wissenschaftlichen Arbeiten festgestellten Risiken aufzudecken, die mit der Verwendung des Glyphosat-basierten Herbizids „Roundup" – zumal in Verbindung mit gentechnisch-verändertem NK-603-Mais – für gewichtige Rechtsgüter wie das Leben und die menschliche Gesundheit verbunden sind oder jedenfalls verbunden sein können. Er hat sich dabei nicht nur an seine FachkollegInnen, sondern auch an die allgemeine Öffentlichkeit gewandt, um allgemein und für jeden erkennbar auf die von ihm gesehenen Risiken hinzuweisen.

Indem wir dies feststellen und uns insbesondere gegen die heftigen Attacken auf die persönliche und wissenschaftliche Integrität von Prof. Séralini wenden, verteidigen wir die Freiheit des wissenschaftlichen Diskurses und die Wahrnehmung berufsethischer Verantwortung durch WissenschaftlerInnen, ohne uns dabei etwa in der wissenschaftlichen Kontroverse zwischen Prof. Séralini und seinen Kritikern inhaltlich für die eine oder die andere Seite zu positionieren. Wir wollen und können nicht entscheiden, wer in der Sache, also hinsichtlich des von Prof. Séralini in Fütterungsversuchen festgestellten erhöhten Auftretens von Tumoren sowie von Leber- und Nierenschäden bei den Versuchstieren „Recht" hat. Wir müssen und können jedoch von den zuständigen deutschen und europäischen Stellen erwarten, dass sie den von Prof. Séralini und seiner Forschungsgruppe erarbeiteten Hinweisen und Fragen zu den mit der Verwendung des Glyphosat-basierten Herbizids „Roundup" verbundenen Risiken und Gefahren für Leben und Gesundheit in jeder gebotenen Hinsicht nachgehen und dabei nicht primär oder gar ausschließlich allein die Expertise „interessierter Kreise" heranziehen.

Frankfurt am Main/Berlin, im September 2015

Die Jury zur Vergabe des Whistleblower-Preises:

Rechtsanwalt Gerhard Baisch (Bremen) Bundesrichter Dr. Dieter Deiseroth (Leipzig/ Düsseldorf), Prof. Dr. Hartmut Grassl (Hamburg), Dr. Angelika Hilbeck (Agrarökologin, Eidgenössische Technische Hochschule Zürich), Rechtsanwältin Christine Vollmer (Bremen)

Anhang 1:

Begründung für Zurückziehung der Séralini-Studie in Food and Chemical Toxicology:
Unequivocally, the Editor-in-Chief found no evidence of fraud or intentional misrepresentation of the data. However, there is legitimate cause for concern regarding both the number of animals in each study group and the particular strain selected. The low number of animals had been identified as a cause for concern during the initial review process, but the peer review decision ultimately weighed that the work still had merit despite this limitation. A more in-depth look at the raw data revealed that no definitive conclusions can be reached with this small sample size regarding the role of either NK603 or glyphosate in regards to overall mortality or tumor incidence. Given the known high incidence of tumors in the Sprague-Dawley rat, normal variability

cannot be excluded as the cause of the higher mortality and incidence observed in the treated groups.

Ultimately, the results presented (while not incorrect) are inconclusive, and therefore do not reach the threshold of publication for Food and Chemical Toxicology... The retraction is only on the inconclusiveness of this one paper.

Anmerkungen

1   Aris A, S Leblanc 2011. Maternal and fetal exposure to pesticides associated to genetically modified foods in Eastern Townships of Quebec, Canada. Reproductive Toxicology 31(4): 528–33.

2   International Agency for Research on Cancer/World Health Organization. 2015. Glyphosate. IARC Monographs 112.

3   Krüger M, Schledorn P, Schrödl W, Hoppe H-W, Lutz W, et al. 2014. Detection of Glyphosate Residues in Animals and Humans. Journal of Environmental and Analytical Toxicology 4:210 doi: 10.4172/2161-0525.1000210.

4   "Future studies employing larger cohorts of animals providing appropriate statistical power are required to confirm or refute the clear trend in increased tumor incidence and mortality rates seen with some of the treatments tested in this study. As already stated, our study was not designed as a carcinogenicity study that would have required according to OECD the use of 50 rats per sex per group." In: Séralini G-E, E Clair, R Mesnage, S Gress, N Defarge, M Malatesta, D Hennequin, J Spiroux de Vendômois. 2014. Republished study: long-term toxicity of a Roundup herbicide and a Roundup-tolerant genetically modified maize. Environmental Sciences Europe 26: 14.

5   Darauf wird zu Recht auch in der Auswertung *dieser* Studie durch die IARC hingewiesen, vgl. ebd. S. 35 unter 3.21, s. Fußnote 2.

6   Spiroux de Vendômois J, F Roullier, D Cellier, G-E Séralini. 2009. A comparison of the effects of three GM corn varieties on mammalian health. International Journal of Biological Sciences 5(7): 706–26.

7   "The Monsanto authors adapted Guideline 408 of the Organization for Economic Co-operation and Development (OECD) for their experimental design. Our study design was based on that of the Monsanto investigation in order to make the two experiments comparable, but we extended the period of observation from Monsanto's 90 days to 2 years. We also used three doses of GMOs (instead of Monsanto's two) and Roundup to determine treatment dose response, including any possible non-linear as well as linear effects. This allowed us to follow in detail the potential health effects and their possible origins due to the direct or indirect consequences of the genetic modification itself in the NK603 GM maize, or due to the R herbicide formulation used on the GM maize (and not G alone), or both. Because of recent reviews on GM foods indicating no specific risk of cancer, but indicating signs of hepatorenal dysfunction within 3 months, we had no reason to adopt a carcinogenesis protocol using 50 rats per group. However, we prolonged to 2 years the biochemical and hematological measurements and measurements of disease status, as allowed, for example, in OECD protocols 453 (combined chronic toxicity and carcinogenicity) and 452 (chronic toxicity). Both OECD 452 and 453 specify 20 rats per sex per group but require only 50 % (ten per sex per group, the same number that we used in total) to be analyzed for biochemical and hematological parameters. Thus, these protocols yield data from the same number of rats as our experiment. This remains the highest number of rats regularly measured in a standard GM diet study, as well as for a full formulated pesticide at very low environmentally relevant levels." In: Séralini et al. 2014, s. Fußnote 4.

8   "We gratefully acknowledge the Association CERES, for research on food quality, representing more than 50 companies and private donations, the Foundation 'Charles Leopold Mayer pour le Progrès de l'Homme', the French Ministry of Research, and CRIIGEN for their major support." In: Séralini et al. 2014, s. Fußnote 4.

9   Insbesondere die Fondation Charles Léopold Mayer pour le progrès de l'Homme steuerte einen signi-
     fikanten Beitrag bei. FPH. 2012. Soutien de la fondation à l'étude du Criigen sur les effets à long terme
     des OGM. Pressemitteilung vom 19.09.2012. http://www.fph.ch/article135.html.
10   Vgl. dazu Vidal J. 2012. Study linking GM maize to cancer must be taken seriously by regulators. The
     Guardian, vom 28.09.2012. http://www.theguardian.com/environment/2012/sep/28/study-gm-maize-
     cancer.
11   Monsanto. 2012. Long term toxicity of a Roundup herbicide and a Roundup-tolerant genetically modi-
     fied maize. Monsanto comments vom 01.11.2012. http://www.monsanto.com/products/documents/pro
     ductsafety/seralini-sept-2012-monsanto-comments.pdf.
12   Science Media Centre. 2012. Expert reaction to GM maize and tumours in rats. Kommentare vom
     19.09.2012. http://www.sciencemediacentre.org/expert-reaction-to-gm-maize-causing-tumours-in-rats
     alle Beiträge des SMC zum Stichwort „Séralini": http://www.sciencemediacentre.org/?s=seralini&cat=
13   Science Media Centre: funding. http://www.sciencemediacentre.org/about-us/funding/.
14   Der Ablauf der Kampagne gegen Professor Séralini ist dokumentiert in: Matthews J. 2012. Smelling a
     corporate rat: Séralini attackers exposed. Spinwatch vom 12.12.2012. http://www.spinwatch.org/index.
     php/issues/science/item/164-smelling-a-corporate-rat.
15   Vgl. zur Auseinandersetzung mit diesen Formen der Kritik: Loening U E. 2015. A challenge to scientific
     integrity: a critique of the critics of the GMO rat study conducted by Gilles-Eric Séralini et al. (2012).
     Environmental Sciences Europe (2015) 27: 13.
16   Bundesinstitut für Risikobewertung. 2012. Veröffentlichung von Séralini et al. zu einer Fütterungsstu-
     die an Ratten mit gentechnisch verändertem Mais NK603 sowie einer glyphosathaltigen Formulierung.
     Stellungnahme Nr. 037/2012 vom 28. September 2012. http://tinyurl.com/p5v35pb.
17   Robinson C, J Latham. 2012. The Goodman affair: Monsanto targets the heart of science. Independent
     Science News vom 20.05.2013. https://www.independentsciencenews.org/science-media/the-goodman-
     affair-monsanto-targets-the-heart-of-science/.
18   Vgl. dazu die Nachweise in: Mertens M. undatiert. Der Fall Séralini. Schule und Gentechnik. http://
     www.schule-und-gentechnik.de/lehrer/fallbeispiele/der-fall-seralini.
19   Lougheed T. 2006. Policy: WHO/ILSI affiliation sustained. Environmental Health Perspectives 114(9):
     A521.
20   Committee on Publication Ethics. 2009. Retraction Guidelines. http://publicationethics.org/files/retrac
     tion%20guidelines_0.pdf.
21   Fagan J, T Traavik, T Bøhn. 2015. The Séralini affair: degeneration of Science to Re-Science? Envi-
     ronmental Sciences Europe 27: 19.
22   Herrmann S. 2015. Aktivist statt Whistleblower. Süddeutsche Zeitung vom 19.09.2015. http://www.sued
     deutsche.de/wissen/gentech-kritiker-aktivist-statt-whistleblower-1.2653306, Bahnsen U. 2015. Aus-
     gezeichnete Pfeife. Die Zeit vom 24.09.2015. Nicht online geschaltet.
23   Séralini et al. 2014, Republished study: long-term toxicity of a Roundup herbicide and a Roundup-to-
     lerant genetically modified maize – Seite 3 – http://www.enveurope.com/content/26/1/1.
24   Benachour N, G-E Séralini. 2009. Glyphosate formulations induce apoptosis and necrosis in human
     umbilical, embryonic, and placental cells. Chemical Research in Toxicology 22(1): 97–105.
25   Mesnage R, B Bernay, G-E Séralini. 2013. Ethoxylated adjuvants of glyphosate-based herbicides are
     active principles of human cell toxicity. Toxicology 313(2-3): 122–8.
26   Diese Substanz darf in Deutschland als Beistoff nicht mehr verwendet werden.
27   Séralini G-E, J Spiroux de Vendômois, D Cellier, C Sultan, M Buiatti, L Gallagher, M Antoniou, K R
     Dronamraju. 2009. How subchronic and chronic health effects can be neglected for GMOs, pesticides
     or chemicals. International Journal for Biological Sciences 5(5): 438–43.
28   Séralini G-E, R Mesnage, E Clair, S Gress, J Spiroux de Vendômois, D Cellier. 2011. Genetically mo-
     dified crops safety assessments: present limits and possible improvements. Environmental Sciences Eu-
     rope 23: 10.

29 Grundlage für die Genehmigung bildet die Verordnung (EG) Nr. 1107/2009 des Europäischen Parlaments und des Rates vom 21. Oktober 2009 über das Inverkehrbringen von Pflanzenschutzmitteln und zur Aufhebung der Richtlinien 79/117/EWG und 91/414/EWG des Rates. Diese trat am 14. Dezember 2009 in Kraft. Sie löste die Richtlinien 91/414/EWG (Pestizid-Richtlinie) und 79/117/EWG ab.

30 Hilbeck A, H Meyer. 2012. Die Risikoabschätzung gentechnisch veränderter Pflanzen ist unzureichend. Die Zeit vom 07.03.2012. http://www.zeit.de/wissen/umwelt/2012-02/gruene-gentechnik-debatte-gastbeitrag Hilbeck A, M Meier, J Römbke, S Jänsch, H Teichmann, B Tappeser. 2012. Environmental risk assessment of genetically modified plants – concepts and controversies. Environmental Sciences Europe 23: 13.

31 Cuhra M. 2015. Review of GMO safety assessment studies: glyphosate residues in Roundup Ready crops is an ignored issue. Environmental Sciences Europe 27: 20.

32 Vgl. Deiseroth/Falter (Hrsg.), Whistleblower in Gentechnik und Rüstungsforschung. Berlin, 2006.

33 Ewen SWB, A Pusztai. 1999. Effect of diets containing genetically modified potatoes expressing Galanthus nivalis lectin on rat small intestine. Lancet 356 (9178): 1553–4.

34 Pusztai A, G Grant, S Bardocz, R Alonso, M J Chrispeels, H E Schroeder, M L Tabe, T J V Higgins. 1999. Expression of the insecticidal bean α-amylase inhibitor transgene has minimal detrimental effect on the nutritional value of peas fed to rats at 30 % of the diet. The Journal of Nutrition 129(8): 1597–1603.

35 Snell C, A Bernheim, J-B Bergé, M Kuntz, G Pascal, A Paris, A E Ricroch. 2012. Assessment of the health impact of GM plant diets in long-term and multigenerational animal feeding trials: A literature review. Food and Chemical Toxicology 50(3-4): 1134–38.

36 Vgl. die aufgeführte Literatur in dem Séralini diskreditierenden Schreiben an FCT: Letter to the editor vom 07.12.2012. http://www.sciencedirect.com/science/article/pii/S0278691512007922.

37 Meyer H, A Hilbeck. 2013. Rat feeding studies with genetically modified maize – a comparative evaluation of applied methods and risk assessment standards. Environmental Sciences Europe 25: 33.

38 Agence France Press. 2011. OGM/diffamation: chercheur condamné. Le Figaro vom 18.01.2011. http://www.lefigaro.fr/flash-actu/2011/01/18/97001-20110118FILWWW00568-ogmdiffamation-chercheur-condamne.php.

39 Mesnage et al. 2014. Letter to the Editor regarding ‚Delaney et al., 2014‘: Uncontrolled GMOs and their associated pesticides make the conclusions unreliable. Food and Chemical Toxicology 72: 322.
Séralini et al. 2014. Conclusiveness of toxicity data and double standards. Food and Chemical Toxicology 69: 357–9.
Séralini et al. 2014. Retraction notice to 'Long-term toxicity of a Roundup herbicide and a Roundup-tolerant genetically modified maize' [Food and Chemical Toxicology, Volume 50: 4221–4231]. Food and Chemical Toxicology 63: 244.
Séralini et al. 2013. Answers to critics: Why there is a long term toxicity due to a Roundup-tolerant genetically modified maize and to a Roundup herbicide. Food and Chemical Toxicology 53: 476–483.

40 End Science Censorship. 2014. 150 scientists condemn retraction of Séralini study as bow to commercial interests. Pressemitteilung vom 04.03.2014. http://www.endsciencecensorship.org/en/page/press-release#.VhFbr6S3Ix2 http://www.endsciencecensorship.org/en/page/Statement#signed-by Independent Science News. 2012. Séralini and Science: an Open Letter. Offener Brief vom 02.10.2012. http://www.independentsciencenews.org/health/seralini-and-science-nk603-rat-study-roundup.

41 Vgl. dazu u. a. Loening U E. 2015. A challenge to scientific integrity: a critique of the critics of the GMO rat study conducted by Gilles-Eric Séralini et al. (2012). Environmental Sciences Europe (2015) 27: 13

42 IARC/WHO 2015, s. Fußnote 2.

43 Anonym. 2015. IARC glyphosate cancer review fails on multiple fronts. Academics Review vom 23.03.2015. http://academicsreview.org/2015/03/iarc-glyphosate-cancer-review-fails-on-multiple-fronts/.

44 etwa in: Weß L. 2015. Erinnerungen an die Wirklichkeit: Séralini und die Fakten. Blogeintrag vom 20.09.2015. http://ludgerwess.com/erinnerungen-an-die-wirklichkeit-seralini-und-die-fakten/.

45 Mesnage R, N Defarge, J. Spiroux de Vendômois, G-E Séraslini. 2015. Potential toxic effects of glypho-sate and its commercial formulations below regulatory limits. Food and Chemical Toxicology 84: 133–53.

46 Joint FAO/WHO Meeting on Pesticide Residues. 2015. Main findings and recommendations of the WHO Core Assessment Group on Pesticides Expert task force on Diazinon, Glyphosate and Malathion. http://www.who.int/foodsafety/areas_work/chemical-risks/jmpr/en/.

47 PAN Germany. 2015. Glyphosat-Bewertung: Warum das Bundesinstitut für Risikobewertung zu einem völlig anderen Urteil kommt als die Krebsforscher der WHO. Presseinformation vom 28.09.2015 und link zur Studie, http://www.pan-germany.org/deu/~news-1354.html.

48 Antoniou M, M E El-Din Mostafa Habib, C V Howard, R C Jennings, C Leifert, R O Nodari, C Robin-son, J Fagan. 2011. Roundup and birth defects: Is the public being kept in the dark? Earth Open Source, UK. http://earthopensource.org/wp-content/uploads/RoundupandBirthDefectsv5.pdf.

49 Bundesinstitut für Risikobewertung 2012, s. Fußnote 16.

50 SPD Bundestagsfraktion. 2015. Glyphosat: Ausstieg aus der Nutzung vorantreiben. Pressemitteilung vom 28.09.2015, http://www.spdfraktion.de/presse/pressemitteilungen/glyphosat-ausstieg-aus-der-nutzung-vorantreiben.

51 Fraktion Die Grünen/Bündnis 90 Schleswig-Holstein. 2015. Moratorium für die Zulassung von Gly-phosat. Pressemitteilung vom 01.10.2015 und link zum Antrag. http://sh-gruene-fraktion.de/thema/umwelt-agrar/moratorium-f%C3%BCr-die-zulassung-von-glyphosat.

52 Siehe dazu u. a. Meyer & Hilbeck 2013, s. Fußnote 37; Loening U E. 2015. A challenge to scientific integrity: a critique of the critics of the GMO rat study conducted by Gilles-Eric Séralini et al. (2012). Environmental Sciences Europe (2015) 27: 13.

53 GRACE (GMO Risk Assessment and Communication of Evidence). Grace in brief. http://www.grace-fp7.eu/en/content/grace-brief.

54 G-TwYST (Genetically modified plants Two Year Safety Testing). About G-TwYST. http://www.g-twyst.eu/.

55 GMO90plus. Recherche de biomarqueurs prédictifs d'effets biologiques dans l'étude de la toxicité sub-chronique (3 et 6 mois) des OGM chez le rat . http://www.rechercheriskogm.fr/page/GMO90plus.

56 Bauer-Panskus A, C Then. 2013. (DIS)-GRACE. Risk assessment on the leash of the biotech industry. Testbiotech background vom 22.04.2013. https://www.testbiotech.org/sites/default/files/TBT%20Background%20GRACE_final_0.pdf.

Reasoning of the Jury
for the 2015 Whistleblower Award
to Professor Gilles-Eric Séralini

This year, one of the recipients of the Whistleblower Award from the Federation of German Scientists (VDW) and the German Section of the International Association of Lawyers Against Nuclear Arms (IALANA) is **Professor Dr. Gilles-Eric Séralini**, a molecular biologist at the University of Caen (Normandy, France) whose particular research interest is focussed on the effects of the use of herbicides, including the 'weedkiller' glyphosate.

The Whistleblower Award honours people who, for the sake of public benefit and in spite of possible negative consequences for themselves, disclose major grievances or negative developments which pose significant risks or danger to humans, society, the environment or peace. As insiders or experts who have highly relevant insights and knowledge coupled with the courageous willingness to benefit the public by raising the alarm, within the fields of R&D, state administration, the economy or international relationships whistleblowers often provide the only opportunity to uncover risks and dangers for important legally protected common goods *(Rechtsgut)* such as life and health.

Prof. Séralini fulfils these criteria in many ways.

1.   Publicly Revealing Risks to Life and Health

1. Prof. Séralini and his group of researchers at the University of Caen have been conducting scientific studies and publishing papers for many years to tell the public, the scientific community and the responsible European and national authorities that their research results indicate serious risks associated with, or at least possibly associated with, the application of the world's most frequently used herbicide – the glyphosate-based "Roundup". This is particularly significant for important legally protected common goods such as life and health or the environment, since it has been demonstrated that this substance and its degradation products are widely present in our food and environment, including in humans and animals[1,2,3]. Since 1974, under the brand name Roundup, the corporation Monsanto has been selling a range of broad-spectrum herbicides which are being used in agriculture and private gardens in over 130 countries. The individual Roundup products differ in their salt formulations, the adjuvants, the medium (water solution or granulate), and the glyphosate concentration. In order to

ensure a better wetting and penetration of the plant surface, a surfactant is used. Generally this is polyethoxylated tallow amine (POEA).

a) In the long-term feeding study carried out by Prof. Séralini with his research group and published in 2012, over a period of two years rats (Sprague-Dawley stock) were fed with genetically modified maize (Roundup-tolerant NK603) and given drinking water to which glyphosate-based herbicide had been added (two Roundup-branded herbicides, "Weather Max" and "Roundup GT Plus"). A total of 200 rats were included in the experiment, divided into nine test groups of 20 and one control group of 20. The control group, consisting of 10 female and 10 male animals, received the standard diet A04, which includes 33 % conventional maize and unadulterated drinking water. The test groups also comprised 10 female and 10 male animals. Three of these groups received the GM maize NK603 (one test group each with 11, 22 and 33 % maize in the standard diet) and three received GM maize NK603 treated with Roundup (one test group each with 11, 22 and 33 % maize in the standard diet). The other 3 test groups received conventional maize (33 %, standard diet) and also drinking water which had been supplemented with different levels of Roundup GT Plus. The feeding experiments were designed to investigate the toxicity of the glyphosate-based herbicide Roundup and the genetically modified feed maize NK603. The study was not designed to study cancer risk[4,5]. In particular, it was designed to replicate the rat-feeding study by Monsanto, which was a 90-day test; in an earlier study the research group of Prof. Séralini had already found indications of toxic effects in this period[6], but these had been dismissed as biologically irrelevant by Monsanto[7]. The study was the first toxicity study with glyphosate-based Roundup on rats to have a test period of two years, corresponding to the total lifespan of the rats. Various foundations, as well as public and private funders in France[8, 9] financed the study, whose costs were approximately three million euros.

b) Prof. Séralini and his research group colleagues published the results of their feeding study with the title "Long term toxicity of a Roundup herbicide and a Roundup-tolerant genetically modified maize" on 19 September 2012 in the international scientific periodical *Food and Chemical Toxicology* (FCT), published by Elsevier. The study was published after going through the usual quality assurance process for scientific publications – the 'peer review' by independent external specialists. In the study of laboratory rats fed with Roundup and NK603 GM maize, Prof. Séralini and his co-authors observed a strong increase in tumour formation, which occurred much earlier than in the control group rats. According to the research results, female rats died earlier and more frequently, developing tumours earlier than the animals that did not receive GM maize in their feed or Roundup in their drinking water. Tumours were also more frequent and earlier in the male rats; liver damage was also diagnosed. Kidney damage was also observed for rats of both sexes. Based on the results of their feeding study, Prof. Séralini and his scientific colleagues hypothesise that the foreign gene present in NK603 GM maize could interfere with the animals' metabolism, possibly with co-interference from the glyphosate-based herbicide Roundup. They presented this hypothesis in their publication and in public presentations, during which they showed shocking images of the laboratory rats with large tumours. Further significant conclusions from the study were that the current methods of risk assessment for genetically modified plants and herbicides are inadequate. Additionally, Prof. Séralini came to the judgement that the current protocols for 90-day animal feeding studies are too short for a realistic determination of the possible health risks of Roundup and NK603 GM maize. He called for full and complete publication of the studies which companies submit to regulatory agencies during assessment of new active ingredients (here: glyphosate) and authorisation of market-ready products (here: the Roundup herbicide range) so they can be examined by other independent scientists.

c) Immediately after publication there were severe accusations and personal attacks against Professor Séralini[10]. A seemingly networked campaign by 'interested parties', including those from the chemical industry[11] and the British Science Media Centre[12], which is mainly funded by companies from the chemical industry and by lobby organisations[13], included vehement attacks on him[14]. Even on the day of publication, discrediting comments were already posted by eight scientists who for years have been publicly and enthusiastically supporting applications of genetic engineering. None of them, however, has proven expertise when it comes to rat feeding studies, so these comments can hardly be meant as a serious scientific discussion of the study's contents. They peaked in accusations that Prof. Séralini had failed to meet usual scientific expectations: e.g. "The study appeared to sweep aside all known benchmarks of scientific good practice" and, more importantly, "to ignore the minimal standard of scientific and ethical conduct" or "Throughout their manuscript, Séralini et al. ignore clear indications that there is something fundamentally wrong in their experimental design"[15]. These attacks on the personal and scientific integrity of Prof. Séralini have continued until the present day. Insofar as the critics actually presented tangible, factual arguments, they include: the number of test animals is too low and does not allow conclusions to be made about the carcinogenic effects of GM maize NK603, Roundup or glyphosate; the rat stock chosen is not suitable for studies of this type since it develops a high incidence of tumours anyway; earlier studies with GM maize and glyphosate did not exhibit any such noticeable results, so there must be something unusual about the results of this study. In Germany, the Federal Office of Consumer Protection and Food Safety (BVL) and the Federal Institute for Risk Assessment (BfR) also criticised the feeding study and the conclusions drawn from it by Prof. Séralini[16].

2. In Autumn 2013, the severe attacks on Prof. Séralini and his research team led to the Editor-in-Chief of the journal *Food and Chemical Toxicology*, A. Wallace Hayes,

formally retracting the 2012 publication on grounds of "inconclusiveness" (see Retraction Statement in the Appendix).

a) Prior to this decision, in February 2013 a previously non-existent post of Associate Editor for Biotechnology had been created at the journal. The journal's management appointed Professor Richard E. Goodman and he was also entrusted with the procedure surrounding the Séralini article. Until 2004, Professor Goodman was an employee of the Monsanto corporation and was, or still is, a member of the International Life Sciences Institute (ILSI), which is a lobby organisation supported by the GM industry[17,18] and because of this proximity to the industry had certain privileges associated with the status of a non-profit organisation that were withdrawn by the WHO[19]. Many people assume that the retraction of the Séralini publication was the 'contract' assigned to Prof. Goodman[17,18] and this did appear to be confirmed indirectly when his newly created post at the journal suddenly disappeared again after the retraction of the Séralini paper. The publisher then no longer had any connection to Prof. Goodman – this connection could not be documented before or after this period. Procedures such as this are extremely unusual at serious academic journals.

b) The official retraction of the paper by *Food and Chemical Toxicology* meant that with immediate effect Prof. Séralini's study and its data could no longer be cited. In other words, they had been 'removed from public debate'. Furthermore, regulatory authorities no longer needed to consider them in their assessments.

c) The Committee on Publication Ethics (COPE – established by peer review journals) ruled that this procedure was a clear breach of international ethical guidelines[20] since withdrawing papers and the data they contain is only justified in cases of severe offences such as demonstrable falsification or manipulation, "honest error" or plagiarism and not in cases of "inconclusiveness" determined after publication.

In this way, the whole affair surrounding this feeding study obviously presents us with a 'textbook lesson' on how an academic journal in certain circumstances gives in to strong pressure from 'interested parties' and officially retracts a paper 'merely' because the study it is based on deals with and makes public some scientific findings which are unfavourable to those particular – economically powerful – parties.

3. A detailed analysis of the campaign against the publication of the paper can be found in the review "The Séralini affair: Degeneration of Science to Re-Science?"[21]. Two core points in the criticism of Séralini's methodology (ten per sex is a low number of experimental animals, and the Sprague-Dawley rat stock is genetically susceptible to tumour formation) were carried into the sphere of public debate with great vehemence by numerous scientists, bloggers and other disseminators – with the result that some journalists[22] and certain parties in public discourse have adopted the accusations with-

out question. The review from Meyer and Hilbeck mentioned above takes a closer look at these accusations and comes to two significant conclusions:

- The rat stock Sprague-Dawley used by Séralini in his 2012 feeding study is the standard stock selected for use in the world's two largest research projects investigating toxicity and carcinogenicity – the National Toxicology Program at the US Department of Health and Human Services and the Ramazzini Foundation Cancer Program at the European Ramazzini Foundation for Oncology and Environmental Sciences. Within the last 20 years, it was also used in at least 21 long-term studies on toxicology and carcinogenicity whose results were published in recognised specialist journals.

- The Séralini study was on toxicity and the applicable OECD guidelines on 2-year feeding experiments to investigate the toxicity (not carcinogenicity) of specific substances recommend the use of groups of 20 animals, but for the investigation of toxicity only 10 of those 20 rats then have to be taken. In its studies, Monsanto followed this guideline by taking 20 rats per group but applying unknown criteria to select only 10 of them for the biochemical analyses. Prof. Séralini limited the group to 10 from the beginning of the study and then subjected *all* of the animals in the group to the biochemical analyses. EFSA and all other critics mention the number '20 per group' without further clarifying that actually only 10 out of these 20 need to be examined.

4. Professor Séralini did not let himself be discouraged by the 'retraction' of his paper on the toxicity of Roundup (together with NK603 GM maize) and its associated consequences for health and life (increased susceptibility to tumours etc.). Instead, he actively worked to have it republished or published elsewhere. Eventually, he managed to have his paper on the feeding study published again, with almost no changes, in 2014 in the journal *Environmental Sciences Europe* published by Springer: "Republished study: long-term toxicity of a Roundup herbicide and a Roundup-tolerant genetically modified maize"[23]. In the newly published paper, it is (once again) expressly indicated that the observations of tumour formation were not actually the primary focus of this study and they are not conclusive on their own and that a full carcinogenicity study should now be the logical consequence of the data and insights gained:

> *"..., this initial investigation was designed as a full chronic toxicity and not a carcinogenicity study. Thus, we monitored in details chronologically all behavioral and anatomical abnormalities including tumors. A full carcinogenicity study, which usually focuses only on observing incidence and type of cancers (not always all tumors), would be a rational follow-up investigation to a chronic toxicity study in which there is a serious suspicion of carcinogenicity."*

5. In further publications, Professor Séralini and his team of researchers[24,25] have also drawn attention to the risk potential of the adjuvants used in the glyphosate-based herbicide Roundup – specifically the surfactants which are intended to increase the effectivity of the glyphosate, such as the polyethoxylated tallow amine (POE-15)[26]. The additive POE-15 might possibly lead to a higher toxicity for glyphosate than previously generally accepted, since inner organs in the test animals such as the kidney and liver demonstrated signs of toxicity. In humans, the Roundup adjuvant POE-15 would probably affect the hormone balance and there are also some indications that in combination with glyphosate it is probably carcinogenic.

6. Prof. Séralini also came to further conclusions. He highlighted the systemic weaknesses in the testing of herbicides and in particular in the run-up to the market launch of the glyphosate-based herbicide Roundup, especially in connection with genetically modified plants which are evaluated in isolation from the pesticides which are inserted into or applied onto them in practice[24,27,28].

The initial and renewed authorisation of the herbicidal active ingredient glyphosate was decided on by the EU Commission together with all EU member states on the basis of a recommendation from the European Food Safety Authority (EFSA)[29]. A subsequent procedure then decides whether the plant protection product (e.g. Roundup) – i.e. the specific market-ready blend of medium, active ingredient and adjuvants – can be approved for an EU zone for the specific applications detailed. Since there is still no EU Implementing Regulation for this, it takes place according to national law, which in Germany means §§ 42, 43 of the Plant Protection Act.

The approval and accreditation procedures for herbicides, especially in connection with GM plants, where their most intensive application occurs, has long been the subject of criticism[30,31].

The lack of transparency is the focus of particular criticism. One of the issues is the *de facto* massive weighting accorded to the studies and data submitted by the applicant companies compared to the minor role in the assessment played by studies conducted by independent scientists. Furthermore, most of the studies underlying the applications are not published and have never been subjected to independent review.

Reading the statements and reasoning published by industry-oriented scientific parties and regulatory authorities in recent years, it has become clear that critical analyses of the methodology used in research on the health effects of pesticides (with or without GM) are especially triggered by anything that casts doubt upon the safety of GM plants – when the published results could harm the general public's acceptance of genetic engineering and pesticides.

The first example that triggered a direct wave of reporting worldwide concerned the biochemist Arpad Pusztai, who was a winner of the VDW and IALANA Whistleblower Award in 2005[32]. This is not the place to report again on the impact of his publication "Effect of diets containing genetically modified potatoes expressing *Galanthus nivalis* lectin on rat small intestine"[33] from 1999, but rather on the lack of reaction to his paper which appeared in the same year: "Expression of the insecticidal bean alpha-amylase inhibitor transgene has minimal detrimental effect on the nutritional value of peas fed to rats at 30% of the diet."[34] In the experiments which the study was based on, transgenic beans were fed to rats and no negative effects were observed. This obviously was not an opportunity to voice criticism of the methodology, even though at least one point of criticism was applicable to both studies: the number of test animals was lower than the number recommended by the OECD guidelines for feeding experiments. This means that the lack of negative effects could theoretically be a result of statistical effects: it could represent a 'false negative'. However, this flaw did not result in a pedantic analysis of the methods employed from either the responsible authorities or the 'interested parties'. However, as far as public health is concerned, 'false negatives' (the non-discovery of a harmful effect that actually is present) are much more problematic than 'false positives' (the apparent discovery of a harmful effect that is subsequently shown not to be present).

A more recent well-known example of this practice of goal-oriented criticism of methodology that is often cited in connection with the Séralini feeding study is the review *"Assessment of the health impact of GM plant diets in long-term and multigenerational animal feeding trials: A literature review"*[35]. Like the Séralini study, this review was also published in 2012 in the journal *Food and Chemical Toxicology*. For Séralini's critics, this review is regarded as the 'crown witness' or authoritative source, since it comes to the conclusion that in numerous other long-term studies there was no evidence of negative effects from GM feed plants on laboratory animals[36]. However, in their analysis of 24 feeding studies the authors of this review list numerous methodological weaknesses and even obvious errors. For example, only ten of the studies actually used the isogenic parent plants of the transgenic feed plants as the control feedstuff, which means the results of the other 14 studies have only low validity since they do not make a scientifically sound comparison. Remarkably, Snell et al. only highlight these methodological weaknesses and errors in order to disqualify studies whose results were negative for the supporters of GM plant diets but not for the studies that found no effects on health. Where a study delivered no argument against the application of genetic engineering, any serious errors in its methodology were ignored and accepted nonchalantly, even if there should be a pressing suspicion that these errors could have led to it missing harmful effects, resulting in a 'false negative'. Based on this approach, which is obviously unscientific, the review concludes that the long-term studies prove that GM plants are nutritionally equivalent to their non-GM counterparts and that they can be used safely in food- and feedstuffs. This biased review, founded on an unscientific double standard, was not retracted by the journal in the same way as Séralini's paper but instead held aloft as evidence to 'counter' Séralini's research results.

In the case of the feeding study by the Séralini group, this type of goal- and inter-est-oriented criticism of methodology reached new heights. A comparative evaluation of the answers from the European Food Safety Authority to the research results sub-mitted by Monsanto for its successful application for approval of NK603 maize with the EFSA response to the publication by Séralini reveals that the EFSA, too, applied a double standard when it came to assessing methodology. In the review *"Rat feeding studies with genetically modified maize – a comparative evaluation of applied meth-ods and risk assessment standards"*[37], a presentation is made of how both papers actu-ally demonstrate similar deficits when it comes to four of the five criteria used by the EFSA to critically assess the work of Séralini. However, the EFSA did and does not apply these criteria to evaluate the studies by Monsanto, which showed no risk in us-ing NK603 maize as feedstuff. Both studies (from Monsanto and Séralini) were car-ried out and published before the compilation of these judgment criteria but the EFSA only applied them to the one by Séralini.

7. In spite of the sustained attacks on his personal and scientific integrity by represent-atives of the 'interested parties', Prof. Séralini did not back down in the conflicts trig-gered by his papers. He defended himself against the defamation, even taking some accusers to court, such as in his successful 2011 case against Marc Fellous from the French Association for Plant Biotechnology (AFBV)[38].

Regarding the objections raised against the results of his feeding study, with a great deal of stamina and decisiveness he maintained his professional ethics and countered the arguments at a high scientific level, furthering the necessary public and scientific discussion in a variety of ways. In doing so, in many countries he inspired and en-abled a societal debate on the risks associated with glyphosate and the herbicide pro-ducts based on it, which are present in many markets under many different brand and product names.

a) His counterarguments, which he also presented publicly and with vehemence, were published in academic journals, including at least four in *Food and Chemical Toxico-logy*[39]. There are no documented lapses: Professor Séralini did not resort to discredit-ing, ad hominem strategies similar to those favoured by many of his opponents.

This attitude and the results of his work gained him the worldwide support of many scientists who defended the methods he chose and deemed his research results to re-present genuine scientific progress[40]. However, they do not claim his results are the fi-nal conclusion, as some critics appear to believe they do.

One of the many counter-arguments published in scientific journals to support Prof. Séralini concerns the critics' assertion that the stock of laboratory rats chosen for the feeding study are fundamentally unsuitable because they are anyway susceptible to tumours. This factor actually does not challenge the validity of the core results of the feeding study by Séralini because the study clearly shows an important result regardless of the issue of increasing cancer susceptibility with the age of the rats: the 'tumour-free' period before the development of any cancer was recognisably shorter in the test groups of rats fed with various proportions of GM maize NK603 or Roundup[41]. This is decisive evidence for the validity of Séralini's conclusions and demonstrates a need for further research. It does not justify the attacks on Prof. Séralini's personal or scientific integrity.

b) Further support for the association of glyphosate as an active ingredient in herbicides with the existence of risks to important legally protected common goods such as life and health can be found in the categorisation of glyphosate as "probably carcinogenic to humans (Group 2A)" by the International Agency for Research on Cancer (IARC) on 20 March 2015 – a working group at the World Health Organization in Geneva[42]. Within three days of initial publication of the IARC report, the website "Academics Review – Testing popular claims against peer-reviewed science"[43] (founded by two biotechnology professors) organised a campaign against this report as well, in spite of the fact it was based on 200 peer-reviewed articles. The scientific studies reviewed by the IARC on the effects of the herbicide Roundup and its active ingredient glyphosate include seven papers published in the last ten years by the Séralini group. Although the public discussion, including that regarding this year's Whistleblower Award, emphasises the fact that the IARC report considered the 2012 study from Séralini to be inadequate for judging the carcinogenic potential of glyphosate (because of the low animal number)[44], these comments neglect to mention the fact that the IARC working group at the WHO had no such reservations about including other studies conducted by Séralini and his group. In fact, it was Professor Séralini himself who first pointed out that his research cannot lead to a final conclusion and further research is needed[23] so the claim of some critics that the IARC report led to an 'invalidation' of the Séralini study is neither understandable nor based on the facts of the matter.

On 14 August, Professor Séralini's group then 'raised the stakes' with a new publication in the very same journal that had retracted the 2012 paper, *Food and Chemical Toxicology*. This was entitled "Potential toxic effects of glyphosate and its commercial formulations below regulatory limits"[45]. This review article was written by Professor Séralini and three more scientists involved in the study behind the paper retracted in 2013 by the Editor-in-Chief. In it they survey existing scientific publications and conclude that even at concentrations of glyphosate allowed in the environment, teratogenesis (malformation of embryos), increases in tumour formation and kidney failure are seen to occur.

8. Recently, in September 2015, the international and national debate on glyphosate escalated further.

a) In a statement on glyphosate, the WHO called for one of its working groups to improve the discussion surrounding glyphosate.[46] Specifically, the "Main findings and recommendations of the WHO Core Assessment Group on Pesticides, Expert task force on Diazinon, Glyphosate and Malathion" concludes with:

i) The task force recommends full re-evaluation of glyphosate, malathion and diazinon by Joint FAO/WHO Meeting on Pesticide Residues (JMPR).

ii) The task force recommends that JMPR reviews internal guidelines to consolidate the criteria for data inclusion/exclusion with respect to published and/or proprietary data sources.

If we translate this out of the language of diplomacy, it means: "Hold your horses!" and "Please distinguish between scientific publications and those submitted by 'interested parties'."

This also makes things more difficult for the German Federal Institute for Risk Assessment (BfR), which is re-evaluating the active ingredient glyphosate for the EU Commission and is represented in the JMPR (see also the next section below).

b) In the run-up to a hearing on glyphosate in the German parliament, the German non-governmental organisations Campact and Pesticide Action Network (PAN) published a study by the toxicologist Peter Clausing[47]. Clausing had been able to gain access to a copy of the above-mentioned BfR report on the re-authorisation of glyphosate and then subjected it to independent scientific assessment. The report has not yet been released to the public although it will currently form the main basis for any decision on extending the approval for glyphosate in the EU for another ten years. Clausing comes to the following appraisal: "The BfR report twists facts and either ignores or incorrectly presents the results of important studies on the cancer risks of glyphosate. It is therefore reasonable to conclude that the Federal Institute for Risk Assessment has deliberately played down the state of evidence against glyphosate." For example, in the section on genotoxicity there is no consideration given to 44 scientific publications which demonstrated genotoxic effects but the report does include manufacturers studies which report no carcinogenic effect. This conclusion is similar to the results of an earlier study in 2011 by Antoniou et al on the role of the Federal Institute for Risk Assessment in the evaluation of glyphosate-based herbicides, which already complained of non-transparency and double standards[48]. This has to be taken into account when it comes to the assessment of the Séralini group study made by the BfR[49].

c) After the glyphosate hearing in the German parliament, for a while the SPD parliamentary group did speak in favour of instantly withdrawing glyphosate from the market for private use as a precautionary measure and phasing out the use of glyphosate in agriculture until it is completely abandoned[50].

d) The governing parliamentary groups in the German federal state of Schleswig-Holstein (SPD, Bündnis 90/Die Grünen and SSW) submitted a proposal to the state parliament *(Landtag)* there for a "Moratorium on the approval of glyphosate"[51]. In the motion, the state government is called on to decide, among other things, that a temporary suspension of the approval has to continue "until a decision has been taken at EU level on the renewal of approval, based on consideration of the WHO-IARC monograph and further current studies".

2.   Whistleblowing which Primarily Serves the Public Interest

As a scientist, Professor Séralini's behaviour is an example to society since he did more than just draw attention to a global hazard for human health (from a herbicide used worldwide in large quantities): he also resisted massive attacks from fellow scientists by publishing peer-reviewed articles which countered those attacks and supported or developed the results from his study which had become the trigger for those attacks. During this, he received support from many scientists who criticised the attacks on his personal integrity and positively responded to his scientific works[52]. Some of his critics accused him of seeking to gain material advantages for himself or those close to him by publishing his studies, but tangible indications for this cannot be found. The scientific contributions from Prof. Séralini and his team served to further scientific discourse.

His fortitude in the face of attacks on his personal and scientific integrity bear witness to a high awareness of his professional ethical responsibility. It is thanks to his long-term, unswerving professionalism, backed up with an impressive number (c. 50) of peer-reviewed publications on the issue of glyphosate/Roundup alone (out of a total of over 100), that even EU regulatory authorities have seen the need to react. At least now some of the feeding studies will have to be repeated. A further consequence is the significant limitation in the permitted applications of glyphosate-based herbicides which can be expected – perhaps even leading to a complete ban. In future, too, rat feeding studies will be obligatory in connection with GM crops.

All of this can be traced back (mainly and in some cases solely) to the courageous involvement of Prof. Séralini and his tireless research activity. Without the results from and in connection with the results of Prof. Séralini and his team, research projects such as GRACE[53] or G-TWYST[54] or GMO90Plus[55] would surely never have seen the light of day. The scientific debate on the validity of the chosen methods and the influence of industry-oriented participants in these projects (especially GRACE) is in full swing and must be allowed to continue[56].

3. Whistleblower Risking Retaliation

The (unjustified) retraction of the study published in 2012 by the journal *Food and Chemical Toxicology* could have almost ruined the scientific integrity of Prof. Séralini. In the period following, Prof. Séralini also had to justify his actions to his university because of the serious attacks he was facing. This barrage of attacks left its mark on the university management, where doubts began to arise, and put him under pressure to act because the university did not want to remain in a frequently very negative media spotlight. Prof. Séralini told one of the award jury members that all of this affected him very deeply. These conflicts resulted in a significant deterioration in his health. Illnesses refused to heal completely over a period of years and in at least one case almost cost him his life – during a lecture tour in the UK. Only quick emergency medical assistance, an expert diagnosis and treatment as well as highly professional care in the intensive care unit of a London hospital could save his life. His close relatives and friends were also affected negatively, but details will not be published here.

4. Summary Tribute

With the results of his feeding study published in 2012, as well as his other studies and publications, Prof. Séralini has made significant contributions to the disclosure of risks to important legally protected common goods such as life and health associated with, or at least possibly associated with, the glyphosate-based herbicide Roundup, especially in combination with genetically modified NK603 maize. In doing so he turned not only to his scientific colleagues but also to the general public, in order to draw attention to the risks he saw in an open and easily understandable way.

As the Whistleblower Award Jury, by investigating and stating this, and in particular by resisting the severe attacks on the personal and scientific integrity of Prof. Séralini, we are defending the freedom of scientific discourse and the compliance of the scientific community with its professional ethical responsibility. However, we do not wish to position ourselves on one side or the other of the substantive scientific controversy between Prof. Séralini and his critics. We have neither the intent nor the competence to decide which side is 'right' regarding the indications of increased frequency of tumours as well as liver and kidney damage in the test rats observed by Prof. Séralini in the feeding study. Nonetheless, we have to and can expect German and European agencies to follow up in every relevant way the indications observed and questions raised by Prof. Séralini and his research team regarding the risks and hazards to life and health associated with the use of the glyphosate-based herbicide Roundup.

Their decisions cannot be made primarily or exclusively on the basis of expertise from 'interested parties'.

Frankfurt am Main/Berlin, in September 2015

The Whistleblower Award Jury:

Gerhard Baisch, lawyer (Bremen), Dr. Dieter Deiseroth, Federal Judge (Leipzig/Düsseldorf), Prof. Dr. Hartmut Grassl (Hamburg), Dr. Angelika Hilbeck, agroecologist (Swiss Federal Institute of Technology, Zurich), Christine Vollmer, lawyer (Bremen)

Notes

1 Aris A, S Leblanc 2011. Maternal and fetal exposure to pesticides associated to genetically modified foods in Eastern Townships of Quebec, Canada. Reproductive Toxicology 31(4): 528 – 33.

2 International Agency for Research on Cancer / World Health Organization. 2015. Glyphosate. IARC Monographs 112.

3 Krüger M, Schledorn P, Schrödl W, Hoppe H-W, Lutz W, et al. 2014. Detection of Glyphosate Residues in Animals and Humans. Journal of Environmental and Analytical Toxicology 4:210 doi: 10.4172/2161-0525.1000210.

4 "Future studies employing larger cohorts of animals providing appropriate statistical power are required to confirm or refute the clear trend in increased tumor incidence and mortality rates seen with some of the treatments tested in this study. As already stated, our study was not designed as a carcinogenicity study that would have required according to OECD the use of 50 rats per sex per group."
in: Séralini G-E, E Clair, R Mesnage, S Gress, N Defarge, M Malatesta, D Hennequin, J Spiroux de Vendômois. 2014. Republished study: long-term toxicity of a Roundup herbicide and a Roundup-tolerant genetically modified maize. Environmental Sciences Europe 26: 14.

5 This is also correctly referred to in the evaluation of *this* study by the IARC, see ibid p. 35 at 3.21, see Footnote 2.

6 Spiroux de Vendômois J, F Roullier, D Cellier, G-E Séralini. 2009. A comparison of the effects of three GM corn varieties on mammalian health. International Journal of Biological Sciences 5(7): 706–26.

7 "The Monsanto authors adapted Guideline 408 of the Organization for Economic Co-operation and Development (OECD) for their experimental design. Our study design was based on that of the Monsanto investigation in order to make the two experiments comparable, but we extended the period of observation from Monsanto's 90 days to 2 years. We also used three doses of GMOs (instead of Monsanto's two) and Roundup to determine treatment dose response, including any possible non-linear as well as linear effects. This allowed us to follow in detail the potential health effects and their possible origins due to the direct or indirect consequences of the genetic modification itself in the NK603 GM maize, or due to the R herbicide formulation used on the GM maize (and not G alone), or both. Because of recent reviews on GM foods indicating no specific risk of cancer, but indicating signs of hepatorenal dysfunction within 3 months, we had no reason to adopt a carcinogenesis protocol using 50 rats per group. However, we prolonged to 2 years the biochemical and hematological measurements and measurements of disease status, as allowed, for example, in OECD protocols 453 (combined chronic toxicity and carcinogenicity) and 452 (chronic toxicity). Both OECD 452 and 453 specify 20 rats per sex per group but require only 50% (ten per sex per group, the same number that we used in total) to be analyzed for biochemical and hematological parameters. Thus, these protocols yield data from the same number of rats as our experiment. This remains the highest number of rats regularly measured in a standard GM diet

study, as well as for a full formulated pesticide at very low environmentally relevant levels." in: Séralini et al. 2014, see Footnote 4.

8   "We gratefully acknowledge the Association CERES, for research on food quality, representing more than 50 companies and private donations, the Foundation 'Charles Leopold Mayer pour le Progrès de l'Homme', the French Ministry of Research, and CRIIGEN for their major support." in: Séralini et al. 2014, see Footnote 4.

9   In particular, Fondation Charles Léopold Mayer pour le progrès de l'Homme made a significant contribution. FPH. 2012. Soutien de la fondation à l'étude du Criigen sur les effets à long terme des OGM. Press release from 19.09.2012 http://www.fph.ch/article135.html.

10 on this, see Vidal J. 2012. Study linking GM maize to cancer must be taken seriously by regulators. The Guardian, 28.09.2012. http://www.theguardian.com/environment/2012/sep/28/study-gm-maize-cancer.

11 Monsanto, 2012. Long term toxicity of a Roundup herbicide and a Roundup-tolerant genetically modified maize. Monsanto comments from 01.11.2012. http://www.monsanto.com/products/documents/productsafety/seralini-sept-2012-monsanto-comments.pdf.

12 Science Media Centre. 2012. Expert reaction to GM maize and tumours in rats. Comments from 19.09.2012. http://www.sciencemediacentre.org/expert-reaction-to-gm-maize-causing-tumours-in-rats All publications of the SMC with the keyword "Séralini": http://www.sciencemediacentre.org/?s= seralini&cat=.

13 Science Media Centre: funding. http://www.sciencemediacentre.org/about-us/funding/.

14 The way the campaign against Professor Séralini progressed is documented here: Matthews J. 2012. Smelling a corporate rat: Séralini attackers exposed. Spinwatch from 12.12.2012. http://www.spinwatch.org/index.php/issues/science/item/164-smelling-a-corporate-rat.

15 On the way these types of criticism are being dealt with, see: Loening U E. 2015. A challenge to scientific integrity: a critique of the critics of the GMO rat study conducted by Gilles-Eric Séralini et al. (2012). Environmental Sciences Europe (2015) 27: 13.

16 Statement from the German Federal Institute for Risk Assessment (BfR): 2012. Veröffentlichung von Séralini et al. zu einer Fütterungsstudie an Ratten mit gentechnisch verändertem Mais NK603 sowie einer glyphosathaltigen Formulierung. Stellungnahme Nr. 037/2012, 28 September 2012. http://tiny url.com/p5v35pb.

17 Robinson C, J Latham. 2012. The Goodman affair: Monsanto targets the heart of science. Independent Science News, 20.05.2013. https://www.independentsciencenews.org/science-media/the-goodman-affair-monsanto-targets-the-heart-of-science/.

18 on this, see the evidence in: Mertens M. (undated). Der Fall Séralini. Schule und Gentechnik. http://www.schule-und-gentechnik.de/lehrer/fallbeispiele/der-fall-seralini.

19 Lougheed T. 2006. Policy: WHO/ILSI affiliation sustained. Environmental Health Perspectives 114(9): A521.

20 Committee on Publication Ethics. 2009. Retraction Guidelines. http://publicationethics.org/files/retraction%20guidelines_0.pdf.

21 Fagan J, T Traavik, T Bøhn. 2015. The Séralini affair: Degeneration of Science to Re-Science? Environmental Sciences Europe 27: 19.

22 Herrmann S. 2015. Aktivist statt Whistleblower. Süddeutsche Zeitung, 19.09.2015. http://www.sueddeutsche.de/wissen/gentech-kritiker-aktivist-statt-whistleblower-1.2653306 Bahnsen U. 2015. Ausgezeichnete Pfeife. Die Zeit, 24.09.2015. (not published in the online edition).

23 Séralini et al. 2014, Republished study: long-term toxicity of a Roundup herbicide and a Roundup-tolerant genetically modified maize – page 3 – http://www.enveurope.com/content/26/1/14.

24 Benachour N, G-E Séralini. 2009. Glyphosate formulations induce apoptosis and necrosis in human umbilical, embryonic, and placental cells. Chemical Research in Toxicology 22(1): 97–105.

25 Mesnage R, B Bernay, G-E Séralini. 2013. Ethoxylated adjuvants of glyphosate-based herbicides are active principles of human cell toxicity. Toxicology 313(2-3): 122–8.

26 This substance is no longer permitted as an adjuvant in Germany.

27 Séralini G-E, J Spiroux de Vendômois, D Cellier, C Sultan, M Buiatti, L Gallagher, M Antoniou, K R Dronamraju. 2009. How subchronic and chronic health effects can be neglected for GMOs, pesticides or chemicals. International Journal for Biological Sciences 5(5): 438–43.

28 Séralini G-E, R Mesnage, E Clair, S Gress, J Spiroux de Vendômois, D Cellier. 2011. Genetically modified crops safety assessments: present limits and possible improvements. Environmental Sciences Europe 23: 10.

29 The basis for the authorisation is the Regulation (EC) No 1107/2009 of the European Parliament and of the Council of 21 October 2009 concerning the placing of plant protection products on the market and repealing Council Directives 79/117/EEC and 91/414/EEC. This came into power on 14 December 2009. It replaced 91/414/EEC (pesticide guideline) and 79/117/EEC.

30 Hilbeck A, H Meyer, 2012. Die Risikoabschätzung gentechnisch veränderter Pflanzen ist unzureichend. Die Zeit, 07.03.2012. http://www.zeit.de/wissen/umwelt/2012-02/gruene-gentechnik-debatte-gastbeitrag. Hilbeck A, M Meier, J Römbke, S Jänsch, H Teichmann, B Tappeser. 2012. Environmental risk assessment of genetically modified plants – concepts and controversies. Environmental Sciences Europe 23: 13.

31 Cuhra M. 2015. Review of GMO safety assessment studies: glyphosate residues in Roundup Ready crops is an ignored issue. Environmental Sciences Europe 27: 20.

32 see Deiseroth/Falter (ed.), Whistleblower in Gentechnik und Rüstungsforschung [Whistleblowers in the Genetic Modification and Arms Sectors]. Berlin, 2006.

33 Ewen SWB, A Pusztai. 1999. Effect of diets containing genetically modified potatoes expressing Galanthus nivalis lectin on rat small intestine. Lancet 356 (9178): 1553–4.

34 Pusztai A, G Grant, S Bardocz, R Alonso, M J Chrispeels, H E Schroeder, M L Tabe, T J V Higgins. 1999. Expression of the insecticidal bean α-amylase inhibitor transgene has minimal detrimental effect on the nutritional value of peas fed to rats at 30 % of the diet. The Journal of Nutrition 129(8): 1597–1603.

35 Snell C, A Bernheim, J-B Bergé, M Kuntz, G Pascal , A Paris, A E Ricroch. 2012. Assessment of the health impact of GM plant diets in long-term and multigenerational animal feeding trials: A literature review. Food and Chemical Toxicology 50(3-4): 1134–38.

36 see the papers referred to in the discrediting letter to FCT: Letter to the editor, 07.12.2012. http://www.sciencedirect.com/science/article/pii/S0278691512007922.

37 Meyer H, Hilbeck A. 2013. Rat feeding studies with genetically modified maize – a comparative evaluation of applied methods and risk assessment standards. Environmental Sciences Europe 25: 33.

38 Agence France Press. 2011. OGM/diffamation: chercheur condamné. Le Figaro, 18.01.2011. http://www.lefigaro.fr/flash-actu/2011/01/18/97001-20110118FILWWW00568-ogmdiffamation-chercheur-condamne.php.

39 Mesnage et al. 2014. Letter to the Editor regarding ‚Delaney et al., 2014‘: Uncontrolled GMOs and their associated pesticides make the conclusions unreliable. Food and Chemical Toxicology 72: 322. Séralini et al. 2014. Conclusiveness of toxicity data and double standards. Food and Chemical Toxicology 69: 357–9. Séralini et al. 2014. Retraction notice to ‚Long-term toxicity of a Roundup herbicide and a Roundup-tolerant genetically modified maize‘ [Food and Chemical Toxicology, Volume 50: 4221–4231]. Food and Chemical Toxicology 63: 244. Séralini et al. 2013. Answers to critics: Why there is a long term toxicity due to a Roundup-tolerant genetically modified maize and to a Roundup herbicide. Food and Chemical Toxicology 53: 476–483.

40 End Science Censorship. 2014. 150 scientists condemn retraction of Séralini study as bow to commercial interests. Press release, 04.03.2014. http://www.endsciencecensorship.org/en/page/press-release#.VhFbr6S3Ix2.

http://www.endsciencecensorship.org/en/page/Statement#signed-by Independent Science News. 2012. Séralini and Science: an Open Letter, 02.10.2012. http://www.independentsciencenews.org/health/seralini-and-science-nk603-rat-study-roundup.

41 on this, see, i.a., Loening U E. 2015. A challenge to scientific integrity: a critique of the critics of the GMO rat study conducted by Gilles-Eric Séralini et al. (2012). Environmental Sciences Europe (2015) 27: 13.

42 IARC/WHO 2015, see Footnote 2.

43 Anonymous, 2015. IARC glyphosate cancer review fails on multiple fronts. Academics Review, 23.03.2015. http://academicsreview.org/2015/03/iarc-glyphosate-cancer-review-fails-on-multiple-fronts/.

44 for example: Weß L. 2015. Erinnerungen an die Wirklichkeit: Séralini und die Fakten. Blog entry, 20.09.2015. http://ludgerwess.com/erinnerungen-an-die-wirklichkeit-seralini-und-die-fakten/.

45 Mesnage R, N Defarge, J. Spiroux de Vendômois, G-E Séralini. 2015. Potential toxic effects of glyphosate and its commercial formulations below regulatory limits. Food and Chemical Toxicology 84: 133–53.

46 Joint FAO/WHO Meeting on Pesticide Residues. 2015. Main findings and recommendations of the WHO Core Assessment Group on Pesticides Expert task force on Diazinon, Glyphosate and Malathion. http://www.who.int/foodsafety/areas_work/chemical-risks/jmpr/en/.

47 PAN Germany. 2015. Glyphosat-Bewertung: Warum das Bundesinstitut für Risikobewertung zu einem völlig anderen Urteil kommt als die Krebsforscher der WHO. Press information, 28.09.2015 and link to study, http://www.pan-germany.org/deu/~news-1354.html.

48 Antoniou M, M E El-Din Mostafa Habib, C V Howard, R C. Jennings, C Leifert, R O Nodari, C Robinson, J Fagan. 2011. Roundup and birth defects: Is the public being kept in the dark? Earth Open Source, UK. http://earthopensource.org/wp-content/uploads/RoundupandBirthDefectsv5.pdf.

49 Statement from the German Federal Institute for Risk Assessment (BfR), 2012, see Footnote 16.

50 SPD parliamentary group, 2015. Glyphosat: Ausstieg aus der Nutzung vorantreiben. Press release, 28.09.2015, http://www.spdfraktion.de/presse/pressemitteilungen/glyphosat-ausstieg-aus-der-nutzung-vorantreiben.

51 Parliamentary group Die Grünen/Bündnis 90 Schleswig-Holstein. 2015. Moratorium für die Zulassung von Glyphosat. Press release, 01.10.2015 and link to application. http://sh-gruene-fraktion.de/thema/umwelt-agrar/moratorium-f%C3%BCr-die-zulassung-von-glyphosat.

52 On this see, i.a., Meyer & Hilbeck 2013, see Footnote 37; Loening U E. 2015. A challenge to scientific integrity: a critique of the critics of the GMO rat study conducted by Gilles-Eric Séralini et al. (2012). Environmental Sciences Europe (2015) 27: 13.

53 GRACE (GMO Risk Assessment and Communication of Evidence). Grace in brief. http://www.grace-fp7.eu/en/content/grace-brief.

54 G-TwYST (Genetically modified plants Two Year Safety Testing). About G-TwYST. http://www.g-twyst.eu/.

55 GMO90plus. Recherche de biomarqueurs prédictifs d'effets biologiques dans l'étude de la toxicité sub-chronique (3 et 6 mois) des OGM chez le rat . http://www.rechercheriskogm.fr/page/GMO90plus.

56 Bauer-Panskus A, C Then. 2013. (DIS)-GRACE. Risk assessment on the leash of the biotech industry. Testbiotech background, 22.04.2013. https://www.testbiotech.org/sites/default/files/TBT%20Background%20GRACE_final_0.pdf.

Teil B
Preisverleihung in Karlsruhe

Festprogramm zur Preisverleihung

19:30 Uhr   **Musikalische Eröffnung**
Malika Reyad, Mezzosopran *– You-Kyong Kim,* Klavier
Sure On This Shining Night – Samuel Barber

Begrüßung
OB Frank Mentrup
Otto Jäckel

**Trailer: Gefangen im Netz der Entmenschlichung.
Momente aus dem Leben des Physikers Dr. Léon Gruenbaum**
von *Efstratia Dawood*

Video: Laudatio von Serge Klarsfeld auf Léon Gruenbaum
von *Efstratia Dawood / PNOES,* mit freundlicher Unterstützung
der *Kambeckfilm GmbH*

20:15 Uhr   **Laudatio auf Léon Gruenbaum**
Philipp Sonntag

20:25 Uhr   **Laudatio auf Brandon Bryant**
John Goetz

Musikalisches Intermezzo
Malika Reyad, Mezzosopran *– You-Kyong Kim,* Klavier
Néère – Reynaldo Hahn

21:00 Uhr   **Laudatio auf Gilles-Eric Séralini**
Christine von Weizsäcker

Preisverleihungen durch die Vorsitzenden
Ulrich Bartosch für die VDW
Otto Jäckel für die IALANA

Dankesrede
Brandon Bryant

Dankesrede
Gilles-Eric Séralini

Schlussworte
Ulrich Bartosch

21:55 Uhr   **Musikalischer Ausklang**
Malika Reyad, Mezzosopran *– You-Kyong Kim,* Klavier
Auf Flügeln des Gesanges – Felix Mendelssohn Bartholdy

22:00 Uhr   **Empfang**

Grußwort

Oberbürgermeister Dr. med. Frank Mentrup (Karlsruhe)

Meine sehr verehrten Herren Otto Jäckel, Prof. Ulrich Bartosch und Reiner Braun, für die beiden gastgebenden Organisationen,

meine Damen und Herren Laudatorinnen und Laudatoren, Frau von Weizsäcker, Herr Prof. Sonntag, Herr Goetz,

Frank Mentrup

und dann ich darf als unermüdlichen Organisator Dr. Dietrich Schultze ganz herzlich begrüßen und alle die um ihn herum dafür gesorgt haben, dass wir hier auch so volle Ränge haben.

Ich darf alle Mitglieder der hier vertretenen Organisationen herzlich begrüßen, zahlreiche Vertreterinnen und Vertreter der Wissenschaft, der Forschung, der Kunst, Kultur, der Vereine und Institutionen.

Aus der Politik begrüße ich die Bundestagsabgeordnete Karin Binder, den Landtagsabgeordneten Alexander Salomon. Ferner darf ich die Stadtratskollegen Michael Borner, Tom Heim, Dr. Rafael Fechler, Joshua Konrad, Uwe Lansier und Max Braun ganz herzlich willkommen heißen, sowie Sie meine sehr geehrten Damen und Herren.

Und abschließend gilt natürlich ein besonderes Willkommen unseren beiden Preisträgern Herrn Brandon Bryant und Herrn Prof. Dr. Gilles-Eric Séralini. Seien Sie uns, seien Sie mir hier im Bürgersaal im Rathaus zu Karlsruhe ganz herzlich willkommen.

Seit 1999 wird der Whistleblower-Preis verliehen und Sie haben sich dieses Jahr für Karlsruhe als Verleihungsort ausgesprochen und entschieden. Dafür möchte ich mich ganz, ganz herzlich bedanken. Wir betrachten es als große Ehre und sind stolz, dass Sie hier bei uns im Bürgersaal im Rathaus diese Verleihung vornehmen. Ich darf mich da auch im Namen aller Bürgerinnen und Bürger unserer Stadt nochmal ganz herzlich bedanken.

Wir sind stolz auf unsere freiheitliche Tradition und auf unseren fortschrittlichen und toleranten Geist, den die Stadt überwiegend, aber nicht immer, in ihrer Geschichte bewiesen hat. Unsere Stadt bzw. das Land Baden zählten bereits im XVIII. und XIX. Jahrhundert zu den Zentren der Aufklärung und des Liberalismus in Deutschland. In

Karlsruhe stand das erste deutsche Parlamentsgebäude und hier hat heute das Bundesverfassungsgericht seinen Sitz. Es ist Hüter der Verfassung und damit auch der Grundrechte in Deutschland. Daher fühlt sich unsere Stadt als Residenz des Rechts in besonderer Weise dem Schutz der Menschen und Bürgerrechte verpflichtet. Der Platz der Grundrechte, nicht weit von hier an prominenter Stelle zwischen dem Marktplatz und dem früheren Residenzschloss gelegen, setzt mit seinen roten Metallschildern und prägnanten Aussagen zu Recht und Gerechtigkeit ein klares Zeichen im Stadtbild, steht aber auch in der Hauptachse zum Schloss ziemlich im Weg. So ist das eben. Die Grund- und Menschenrechte stehen manchmal ein bisschen im Weg und erfordern, dass man sie beachtet, und dann stören sie vielleicht den einen oder anderen auch mal. Nach langen Diskussionen hat man sich trotzdem gerade deshalb für diesen Standort und diese künstlerische Gestaltung entschieden.

Demnächst werden wir, an ebenfalls prominenter Stelle, nämlich vor unserem Zentrum für Kunst und Medientechnologie, den Platz der Menschenrechte benennen. Und hier in unserem Bürgersaal, gewissermaßen der Herzkammer der Kommunalpolitik in Karlsruhe, wo der Gemeinderat der Stadt Karlsruhe regelmäßig tagt, ist der passende Ort, um Menschen zu ehren, die bereit waren, ihre Karriere, ihren Ruf, ihr Ansehen für das öffentliche Wohl auf das Spiel zu setzen. Es passt von daher und das ist einer der Gründe, finde ich, finden wir, zu unserer Stadt, dass Sie den Whistleblower-Preis hier in Karlsruhe verleihen.

Die moderne Technik, vor allem der Datenverarbeitung, wird immer komplexer, mikroskopischer und teilweise für diejenigen, die nicht damit groß geworden sind, auch abstrakter. Sie bietet uns Nutzerinnen und Nutzern einerseits immer mehr Möglichkeiten, andererseits wird es für Staaten, Geheimdienste, große Unternehmen oder auch Lobbyisten immer leichter, ihre Aktivitäten zu verschleiern, die öffentliche Meinung zu manipulieren oder gar zu überwachen und zu zensieren. Gerade vor zwei Wochen haben wir im Karlsruher Zentrum für Kunst und Medientechnologie (ZKM) die Ausstellung „Global Control and Censorship" eröffnet, die diese Praktiken beleuchtet und in einer sehr erfahrbaren Weise, auch sehr beklemmend, Besucherinnen und Besuchern vermittelt. Ein Besuch dieser Ausstellung ist ernüchternd und erschreckend, und es ist nicht das erste Mal, dass sich unser ZKM mit dieser Thematik beschäftigt hat. Und das wäre vielleicht ein zweiter Grund, warum gerade jetzt in diesem Jahr Karlsruhe ein guter Veranstaltungsort für die Whistleblower-Preisverleihung sein mag.

Die Hoffnung, das Internet als globales Kommunikationsnetzwerk könne die demokratische Meinungs- und Willensbildung fördern, ist mittlerweile durchaus auch mancher Sorge gewichen, dass die dort preisgegebenen privaten Daten umso massenhafter von Staat und Wirtschaft missbraucht werden können. Dahinter stehen dann Strukturen, die vor allem durch ihre Intransparenz, durch ihre Nichtwahrnehmbarkeit, aber gleichzeitig durch ihre Wirkungsmacht Schicksale, auch wichtige Entscheidungen zu Gunsten oder nicht zu Gunsten der sie betreffenden Menschen gestalten, und von daher sind wir Menschen wie Ihnen, Herr Bryant, und Ihnen, Herr Prof. Séralini, zu großen

Dank dafür verpflichtet, dass Sie uns auf diese Strukturen hinweisen, dass Sie hier aus dem erzählen, was Ihnen persönlich in Ihrem beruflichen Umfeld widerfahren ist und damit, natürlich, zu dieser Transparenz und letztlich auch zu politischen Entscheidungen beitragen, auch wenn, sicherlich, mancher Arbeitgeber diese Thematik etwas anders einschätzen würde. Ihre Zivilcourage verdient daher unsere große Anerkennung.

Erstmals in der Geschichte des Preises wird heute auch ein Ehrenpreisträger posthum gewürdigt. Der französische Physiker und Geschichtswissenschaftler Léon Gruenbaum. Er wurde 1934, während der Flucht seiner jüdisch-stämmigen Eltern vor den Nazis, geboren und starb 2004 in Bad Schönborn, also ganz hier in der Nähe. Er arbeitete in den 1970er Jahren am früheren Kernforschungszentrum Karlsruhe, jetzt als Forschungszentrum ein Teil des Karlsruher Instituts für Technologie. Dort hatte er unter der Benachteiligung und unter NS-affinen Äußerungen des damaligen Verwaltungsleiters der Einrichtung zu leiden. Mit Hilfe von Freunden gelang es ihm später, dessen Vergangenheit während der Besatzung in Frankreich ans Licht zu bringen, was dazu führte, dass jener Geschäftsführer auch von einer leitenden Position im Europäischen Atomforschungszentrum in Grenoble zurücktreten musste.

Fast genau vor zwei Jahren widmete sich ein Symposium unter dem Titel „Der vergessene Whistleblower Léon Gruenbaum" dem Lebensschicksal und den Verdiensten dieses Mannes. Es wurde vom hiesigen Ludwig-Marum-Forum und anderen Organisationen veranstaltet.

Ich freue mich darüber, dass mit dieser Preisverleihung einmal mehr ein Stück Karlsruher Zeitgeschichte aufgearbeitet wurde und dass auch diese Preisverleihung dem Wissenschaftler erneut einen Namen in aller Öffentlichkeit gibt. Wir sind dabei, einen Weg zu finden, dass auch sein Buch über die Anfänge der Plutoniumwirtschaft in der Bundesrepublik die Möglichkeit einer Veröffentlichung, vor allem auf Deutsch, erfährt. Ich bin sehr zuversichtlich, dass uns eine Lösung gelingen wird und wir damit auch seine Erkenntnisse zugänglich machen. Denn alle, die das Buch auf Französisch gelesen haben, die geben durchaus zu, dass es ein interessantes, ein sehr kompetentes und ein sehr gut lesbares Buch ist, und von daher darin auch ein Stück Stadt- und Regionalgeschichte wiedergeben wird. Und das ist ein guter dritter Grund, warum in diesem Jahr diese Whistleblower-Preisverleihung in Karlsruhe stattfindet.

Dafür, und dass Sie alle da sind, bedanke ich mich ganz, ganz herzlich!

Ich gratuliere den Preisträgern zu Ihrem Erfolg, auch wenn jede Öffentlichkeit, natürlich, auch nicht immer nur mit positiven Reaktionen verbunden ist. Das gehört an dieser Stelle zu dieser Thematik ausdrücklich dazu.

Ich bedanke mich vor allem aber auch für das, was Sie geleistet haben und wünsche uns jetzt eine angemessene, aber auch, glaube ich, für alle sehr gewinnbringende Preisverleihung. Und allen zukünftigen Whistleblowern und zukünftigen Preisverleihungen viel Erfolg!

Dankeschön!

Die Mezzosopranistin Malika Reyad begleitet von der Pianistin You-Kyong Kim

Begrüßung

Vorsitzender Otto Jäckel (Rechtsanwalt, Wiesbaden/Berlin)
für die Stifterorganisationen IALANA und VDW

Sehr geehrter Herr Oberbürgermeister Dr. Mentrup, ich glaube, wir können die Karlsruher Bürger beglückwünschen, dass sie einen Arzt mit diesem ausgeprägten Bewusstsein für soziale und gesellschaftliche Verantwortung wie Sie zum Oberbürgermeister haben! Herzlichen Dank für Ihre freundlichen Worte der Begrüßung und für die Gastfreundschaft, die die Stadt Karlsruhe uns in Ihrem Rathaussaal gewährt!

Meine Damen und Herren, im Namen von IALANA Deutschland und der Vereinigung Deutscher Wissenschaftler begrüße ich Sie alle ganz herzlich zur Verleihung des Whistleblowerpreises 2015.

Otto Jäckel

Selten zuvor hat die Ankündigung der Preisverleihung solche heftigen Reaktionen herausgefordert, wie diesmal.

„Der umstrittene französische Aktivist" schreibt die FAZ am 23. September 2015 unter der despektierlichen Überschrift „Dr. Whistleblower", der seit Jahren – ich zitiere weiter – „mit dürftigen Forschungsarbeiten an Ratten und umso schillernderen Auftritten die Gefährlichkeit des umstrittenen Unkrautvernichtungsmittels Glyphosat mitsamt der zugehörigen genmanipulierten Pflanzen zu belegen versucht, hat den diesjährigen Preis für den Hinweisgeber vom Dienst erhalten". Im weiteren Verlauf des Artikels wird ihm seine wissenschaftliche Qualifikation gänzlich abgesprochen.

Die Süddeutsche Zeitung bezweifelt in einem Beitrag vom 19. September 2015, dass seine Meinung korrekt und seine Methoden sauber seien. Wörtlich heißt es da: „Mit der Ehrung des Biologen wird der Mut jener Menschen entwertet, die als echte Whistleblower brisante Informationen veröffentlichen, obwohl sie dadurch persönlich viel zu verlieren haben".

In der „Zeit" vom 8.10.2015 ist gar von dem „gefallenen Forscher" die Rede. Ich zitiere: „Séralini ist in der Wissenschaft zu Recht und zur Gänze diskreditiert – nicht weil er verheimlichte Wahrheiten öffentlich machte, nicht als Whistleblower, sondern weil er als wissenschaftliche Pfeife auffiel. Was der Professor 2012 als Erkenntnis zur

Krebsgefahr durch Genmais und das Herbizid Roundup ablieferte, war junk science – Datenmüll."

Meine Damen und Herren,

wenn es bisher noch eines Beweises für die persönlichen Nachteile bedurft hätte, die Professor Séralini für seine Position in Kauf genommen hat – was ihn für uns zu einem würdigen Kandidaten für den Whistleblowerpreis qualifiziert – dann wurden diese mit der ungeheuerlichen Schmutzkampagne, die aus Anlass der heutigen Preisverleihung gegen seine persönliche und berufliche Ehre geführt wird, jetzt nachgeliefert.

Es ist so, wie Dieter Deiseroth in der Vorbereitung der heutigen Veranstaltung sagte: „Da haben wir in ein Wespennest gestochen."

Wir kennen ja bereits ein vergleichbares Vorgehen von der Tabakindustrie und der Zuckerindustrie, um nur diese Beispiele zu nennen. Auch bei „Roundup" geht es schließlich um ein weltweites Milliardengeschäft.

An dieser Stelle möchten wir einen dringenden Appell an die Journalisten richten, die es angeht: Lassen Sie sich nicht zu Clowns der Industrielobby machen! Sie gefährden damit letztendlich Ihren eigenen Arbeitsplatz. Die Leser sind klügere Köpfe als mancher Verleger denkt. Einseitige und offensichtlich interessengeleitete Berichterstattung ist eine der Hauptursachen dafür, dass sich immer mehr Menschen von den Printmedien abwenden, Zeitungen abbestellen oder gar nicht erst abonnieren und sich nur noch online informieren.

Meine Damen und Herren,

was kann uns im Übrigen noch mehr darin bestätigen, dass wir mit unserer Entscheidung richtig liegen, als die spannende und dynamische Entwicklung, die die Kritik an der bisher unzureichenden Untersuchung der möglicherweise Krebs- und genetische Veränderungen promovierenden Wirkung von Glyphosat ausgelöst hat:

Im März dieses Jahres stufte die Krebsforschungsagentur der Weltgesundheitsorganisation IARC Glyphosat als „wahrscheinlich krebserregend beim Menschen" ein. Die EU-Kommission verlängerte die Ende des Jahres 2015 auslaufende Zulassung für Glyphosat daraufhin nur vorläufig für eine kurze Frist von 6 Monaten, damit die inzwischen in weiteren Studien nachgewiesenen Risiken abgeklärt werden können. In einer Anhörung im Deutschen Bundestag am 28.09.2015 äußerten namhafte Wissenschaftler harte Kritik an dem bisherigen Vorgehen des Bundesinstituts für Risikobewertung, das im Auftrag der EU-Kommission tätig ist; einige Sachverständige forderten, keine Zulassung mehr zu erteilen. Für ein Verbot von Glyphosat setzen sich inzwischen auch über 6.700 Ärzte ein. Bayer arbeitet bereits an der Entwicklung von Alternativen zu Glyphosat.

Mit seinen beharrlichen Hinweisen darauf, dass nicht nur der Stoff Glyphosat, sondern auch die Endprodukte der Herbizide, in denen Glyphosat mit weiteren Stoffen kombiniert wird, auf ihre Krebsgefährlichkeit weiter untersucht werden müssen, hat

Professor Séralini 2012 somit eine Debatte von globaler Bedeutung ausgelöst. Dafür gebührt ihm Solidarität, menschlicher Rückhalt und gesellschaftliche Anerkennung.

Meine Damen und Herren,
bitte begrüßen Sie mit mir ganz herzlich Herrn Professor
Gilles-Eric Séralini! Soyez le Bienvenu!

Meine Damen und Herren,
in dem Film Drone-War ist an einer Stelle zu sehen, wie nach einem Raketeneinschlag Menschen aus der Nachbarschaft herbeieilen, um nach Überlebenden zu suchen und die Toten zu bergen. Plötzlich fragt einer der Drohnenpiloten, die in dem Container in Nevada die Szene beobachten: „Was macht sie da?" Ein anderer antwortet: "Sie zieht einen Arm aus den Ästen des Baums." Kurz darauf erhalten die Piloten den Befehl, mit einer weiteren Rakete auch die Helfer in Stücke zu reißen.

Diese Szene hat mich an den Blues Song „Strange Fruit" erinnert, „Seltsame Früchte".

Das Lied beginnt mit den Zeilen:

> *"Southern trees bear a strange fruit,*
> *Blood on the leaves and blood at the root",*

und endet mit:

> *"For the Sun to rot, for a tree to drop,*
> *Here is a strange and bitter crop".*

Seltsame Früchte, die da in den Bäumen hängen – eine seltsame und bittere Ernte!

Der Song, den Billie Holiday regelmäßig als letzte Zugabe gesungen hat – danach konnte es keinen weiteren Beifall mehr, sondern nur noch Ergriffenheit und Nachdenklichkeit geben – und der später auch von Nina Simone, Cassandra Wilson und Sting interpretiert wurde, handelt von den Lynchmorden in Amerika.

Damit wir uns nicht falsch verstehen: Ich erkenne an, dass der Einsatz bewaffneter Drohnen durch Kombattanten allein gegen Kombattanten, also gegen aktiv an bewaffneten Kämpfen Beteiligte, völkerrechtlich legal ist. Ich meine aber, dass der Einsatz dieser Waffen völkerrechtlich verboten werden sollte.

Nach den Regeln des Humanitären Völkerrechts schon jetzt verboten ist jeder Einsatz von bewaffneten Drohnen gegen Kombattanten, wenn dabei eine unverhältnismäßige Anzahl von Zivilisten gleichfalls getötet oder verletzt wird. Das ist aber überwiegend der Fall.

Gänzlich verboten sind Drohneneinsätze gegen Menschen, die sich gar nicht im Kampfgebiet, sondern in anderen, nicht am bewaffneten Konflikt beteiligten Staaten aufhalten, es sei denn, die Regierungen dieser Staaten hätten sich ausdrücklich mit den Angriffen auf ihrem Hoheitsgebiet einverstanden erklärt. Schließlich sind erst recht völkerrechtswidrig Drohnenangriffe auf Menschen außerhalb von Kampfzonen, die nur auf Grund ihres Aussehens oder ihres Verhaltens in ein bestimmtes Profil passen, sogenannte „signature strikes.“

Dabei handelt es sich um die Vollstreckung der in Europa verbotenen und geächteten Todesstrafe ohne strafrechtliche Ermittlungen, ohne Anklage, ohne das Recht auf Verteidigung, und ohne ein gerichtliches Urteil.

Ich frage Sie: Ist das etwas anderes als staatlich angeordneter Lynchmord?

Meine Damen und Herren,
die Befehlskette von dem Oberbefehlshaber, dem amerikanischen Präsidenten, der immer dienstags persönlich die Entscheidung darüber trifft, welche Personen in die Todesliste für die targeted killings aufgenommen werden, über die Angehörigen der NSA, die die Daten auswerten und zusammenführen bis zu den Soldaten, die den Knopf drücken, um den Start der an der Drohne hängenden Hellfire Rakete auszulösen, besteht bis jetzt immer noch aus Menschen; an selbständig operierenden Kampfdrohnen wird allerdings bereits gearbeitet.

Menschen aus Fleisch und Blut haben ein Gewissen, das ihnen sagt, was gut und was böse ist. Sie können sich dann frei entscheiden, ob sie ihrem Gewissen folgen wollen oder nicht.

Wir zeichnen heute hier einen Menschen aus, der als Drohnenpilot irgendwann erkannt hat, dass er das, was er da macht, nicht mehr mit seinem Gewissen vereinbaren kann und aus dem Dienst der US-Air Force ausgeschieden ist.

Ohne ihn wüssten wir nicht so viel wie jetzt über die Abläufe im Drohnenkrieg und über die unverzichtbare Rolle, die dabei das „Air and Space Operations Center“ auf der größten Luftwaffenbasis der USA außerhalb Amerikas in Ramstein bei Kaiserslautern spielt.

Meine Damen und Herren,
begrüßen Sie mit mir ganz herzlich Brandon Bryant!

Meine Damen und Herren,
ich bitte Sie jetzt um Ihre Aufmerksamkeit für einen kurzen Film von etwa 7 Minuten, in dem wir Ihnen den Preisträger vorstellen, dem wir heute posthum den Ehren-Whistleblowerpreis verleihen, den Physiker Dr. Léon Gruenbaum.

http://www.pnoes.de/portfolio-item/gefangen-im-gesetz-der-entmenschlichung/

Grußbotschaft / Laudatio

von Rechtsanwalt Serge Klarsfeld (Paris)

zur Verleihung des Posthum-Whistleblower-Ehrenpreises 2015 an Dr. Léon Gruenbaum

Ich möchte hier erklären, dass es gut, ganz und gar angebracht ist, diesen Preis an Léon Gruenbaum zu vergeben, denn wäre Léon Gruenbaum damals nicht auf mich zugekommen, hätte ich nichts getan. Léon Gruenbaum hat also Alarm geschlagen, einen Alarm-ruf ausgestoßen. Und sein Alarmruf war nicht vergeb-lich, da es sich hier um eine bedeutende Persönlichkeit handelte, die das Institut für Nuklearphysik Laue-Langevin geleitet und somit eine gewichtige Rolle in den deutsch-französischen Beziehungen gespielt hatte und zwar auf höchster Ebene.

Serge Klarsfeld

Intellektuell gesehen mag diese Persönlichkeit (Dr. Rudolf Greifeld) hochstehend gewesen sein, moralisch gesehen war sie es nicht. Denn er war an den antisemitischen Aktionen beteiligt, an den antijüdischen Aktionen des III Reichs in Paris. Und diese Persönlichkeit hätte an jeglichem Wirkungsort eine verhängnisvolle Rolle gespielt. Sie hätte gewiss dafür gesorgt, dass sämtliche Léon Gruenbaums aus ihren Positionen entfernt worden wären. Sei es in der Atomindustrie, sei es in den Forschungseinrichtungen der Kernphysik. Und ich glaube, mit Blick auf die Vergangenheit ist es gut, dass man Rudolf Greifeld aus den Positio-nen, die mit den deutsch-französischen Beziehungen zu tun hatten, hat entfernen kön-nen. Es ist gut für die Gegenwart, ja, auch für die Zukunft. dass es eine Säuberung unter denjenigen Deutschen gab, die real an der Endlösung, an der Shoah mitgewirkt hatten.

Rudolf Greifeld ist hierfür ein Beispiel, ein sehr charakteristisches Beispiel. Denn er befand sich in einer äußerst günstigen Ausgangsposition, um gegen den Nazismus Widerstand zu leisten. Aber nein, anstatt Widerstand zu leisten, hat er sich an der ver-brecherischsten Aktion der Nationalsozialisten beteiligt, nämlich die Juden über ganz Europa hinweg, überall wo sie waren, zu ermorden.

Er steht folglich beispielhaft für jemanden, der die bestmögliche Erziehung genos-sen hat und dennoch zur Stelle war, als Hitler die Deutschen dazu aufgerufen hat, die

Juden zu verfolgen. Vom moralischen Standpunkt aus ist das absolut inakzeptabel. Wenn jemand sozial oder intellektuell eine schlechte Erziehung oder aber überhaupt keine Erziehung genossen hatte, war er manipulierbar. Dagegen waren Leute wie Greifeld überhaupt nicht manipuliert. Es handelte sich vielmehr um Leute, die ihren Intellekt und ihre Energie dem Nazismus zur Verfügung stellten, weil sie Karriere machen wollten. Und Greifeld machte in der Tat Karriere, bis zu dem Tag, an dem Léon Gruenbaum protestiert hat und Beweise für die Verwicklungen Greifelds in den Nationalsozialismus vorlegen konnte. Da holte Greifeld mit einem Schlag die Vergangenheit ein und seine Karriere war zu Ende. Heute nun sollten auch die an Greifeld ergangenen Würdigungen posthum rückgängig gemacht werden.

Léon Gruenbaum konnte nach diesen unglücklichen Erfahrungen keine Arbeit mehr finden und so wäre es nur gerecht, wenn Rudolf Greifeld seinen Titel als Ehrensenator aberkannt bekäme.

Als Video zugänglich unter:
http://www.pnoes.de/laudatio-von-serge-klarsfeld-auf-leon-gruenbaum/

Hinweise zum Film
„Gefangen im Gesetz der Entmenschlichung"
Momente aus dem Leben des Physikers Dr. Léon Gruenbaum.
von Efstratia Dawood
Produktion: PNOES. DOKUMENTARISCHE Grenzgänge
(efstratia.dawood@pnoes.de; www.pnoes.de)

Der Film „Gefangen im Gesetz der Entmenschlichung" stellt das Schicksal eines Menschen in den Mittelpunkt, der „leibhaftig die Hölle durchlebt hat": Léon Gruenbaum. Er musste sein ganzes Leben unter einer zweifachen Verfolgung leiden: Nicht nur als ihm von den Nazis die Kindheit gestohlen wurde, sondern auch später, als er in den 1970er Jahren der Staatsanwaltschaft Hinweise auf mögliche Täter und Mittäter gab und diese ignoriert wurden.

Anhand von Archivmaterial und von Akten über strafrechtliche Ermittlungen gegen NS-Täter sowie mit anderem Beweismaterial zeichnet Efstratia Dawood in ihrem Film den Umgang von Justiz und Forschung mit dem Schicksal der Opfer am Beispiel Gruenbaums nach. Der Film dokumentiert zudem die Auseinandersetzungen und Diskussionen bei der Auswertung der Unterlagen über einen längeren Zeitraum mit Gymnasial-Schülern der Akademie für Kommunikation in Karlsruhe.

Panégyrique sur Dr Léon Gruenbaum

Avocat Dr Serge Klarsfeld

Je voudrais dire qu'il est bon, qu'il est tout à fait oppurtun d'avoir décerné ce prix à Léon Gruenbaum parce que si Léon Gruenbaum n'était pas venu me voir à l'époque, je n'aurais rien fait. Donc, Léon Gruenbaum a été un lanceur d'alerte, il a poussé un cri d'alarme. Il n'a pas poussé un cri d'alarme en vain, puisqu'il s'agissait d'un personnage important qui aurait dirigé l'institut de physique nucléaire Laue-Langevin et qui aurait donc joué un rôle important dans les relations franco-allemandes à l'échelon le plus élevé, et que cette personnalité, peut-être intellectuellement élevée, mais qui ne l'était pas moralement puisqu'elle avait participé à l'action antisémite, l'action anti-juive du IIIe Reich à Paris. Et bien, cette personnalité aurait été néfaste là ou elle se serait trouvée, elle aurait certainement agi pour que tous les Léon Gruenbaum soient écartés de positions qu'il pouvait occuper a l'intérieur de l'industrie nucléaire ou de la physique nucléaire et je crois que c'est bon pour le passé d'avoir pu éliminer Rudolf Greifeld des relations franco-allemandes et c'est bon pour le présent et puis pour l'avenir également. C'était bon d'épurer les allemands qui ont participé réellement à la solution finale, à la Shoa. Rudolf Greifeld en est un exemple, un exemple marquant parce qu'il avait reçu tous les atouts pour résister au nazisme et qu'au lieu de résister au nazisme, et bien il a participé à l'action la plus criminelle du nazisme qui a été d'assassiner à travers l'Europe les juifs partout où ils se trouvaient. Donc, il est un exemple, comment dire, de quelqu'un qui a reçu la meilleure éducation possible et qui, malgré cela, a répondu présent quand Hitler a appelé les allemands à agir contre les juifs. Et moralement c'est inacceptable, parce que quelqu'un qui est de … disons, qui a reçu socialement, intellectuellement une mauvaise éducation ou pas d'éducation du tout a pu être manipulé, mais les gens comme Greifeld n'étaient pas manipulés, c'était des gens qui donnaient leur intelligence et leur énergie au nazisme parce qu'ils voulaient faire carrière. Et il a fait réellement carrière jusqu'au jour ou Léon Gruenbaum a protesté et a pu obtenir la preuve de l'engagement de Greifeld dans le nazisme et alors, le passé a sauté au visage de Greifeld et la carrière de Greifeld s'est arrêtée. Et il faudrait aujourd'hui que les honneurs posthumes qui ont été rendus à Greifeld soient également supprimés. Léon Gruenbaum n'a pas pu retrouver de travail après cette mésaventure et il serait juste que Rudolf Greifeld soit privé de son titre de Sénateur d'honneur.

Posthum-Whistleblower-Ehrenpreis an Dr. Léon Gruenbaum
Laudatio

Philipp Sonntag

Unser Preisträger Dr. Léon Gruenbaum hat dazu beigetragen, unsere Gesellschaft vor gefährlichen Aktionen der Proliferation zu bewahren. In der Begründung der Jury von VDW und IALANA wird eine Fülle von Fakten dazu dargestellt.[1]

Dass sein Engagement überhaupt möglich und nötig war, sollte uns im Jahr 2015 und danach alarmieren. Denn alles, was Robert Jungk über den Atomstaat und seine Gefahren dargelegt hat, konnte – eigentlich – gar nicht sein. Jedenfalls im Selbstverständnis eines sich und andere überzeugenden Rechtsstaates.

Die Realität – und ihr Whistleblower – zeigen jedoch, wie ein im globalen Vergleich durchaus herausragender Rechtsstaat sich in der Praxis dennoch immer wieder von neuem auf seine Grundlagen besinnen

Pillipp Sonntag

muss. Die meisten unserer Gesetze und Vorschriften klingen erst Mal beruhigend. Der Rechtsstaat kann uns jedoch ausgerechnet in existenziell wichtigen Situationen enttäuschen. Das sagen uns die Fakten, welche Dr. Léon Gruenbaum mit Akribie aufgedeckt hat. Und ganz in seinem Sinne ehren wir ihn am besten, indem wir weiterhin wachsam und aktiv bleiben.

Fakten zum Aufbau einer deutschen Infrastruktur für Atombomben

In der Begründung der Jury für die Preisvergabe werden eine Reihe von bezeichnenden Vorgängen im Rahmen der deutschen Nuklearpolitik genannt, auf die Dr. Léon Gruenbaum mit seinen Enthüllungen hingewiesen hat, unter anderem:

- Bereits zehn Jahre nach Kriegsende gab es eine intensive deutsche Atomforschung, in der eine große Zahl nationalsozialistisch belasteter Wissenschaftler und Akteure führende Positionen innehatte.

- Dieses Potenzial wurde für die nukleare Proliferation genutzt. Ein Beispiel: Der Bau des Schwerwasser-Atomreaktors Atucha I in Argentinien wurde aus dem KfK (Kernforschungszentrum Karlsruhe) heraus gefördert. Dieser Reaktor konnte jährlich 150 kg Plutonium mit ‚militärischer Qualität‘ produzieren. Es gab viele solcher Projekte. Z. B. wurde die Ultrazentrifuge weiter entwickelt. 1957/58 wurde sogar ein deutsch-französisch-italienisches Abkommen über die gemeinsame Entwicklung von Atomwaffen („Gemeinsame Erforschung und Nutzung der Kernenergie für militärische Zwecke"[2]) ausgehandelt und unterzeichnet, das jedoch Charles de Gaulle nach seinem Amtsantritt als neuer Präsident zum Glück blockierte.

- Als eine treibende Kraft fällt immer wieder Franz Josef Strauß auf. Mit Hilfe von Ex-Nazis[3] konnte er eine atomtechnische Infrastruktur gezielt vorbereiten. Diese hätte nach einer politischen Wende – einer Wende, die zum Glück nie kam – ohne längere Vorbereitungszeit eine industrielle Herstellung von Kernsprengstoff, insbesondere von Plutonium für Waffen ermöglicht[4]. Die Orientierung auf eine militärische Option zeigt sich auch an dem Engagement der Bonner Außenpolitik zur Verzögerung und Einschränkung des Atomwaffensperrvertrages (Treaty on the Non-Proliferation of Nuclear Weapons – NPT).[5]

Es fehlt nicht an Gesetzen, Vereinbarungen, Richtlinien. Was immer wieder fehlt ist deren Einhaltung und Umsetzung. Genau darauf weisen Whistleblower wie Dr. Léon Gruenbaum hin. Eine deutsche Infrastruktur für eine latente Option zum Bau von Atombomben war überhaupt nur möglich, indem normative Vorgaben und Regelungen ignoriert oder umgangen wurden.

Das Potsdamer Abkommen und seine Verletzungen

Im Potsdamer Abkommen (USA, UdSSR und UK) wurde am 2. August 1945 das Folgende festgelegt, dessen Einhaltung und korrekte Umsetzung alles verhindert hätte, was später Dr. Léon Gruenbaum bekämpft hat; hier verkürzt notiert[6]:

„Deutschland wird abgerüstet und entmilitarisiert, wobei die gesamte Industrie, die für die Produktion kriegswichtiger Güter geeignet sein könnte, demontiert wird; die nationalsozialistische Partei wird mitsamt allen Untergliederungen auf Dauer ausgeschaltet. An Kriegsverbrechen Beteiligte sind zu verhaften und dem Gericht zu übergeben, ihre Posten sollen im demokratischen Sinn neu vergeben werden."

Jedoch bereits nach drei Jahren galt: Im Laufe des Jahres 1948 ließ das Interesse insbesondere auch der Amerikaner an einer konsequenten Entnazifizierung spürbar nach, da der Kalte Krieg mit dem Ostblock intensiver wurde. Mit Schnellverfahren sollte die Entnazifizierung nun abgeschlossen werden.

Die Folgen sind vielfältig. In diesem Klima konnte auch die rechtsextreme Szene erstarken. Der amerikanische Geheimdienst unterstützte inoffiziell die Gründung von antikommunistisch ausgerichteten Organisationen, darunter die sog. „Stay-Behind-Organisation"[7] („Gladio"). Dabei wurden auch rechtsextreme Organisationen, wie der Bund Deutscher Jugend, unterstützt.[8] Qualifizierte Kräfte mit NS-Vergangenheit, darunter zahlreiche Rechtswissenschaftler wie u. a. Prof. Theodor Maunz, konnten sich in dieser Zeit zunehmend in der Gesellschaft erneut etablieren und einflussreich betätigen. Ferner wurden beispielsweise beim Aufbau des deutschen Nachrichtendienstes BND (bis 1956: „Organisation Gehlen") ehemalige Mitglieder der SS, des SD, der Gestapo, der Abwehr und Wehrmachtsoffiziere in großer Zahl beschäftigt. Im Auswärtigen Amt war dies ähnlich …

Ab 1950 kam es zu einer Reihe von Vereinsgründungen, wie der Hilfsgemeinschaft auf Gegenseitigkeit der Soldaten der ehemaligen Waffen-SS und der Wiking-Jugend. Es entstand ein rechtsextremes Verlags- und Publikationswesen, und an sich von den Alliierten verbotene quasi-militärische Verbände wurden neu gegründet. Dazu gehörten der Kyffhäuserbund und der Stahlhelm sowie der Bund der Frontsoldaten. Auch in Vertriebenenverbänden konnten sich politisch am äußersten rechten Rand stehende Hardliner einflussreich betätigen.

1951 wurde das Entnazifizierungsschlussgesetz erlassen, auf Grund dessen alle Beamten, die im NS-Staat tätig waren und beim Entnazifizierungsverfahren nicht als Hauptschuldige oder Belastete eingestuft worden waren, wieder verbeamtet werden durften. In dessen Folge wurden rund 90 % der nazistischen Staatsbediensteten wieder eingestellt. Die tiefgreifenden Nachkriegsprobleme, zu denen die Folgen der Teilung Deutschlands und der Vertreibung von Millionen Menschen aus den ehemaligen Ostgebieten hinzukamen, boten dem Rechtsextremismus und seinem Umfeld im Kalten Krieg einen günstigen Nährboden.

Sogar provozierend offener Antisemitismus war nach 1945 möglich. So kam es, dass Dr. Léon Gruenbaum im Kernforschungszentrum Karlsruhe (KfK)[9] antisemitische Äußerungen seines Vorgesetzten Dr. Rudolf Greifeld mit anhören musste – woraufhin er diesen prompt zur Rede stellte und seinen Protest deutlich zum Ausdruck brachte. Die Folge, Léon Gruenbaum verlor seinen Arbeitsplatz. Er gab jedoch nicht auf. Er deckte durch Archivrecherchen zusammen mit Serge Klarsfeld antisemitische menschenrechtswidrige Aktivitäten von Dr. Rudolf Greifeld in der deutschen Militärverwaltung in Paris 1941/1942 auf. Dr. Léon Gruenbaum fügte viele Anhaltspunkte zu einem Mosaik zusammen, um „ein klares Bild" zu erhalten und dieses dann in einer folgenreichen Pressekonferenz präsentieren zu können.

Im Gefolge der sich daraus entwickelnden Proteste musste Dr. Rudolf Greifeld schließlich seine Tätigkeit im Leitungsgremium des Europäischen Atomforschungszentrums (Institut für Nuklearphysik Laue-Langevin) in Grenoble aufgeben. Schon vorher hatte er aufgrund der nachhaltigen Kritik an seiner Tätigkeit seine Position als administrativer KfK-Geschäftsführer in Karlsruhe niederlegen müssen. Er steht heute, im Oktober 2015, jedoch im KIT (Karlsruher Instituts für Technologie) immer noch in der Liste der Ehrensenatoren, wenn auch dort mit dem Vermerk[10]: „Rudolf Greifeld – 1969, ruht wegen NS-Vorwürfen seit Januar 2013".

Ein derartiger Umgang mit einer unangemessenen Ehrung ist empörend. Ganz anders war die Reaktion auf Gruenbaums Enthüllungen in Frankreich. Dr. Léon Gruenbaum fand dort ermutigendes Verständnis und starke Unterstützung. Fachleute aus Behörden und Gesellschaft beachteten durchaus: Der Fall Dr. Rudolf Greifeld machte deutlich, dass ein Nazi, der mit großem persönlichem Einsatz in Paris während der Naziherrschaft gewirkt hatte, nun in Karlsruhe und sogar auf europäischer Ebene unbehelligt auf hohen Posten vom deutschen Staat geschützt wurde. Ein Skandal!

Das französische Buchmanuskript[11] von Dr. Léon Gruenbaum gehört zu den aufschlussreichen Dokumenten über die Rolle von Alt-Nazis nach 1945 und ihre Bedeutung beim Aufbau einer nuklearen Infrastruktur in Deutschland. Es sollte deshalb unbedingt ins Deutsche übersetzt und publiziert werden. Wieso geschah es bisher nicht? Gewiss ist das an gefährlicher Stelle von Alt-Nazis mitgeprägte Nachkriegsdeutschland in der Adenauerzeit peinlich für uns – noch peinlicher sollte allerdings eine Vertuschung dieses Zusammenhanges sein.

Techniken und Usancen der Vertuschung

Selbstverständlich muss der Rechtsstaat die Methoden der Geheimhaltung nutzen, um sich zu schützen. Breite Datenerfassung und -auswertung ist insbesondere zur Abwehr von Terror erforderlich. Dies ist jedoch demokratisch nur vermittelbar, soweit Missbrauch dieser Daten und überhaupt Behördenwillkür möglichst verhindert werden. Wiederholte Aktionen gegen Whistleblower können ein Indiz dafür sein, dass die Struktur (nicht nur ein einzelnes Ereignis) des Rechtsstaates mangelhaft ist.

Worauf uns die bittere Erfahrung von Dr. Léon Gruenbaum als Whistleblower hinweist, ist, dass schon im Ansatz unseres Rechtsstaates eine spezifische Ausgewogenheit fehlt: Politisch wird zwar laufend diskutiert, wie mehr oder minder transparent ein „Gläserner Bürger" tatsächlich sein soll. Aber es fehlt die politische Diskussion, wie strukturiert und wie transparent eine entsprechende „Gläserne Verwaltung" (die es bisher kaum gibt) eigentlich längst sein sollte – zur Vermeidung von Behördenwillkür gegen Bürger.

Dr. Léon Gruenbaum geriet in Schwierigkeiten, als er begann, Bedenkliches und Peinliches aufzudecken. Im Staatsapparat war und ist dies reflexartig unerwünscht. Behörden decken einander in solchen Fällen oft bedenkenlos. Die Idee, dass ein Whistleblower für den Staat, für die Gesellschaft nützlich sein könnte, ist dort vielfach strukturell fremd. Es geschieht ähnlich wie bei Klagen gegen einen Arzt, woraufhin meist ein anderer Arzt seinem Kollegen gutachterlich „seriös" helfen wird. Man braucht ein Gespür für Absurdität, um solche Geschehnisse sachgerecht zu erfassen. Da argumentiert Kafka vollendet „logisch", wenn er einen absurden – und gleichwohl fest verankerten – Argwohn von Behörden gegen Bürger essayistisch veranschaulicht.

Eine permanent penetrante Absurdität (demokratisch bedenkliche Einseitigkeit): Beim pauschalen Kampf gegen jeglichen Geheimnisverrat fühlt sich der Staat ausgesprochen gut, wie schriftlich aktuell nachlesbar in mehreren (!) Artikeln im „Behörden Spiegel" vom September 2015. Diese Artikel gehen in der Tendenz weitgehend davon aus, dass die Offenlegung von Daten sowieso schädlich bis verabscheuungswürdig sei, so zum Beispiel wird beklagt[12]:

> „Heute wird Geheimhaltung zur begründungsbedürftigen Ausnahme." ... „Mit jedem Geheimnis ist immer auch das Risiko des Verrats oder der Offenbarung verbunden. Neugier, Misstrauen, böser Wille und die reine Lust an der Enthüllung sind die Triebfedern. Oft ist auch laxer Umgang mit vertraulichen Informationen im Spiel. Staatliche Geheimnisse vor allgemeiner Kenntnisnahme zu schützen, ist daher oberstes Gebot."

Und[13]:

> „Plattformen wie Wiki-Leaks wollen auch aufklären, aber sie haben Geheimnisverrat zum Geschäftsmodell gemacht ..." und
> „Politiker, Behörden und Unternehmen müssen sich im digitalen Zeitalter wohl damit abfinden, dass Geheimnisse öfter ans Tageslicht gelangen als früher."

Was bewirkt solche Einseitigkeit? Zum Verständnis für die Zeit von 1945 bis heute gilt es, die möglichen Motive zu beachten. Aus einem Gespräch mit Dr. Léon Gruenbaum hat Robert Jungk berichtet[14]:

> „Seiner Ansicht nach sei es kein Zufall, daß Franz Josef Strauß, der bekanntlich Deutschlands erster Atomminister war und am 26. Januar 1955 die Gründungssitzung der deutschen Atomkommission persönlich leitete, zu diesem Aufgabenkreis auffallend viele Persönlichkeiten heranzog, die bereits im Dritten Reich führende Positionen eingenommen hatten."

Und auf die Nachfrage von Robert Jungk, ob es „heute" (Anfang der 70er Jahre) noch eine Bedeutung habe, antwortete Dr. Léon Gruenbaum[15]:

> „Gewiß. Ich meine, es ist doch wohl kein Zufall, daß diese Männer sich gerade so sehr für die Atomindustrie interessiert haben. Sie müssen sich schon zu einem frühen Zeitpunkt gesagt haben, daß hier eine Schlüsselindustrie entsteht, die einmal alle anderen an

Machtfülle und Einfluß überflügeln würde. Doch dann kommt vielleicht noch ein anderes Motiv dazu: der Wunsch der Deutschen, auch einmal Atombomben zu haben – oder zumindest die Verfügung über industrielle Kapazitäten, die eine Herstellung der ihnen verbotenen Waffengattung bei Bedarf ermöglichen."

Die deutschen Physiker hatten seit 1940 klare Vorstellungen von der Option einer machbaren Atombombe[16] und ein Bericht aus dem Heereswaffenamt[17] zeigt, dass bei den Nazis bereits 1942 der Weg zur Realisierung vorhanden war.

Würden deutsche Behörden diesen Sachverhalt bemerken und aufdecken – wollen? Ein Beispiel: Die NS-Vergangenheit ist zwischenzeitlich für das BfV (Bundesamt für Verfassungsschutz) teilweise aufgearbeitet worden.[18] Als Ergebnis wird u. a. präsentiert:

„Im BfV waren offenbar weniger Alt-Nazis beschäftigt, als in anderen Bundesbehörden. Laut verfügbaren Quellen betrug ihr Anteil unter den BfV-Mitarbeitern etwa 13 Prozent, im Vergleich zu rund einem Drittel in vergleichbaren Institutionen."

Der Präsident des BfV erklärte 2015, dass es Parallelen beim Aufbau seines Amtes (und dem Aufbau der Landesschutzbehörden in den neuen Bundesländern) gab, in beiden Fällen hätte, wie es heißt, man nicht auf alten Strukturen aufbauen können:[19]

„Das begünstigte einen gewissen Dilettantismus, der teilweise zu Strukturen geführt hat, die etwa im Zusammenhang mit den NSU-Ermittlungen deutlich wurden."

Ein geradezu kafkaeskes Argument: Weil im BfV nach seiner Gründung seit 1950 offenbar noch zu wenige Alt-Nazis waren, konnten bis jetzt Neo-Nazis nicht richtig entdeckt werden? Da müsste man nach solchen 65 Jahren vermuten, dass die Demokratie strukturell unfähig sei, einen vernünftigen und effektiven Geheimdienst aufzubauen. Oder sind die genannten 13 Prozent gar eine Nebenwirkung üblicher Vertuschung? Die genannte Untersuchung hatte die Schwierigkeit, dass es einen[20]:

„durch vielerlei Umstände stark reduzierte[n] Quellenbestand"

gab und somit nur eine vorsichtige Aussage möglich war[21]:

„Bei 13 % aller BfV-Mitarbeiter sei ein NS-Hintergrund feststellbar gewesen."

Von der deutschen Geschichtswissenschaft wurden die von Dr. Léon Gruenbaum genannten Vorgänge in der Nuklearforschung und ihrer Administration bisher kaum aufgearbeitet. Diese Vorgänge sind dort nicht weniger skandalös als die Nachkriegsgeschichte der Justiz, des AA (Auswärtiges Amt), des BND sowie von vielen Bundes- und Landesministerien. Ebenso skandalös, nicht nur dilettantisch, siehe NSU (Nationalsozialistischer Untergrund) usw., ist bis in die Gegenwart hinein der Umgang mit Alt-Nazis und Neonazis, welche Hitler verehren, alte Verbrechen bagatellisieren oder gar loben sowie neue Verbrechen fordern und begehen.

Vor diesem Hintergrund hat Dr. Léon Gruenbaum keineswegs nur aufgedeckt, dass sich Dr. Rudolf Greifeld mit seinen antisemitischen Provokationen skandalös geäußert hat. Vielmehr hat er den Skandal einer einseitig eifrigen Behörden-Gemeinschaft aufgezeigt, welche solche Provokationen ermöglicht.

Gläserne Behörde und Gläsernen Bürger politisch gemeinsam diskutieren

Eine Welt gefährlicher Techniken verlangt technisch, juristisch und politisch eine bessere Beachtung der Whistleblower und ihrer Gefahrenhinweise. Ein rechtsstaatlich wirkungsvoller Ansatz hätte Dr. Léon Gruenbaum schützen anstatt gefährden müssen. Unter den Gegenabsichten hat er deutlich sichtbar gelitten. Wie können wir angemessen auf sein Schicksal reagieren?

Ein bloßer Appell an „die Gesellschaft", Whistleblower stärker zu beachten, bleibt bisher weithin wirkungslos. Was wir brauchen, ist eine strukturelle Veränderung, die sich aus Demokratie und Rechtsstaat ableiten lässt. Wir brauchen „gläserne Behörden". Unsere mit vielfachen Einschränkungen und Vorbehalten versehenen Informationsfreiheitsgesetze auf Bundes- und Landesebene sind nur ein erster Anfang.

Gläserne Behörden wären eine wichtige Voraussetzung für einen fairen Umgang des Staates mit Whistleblowern. Die positive Wirkung von Dr. Léon Gruenbaum wäre rasch und stressfrei erfolgt – oder gar unnötig gewesen, indem z.B. die Willkür von Ex-Nazis bei gläsernen Behörden schon im Ansatz verhindert worden wäre.

Whistleblower wollen mehr, als ein Kurieren an Symptomen! Aus diesem Grund ist es für den ganzen Bereich des Whistleblowing wichtig zu zeigen, dass gläserne Behörden demokratisch in ganz unterschiedlichen Bereichen eingeführt und durchgesetzt werden können.

Und zwar in demokratischer Ausgewogenheit. Nicht jeder hätte Zugriff: Datenschutz als Persönlichkeitsschutz wäre bei der Behörde genauso zu diskutieren und sicherzustellen wie beim Bürger. Erst von da an würde eine „erbitterte Ausgewogenheit" im Umgang von Behörden mit Bürgern demokratisch möglich und glaubwürdig.

Wenn ein Bürger von einem Politiker oder Behördenvertreter den Spruch hört: „Wer nichts zu verbergen hat, braucht auch nichts zu befürchten", dann löst dies oft ein Unbehagen aus. Der Bürger ahnt womöglich, das könnte genau der Typ Mensch sein, der mit der gleichen Unbefangenheit im nächsten Moment einen Datenmissbrauch als „erforderlich" begründen würde, also bezeichnender Weise der Typ, von dem man bedrohliche Einseitigkeit zu befürchten hat – wie es von Dr. Léon Gruenbaum erlebt wurde.

Gläserne Behörden müsste man weniger fürchten. Die Bürger wären gegen Übergriffe aus gläsernen Behörden besser geschützt. Das könnte schon im Ansatz demokratie-förderlich sein. Bisher gilt: In vielen Fällen kamen und kommen aus derselben Behörde nebeneinander zugleich ganz unterschiedliche Verhaltensweisen. So wurde

Philipp Sonntag

beispielsweise durch eine vom Auswärtigen Amt veranlasste Untersuchung über Nazis und deren Sympathisanten im AA eine Fülle von Fehlhandlungen (nach Zugriff auf zum Teil jetzt noch unter Verschluss gehaltene Akten) bekannt[22], vor und nach 1945. Andererseits wurde aus demselben Amt heraus zum Beispiel 2014 in Berlin die Tagung des globalen Verbandes der Child Survivors (Überlebende der Nazi-Verfolgung, wie auch Dr. Léon Gruenbaum selbst) mit großem Wohlwollen und Verständnis unterstützt[23]. Im Detail ist die demokratische Auseinandersetzung unverzichtbar. Erst mit Gläsernen Behörden wird der Streit ausgewogen.

Die Persönlichkeit und die Belastungen von Dr. Léon Gruenbaum

Dr. Léon Gruenbaum war ein „Child Survivor".

Das heißt, er hatte als Kind die NS-Verfolgung überlebt. Er wurde geboren auf der Flucht seiner Familie vor den Nazis! Die Ängste und Beklemmungen der Familie hat er von Anfang an mitbekommen. Dieser Sachverhalt gilt generell für Child Survivors. Das wurde an Hand der Spätfolgen wissenschaftlich zweifelsfrei erwiesen[24]. Die frühkindliche und jugendliche Erfahrung dabei ist, dass man gegen bedrückendes Unrecht zunächst gar nichts ausrichten kann – während man die Beklemmung der eigenen Familie spürt, Wut ansammelt und einen inneren Druck schafft, wie ein Vulkan vor seinem Ausbruch. Man schult den Blick für gesellschaftliche Willkür. Man wird scheu, ängstlich, zurückhaltend. Oft folgt eine Serie von Enttäuschungen auf Ämtern beim Versuch, eine Unterstützung, eine gewisse „Wiedergutmachung" zu erreichen. Die Folge: Kennzeichnend für viele Child Survivors ist eine hohe Sensibilität für Unterdrückung, insbesondere für Fehlverhalten des Staates, und für alle Versuche des Staates, sein eigenes Fehlverhalten zu vertuschen. Solche Sensibilität dürfte die leidvollen Erfahrungen und den Erfolg von Dr. Léon Gruenbaum als Whistleblower mit geprägt haben. Es ist zunächst ein inneres, ein persönliches Geheimnis. Zugleich gibt es nach außen deutliche Anzeichen für Familie, Freunde, Bekannte, Kollegen. Es gibt Anzeichen für Zuständige in Behörden, die jedoch nur zum Teil wohlwollend darauf eingehen und leider in einigen Fällen die Empfindsamkeit und Scheu des Child Survivors zur Ablehnung von dessen Anliegen (Wiedergutmachungs-Anträge usw.) ausnutzen.

Es gibt also Anzeichen hoher Sensibilität bei Child Survivors und bei Whistleblowern. Für Dr. Léon Gruenbaum trifft der seltene Fall einer Kombination zu. Hohe innere Spannung kann bedeuten: Es gibt eine kritische Masse stummer Verzweiflung, die explosionsartig freigesetzt, im passenden Umfeld zu wertvollen Aktivitäten führen kann. Hier bei Gruenbaum: Zu Aktivitäten gegen den Atom-Tod.

Spätestens mit seinen Aktionen wird der Whistleblower für seine Gegner zum klar erkennbaren Ziel. Die Folge: Er gerät in Gefahr, das heißt: seine Lebensgrundlage, seine berufliche Identität und – dafür gibt es bei Dr. Léon Gruenbaum Anhaltspunkte

– auch sein eigenes Leben. In Paris wurde Dr. Léon Gruenbaum von Robert Jungk direkt auf Gefahren für das eigene Leben angesprochen und er antwortete[25]:

> *„Was habe ich denn noch zu verlieren? Meine Stelle in Deutschland habe ich verloren, und auf Grund bestimmter Einflüsse jetzt auch meine Arbeit im französischen Staatsinstitut. Meine Frau hat mich vor ein paar Wochen verlassen. Sie versteht nicht, daß ich an nichts anderes mehr denken, an nichts anderem mehr arbeiten kann."*

Wir sehen: Dass in unserer Art Rechtsstaat ein Whistleblower überhaupt etwas erreichen kann, ist ein Wunder. Wie ein Whistleblower seine Belastungen eine Zeit lang aushält, erscheint gleichermaßen als ein Wunder. Die Gefahren von Wirkungslosigkeit und Verzweiflung können hoch sein. In dieser Situation kann eine Anerkennung durch ausgewiesene Experten sehr hilfreich sein. Die bisher ausgezeichneten Whistleblower sind größtenteils rehabilitiert, weil in unserem Rechtsstaat auch Bürgerrechtsorganisationen, IALANA und VDW sowie andere (z. B. Transparency International) als Teil der Zivilgesellschaft nicht nur zugelassen, sondern durch das geltende Recht geschützt sind.

Es ist nachvollziehbar, wie Dr. Léon Gruenbaum die Diskriminierungen erlebt hat. Es gibt klare Anhaltspunkte auf Grund vergleichbarer Umstände. Die Erfahrungen anderer Child Survivors, die in Deutschland über ihre „unerwünschten" Beobachtungen sprachen und sprechen, sind auffallend ähnlich. Hans Frankenthal schrieb sein Buch „Verweigerte Rückkehr" erst 1999, kurz vor seinem Tod und berichtete, hier verkürzt dargestellt:[26]

> *Er war „an sich" in seinem Heimatort nach 1945 wieder im Schützenverein, Gesangsverein, Kegelklub normal aufgenommen worden. Aber bei der Frage: „Hans, wo warst du eigentlich während des Kriegs?", antwortete er: „In Auschwitz". Das wurde von den anderen glatt abgestritten: „Du bist doch ein Spinner! Du lügst uns hier einen vor, sowas hat es im Leben nie gegeben!"*

Die in seinem Buch geschilderte, schier unermesslich grausame Realität wollte man trotz aller Belege jahrzehntelang „einfach" nicht wahrhaben. Ähnlich bitter ist für einen Child Survivor, wenn er im Berliner Wahlkampf Plakate der NPD aushalten muss, auf denen steht: „Gib Gas", eine bösartige Anspielung.

Wir ahnen, was alles Dr. Léon Gruenbaum erst mal überwinden musste, um wirken zu können. Der frühe Tod von Dr. Léon Gruenbaum im Jahre 2004 mag ein Indiz für die hohen Belastungen sein. Wer die Familie kennt, weiß wie seine Frau jetzt nach wie vor davon betroffen ist.

Ausblick

Zu unserer Würdigung von Dr. Léon Gruenbaum gehört: Wir haben allen Anlass, sein Engagement fortzuführen.

Zusammen mit anderen, wie z. B. Albert Schweitzer, trugen die „Göttinger Achtzehn" bei zu einer Verzögerung und schließlich zur Aufgabe atomarer Rüstungsbemühungen in Deutschland. Dies konnte nur gelingen durch die hilfreiche Unterstützung aus vielen Institutionen, mit eine Fülle von hilfreichen Enthüllungen und Protesten[27]. Dr. Léon Gruenbaum hat in diese Richtung an entscheidender Stelle mitgewirkt.

Die Bundesrepublik Deutschland unterzeichnete am 28. November 1969 den Atomwaffensperrvertrag und damit wurden jegliche Bemühungen zu einer deutschen Atomrüstung illegal.

Was bedeutet dies für uns heute? Wogegen würde Dr. Léon Gruenbaum heute protestieren? Vermutlich gegen Verletzungen und Behinderungen des Atomwaffensperrvertrages, des Kriegswaffenkontrollgesetzes und generell des Friedensgebotes im Grundgesetz. Verletzungen, wie sie aktuell bei IALANA genannt werden, hier verkürzt dargestellt:[28]

- Unser Staat hat bis heute nicht aufgehört, in breitem Maße einschlägige Rüstungstechnik-Lieferungen und Waffenexporte durchzuführen oder jedenfalls zu genehmigen und zu ermöglichen.

- Nach wie vor gibt es die aktive deutsche „nukleare Teilhabe" an Atomwaffen, indem diese in Deutschland gelagert und aktuell sogar modernisiert werden, und indem deren Einsatz über die nukleare Planungsgruppe der NATO vorbereitet und praktische Einsätze mit deutschen Piloten auf atomwaffenfähigen Trägersystemen („Tornado") u. a. vom Luftwaffenstandort Büchel (Rheinland-Pfalz) aus laufend intensiv geübt werden.

- Es gibt keinen hinreichenden Schutz für Personen, die Verstöße oder Kontrolldefizite aufdecken.

Ohne einen solchen Schutz war Dr. Léon Gruenbaum schier unsäglichen Frustrationen und Gefährdungen ausgesetzt. Er hat den Weg vorgezeichnet, in schlimmster Verzweiflung standhaft und wissenschaftlich präzise zu bleiben.

Nur indem wir ihm darin nachfolgen, haben wir – mit all unseren schwierigen Eigenschaften als Menschen – eine Chance, existenziellen Bedrohungen, wie einem Atomkrieg, zu entgehen. Dafür gebührt ihm höchste Anerkennung und Dank!

Das ist ein Grund zum Feiern, zur Preisvergabe und zur Besinnung. In unserer Art Gesellschaft gilt: Wir können, wir sollen und wir dürfen sein Werk weiter führen.

Anmerkungen

1 Vgl. den Text der Begründung der JURY zur Verleihung des Posthum-Whistleblower-Ehrenpreises an Dr. Léon Gruenbaum, (2015), siehe in diesem Buch auf Seite 24 ff.

2 Das paraphierte Abkommen ist bisher nicht publiziert; vgl dazu Franz Josef Strauß, Erinnerungen. (Goldmann-Taschenbuch-Ausgabe) 1989, S., 347 ff.
3 Tilman Hanel, Die Bombe als Option. Motive für den Aufbau einer atomtechnischen Infrastruktur in der Bundesrepublik bis 1963, Klartext-Verlag, Essen, 2015 (Diss.), S. 73 ff., S. 82 und S. 216.
4 R. Kollert, Atomtechnik als Instrument westdeutscher Nachkriegs-Außenpolitik. Die militärisch-politische Nutzung ‚friedlicher' Kerntechnik in der Bundesrepublik Deutschland, VDW-Materialien 1-2000, Vereinigung Deutscher Wissenschaftler, Berlin, 2000 (72 S.). Sowie unveröffentlichte Langfassung, ca. 400 Seiten.
5 M. Küntzel, Bonn und die Bombe. Deutsche Atomwaffenpolitik von Adenauer bis Brandt (Diss.), Campus Verlag, Frankfurt, 1992.
6 https://de.wikipedia.org/wiki/Potsdamer_Abkommen und Thales Themenhefte, Nr. 21 (1991): Deutschland 1945–49 – Der Weg in die Teilung, S. 5.
7 Vgl. dazu u. a. Daniele Ganser: NATO- Geheimarmeen in Europa: Inszenierter Terror und verdeckte Kriegsführung. Zürich 2008; http://www.3sat.de/page/?source=/ard/thementage/165450/index.html; Markus Kompa in: http://www.heise.de/tp/artikel/46/46323/1.html (aufgerufen am 2.3.2016); Erich Schmidt-Eenboom Ulrich Stoll, Die Partisanen der NATO. Stay-Behind-Organisationen in Deutschland 1946–1991. Christoph Links Verlag. Berlin. 2015.
8 Vgl. dazu auch die Enthüllungen des damaligen Hessischen Ministerpräsidenten Georg August Zinn (SPD) am 8.10.1952 im Hess. Landtag. Es ging um eine von der hess. Polizei aufgedeckte geheime Armee aus ehemaligen Nazioffizieren, mitfinanziert aus den USA und gedeckt von westdeutschen Stellen. Material dazu u. a. in: Leo A. Müller: Gladio – das Erbe des Kalten Krieges, Reinbeck bei Hamburg; Daniel Ganser: NATO-Geheimarmeen in Europa. Inszenierter Terror und verdeckte Kriegsführung, 2. Aufl., Zürich 2008, S. 307; http://www.ag-friedensforschung.de/themen/Kalterkrieg/gladio.html (eingesehen am 4.3.2016).
9 Kernforschungszentrum Karlsruhe GmbH (KfK), nach Umgründung zum Forschungszentrum Karlsruhe erfolgte ein Zusammenschluss mit der Universität Karlsruhe zum Karlsruher Institut für Technologie (KIT), zu Details für KfK siehe https://de.wikipedia.org/wiki/Karlsruher_Institut_f%C3%BCr_Technologie#Geschichte_des_Forschungszentrums_Karlsruhe.
10 https://de.wikipedia.org/wiki/Liste_der_Ehrensenatoren_des_Karlsruher_Instituts_f%C3%BCr_Technologie.
11 Gruenbaum, Léon (in frz. Sprache): „Genese der Plutoniumgesellschaft – Politische Konspiration und Geschäfte".
12 Gerd Lehmann: Spannungsfeld Transparenz und Geheimhaltung. Verschlusssachen begrenzen die Informationsfreiheit. In Behörden Spiegel September 2015, S. 4.
13 BS/th: Geheimnisverrat im Wandel der Zeit – Heute kann jeder etwas veröffentlichen. In: Behörden Spiegel September 2015, S. 36.
14 Robert Jungk: Der Atomstaat – Vom Fortschritt in die Unmenschlichkeit; rororo 7288, (1981), S. 98.
15 Ebd. S. 99.
16 Erich Bagge und Kurt Diebner: Zur Entwicklung der Kernenergieverwertung in Deutschland, S. 38–41; in: Erich Bagge, Kurt Diebner und Kenneth Jay (Hrsg.): Von der Uranspaltung bis Calder Hall. Rowohlt de 41, Hamburg, (1957).
17 Bericht des Referates Wa F Ia (Oberkommando des Heeres) über die Tagung des „Uranvereins" vom 26. bis 28. Feb. 1942 – zitiert nach Bagge et al. (ebd. S. 30–39).
18 Ulrike Scheffer: Wenige Alt-Nazis. Das Bundesamt für Verfassungsschutz hat seine Vergangenheit erforschen lassen. In: Tagesspiegel 30. 1. 2015, S. 4.
19 Ebd..
20 https://de.wikipedia.org/wiki/Bundesamt_f%C3%BCr_Verfassungsschutz , Bereich „Geschichte".
21 Ebd.

22 Conze, E. et al. (2010). Das Amt und die Vergangenheit – Deutsche Diplomaten im Dritten Reich und in der Bundesrepublik, Blessing, (2010), 79 p.

23 Siehe Bericht auf der conference homepage: http://wfbc2014.com/.

24 Rossberg, Alexandra und Johan Lansen: Das Schweigen brechen – Berliner Lektionen zu Spätfolgen der Schoa. Peter Lang- Europäischer Verlag der Wissenschaften, Frankfurt/Main, (2003).

25 ebd. S. 100.

26 Hans Frankenthal: Verweigerte Rückkehr – Erfahrungen nach dem Judenmord. S. Fischer Verlag, 1999, S. 121 f.

27 Philipp Sonntag: Der Streit um die atomare Bewaffnung – Argumente der Ära Adenauer. Heft 25, 6. Jahrgang (1982); Militärpolitik Dokumentation; Haag und Herchen Verlag, Frankfurt/Main, 113 Seiten.

28 IALANA Deutschland (Juristen und Juristinnen gegen atomare, biologische und chemische Waffen – Für gewaltfreie Friedensgestaltung; Berlin www.ialana.de): Ahrweiler Erklärung – Wider der atomaren Abschreckung; S. 18 und 32 der Druckfassung; der Text ist außerdem im Internet verfügbar auf http://www.ialana.de/files/pdf/pressemitteilungen/10-04-23/Ahrweiler_Erklaerung_IALANA.pdf , jedoch dort mit anderen Seitenzahlen als in der Druckfassung, die Aussagen sind dort auf S. 6 und 13.

Laudatio auf den Whistleblower-Preisträger Brandon Bryant

John Goetz (Hamburg/Berlin)
Rechercheverbund Süddeutsche Zeitung, NDR und WDR

By the way, I was planning to do this talk in English. I was just told a few minutes ago, it's better to do it in German. So, please bear with me.

John Goetz

Ich sollte zunächst einmal kurz erklären, wie ich eigentlich Brandon Bryant kennengelernt habe, und wie unsere Arbeit aussah, in der Zeit bevor ich Brandon Bryant kennen gelernt habe. Als ich den „SPIEGEL" verlassen habe, um diesem neuen Rechercheverbund beizutreten – damals waren es noch die Süddeutsche Zeitung und der NDR – haben wir entschieden, dass wir ein größeres Rechercheprojekt machen wollten. Es ging um die deutsche Rolle im amerikanischen „Krieg gegen den Terror", wie er genannt wird. Wir haben ein Team aufgebaut und haben uns sehr lange beschäftigt mit der durchaus faszinierenden Welt von amerikanischen Daten, die online sind. Es ist schon unglaublich, was der amerikanische Staat alles online stellt. Der gesamte Regierungsetat ist online. Wir haben lange damit gearbeitet und man findet unter anderem Bauvorhaben, „construction plans". Man findet unglaubliche PDFs. Und damit fing eigentlich unsere Recherche an, in der später Brandon Bryant eine große Rolle spielte. Wir haben Baupläne für dieses Air Operation Center in Ramstein gefunden. Wir haben auch Baupläne für ein „Relay Center" in Ramstein gefunden. Es gab Begriffe und Sätze, die wir online gefunden haben, aber wir haben das, ehrlich gesagt, nicht begriffen, die Information. Es war extrem kompliziert. Da waren Baupläne, PDFs, hunderte von Seiten, manchmal hunderte von PDF-Dateien. Die Details sind so überwältigend, da ist es manchmal sehr schwer durchzublicken. Es gab einen Satz, den wir in einem Bauvorhaben gefunden haben, der uns damals sehr interessiert hat. Das betraf dieses Satelliten-Relay-Center in Ramstein. Es hieß dort – und dies les ich Ihnen kurz auf Englisch vor:

„Without these facilities, the aircraft will not be able to perform their essential UAV missions within the EUCOM, AFRICOM and CENTCOMAOR"

Vielleicht versteht man das jetzt ein wenig besser, aber damals waren wir noch verwirrt. Es ist schon verblüffend, dass die amerikanische Regierung sehr viele Daten ins Netz stellt, aber auch dass das amerikanische Militärpersonal unglaublich viele Informationen in die sozialen Netzwerke stellt. Das ist für mich nach wie vor unfassbar. In diesem Netzwerk LinkedIn tippt man „Drohnenpilot Deutschland" ein und da kriegt man Treffer. Wenn man besser „UAV Pilot" sucht, findet man auch welche. Wenn man diese gesamten militärischen Beschreibungen eingibt, findet man Namen von Personen. Und die kann man dann auch in Deutschland suchen. Da gab es z. B. eine Drohnenpilotin, die in der Nähe von Stuttgart lebt. Sie war aber nicht bereit, uns in irgendwelcher Weise Informationen preiszugeben und erklärte immer wieder, dass das, was sie tut, und das, was sie getan hat, der nationalen Sicherheit der Bundesrepublik Deutschland und der USA dient. Aber mit der Privatisierung des amerikanischen Militärs ist es so, dass die „Drone Operators" sehr häufig sich „verkaufen" müssen. Sie meinen, deshalb auch darstellen zu müssen, was sie alles für tolle Sachen gemacht haben. Und da sieht man manchmal – und das ist eigentlich schon verblüffend – wie viele „kills" man gemacht hat. Man sieht „schöne" Bezeichnungen. Was uns dann noch mehr interessiert hat, war, dass wir immer wieder in diesen Biographien „Ramstein", „Stuttgart" gesehen haben.

Ein letzter Punkt von dem, was uns damals auch noch verwirrt hat, bevor wir Brandon kennen gelernt haben, war ein Kommunikationsnetzwerk des amerikanischen Militärs. In sieben Stützpunkten auf der Welt (in Kalifornien, an der Ostküste der USA, in Japan, in Korea, aber auch in Ramstein) fließen durch ein sogenanntes DGS-System sämtliche amerikanische militärische, aber auch geheimdienstliche Daten. Wenn Sie genug Zeit verbringen in Punkto Milweb-Seiten, werden Sie sehen, dass es Bibliotheken voll von Informationen über dieses DGS-System gibt. Das zu verstehen ist allerdings etwas ganz anderes.

Ein letzter Punkt von dieser Vorrecherche, also aus der früheren Zeit: Es ist eine Tradition der amerikanischen Luftwaffe, dass es nach Abstürzen von Flugzeugen sehr detaillierte Untersuchungen gibt. Und Tradition ist auch, dass diese Untersuchungsergebnisse immer veröffentlicht werden. Interessanterweise fanden wir auf einer Air-Force-Webseite einen 800-seitigen „Crash Report" über eine Drohne, die einen Angriff in Somalia vorbereitet hatte. Und darin fanden wir Stuttgart, AFRICOM, Befehlsstrukturen und auch Ramstein. Da standen aber auch wahnsinnige, andere Sachen drin: dass der „Sensor Operator", während er das Ziel gesucht hat, ein Turkey Sandwich gegessen hat. Es gab unglaubliche, menschliche Details: was sie später zu Abend essen, weil es so lange gedauert hatte, bis sie das Ziel gefunden haben.

Aber im Prinzip waren wir kurz davor, unser gesamtes Recherche-Projekt, das später „Geheimer Krieg" hieß, einzustellen. Weil es verwirrend war. Keiner von uns hatte die Zeit und die Fähigkeit, diese DGS-Dokumente zu verstehen. Man dachte: Wie kann man das publizistisch überhaupt irgendjemanden beibringen? Denn wir selber haben es kaum verstanden. Und dann haben wir Brandon kennen gelernt. Im Prinzip entstand die Wende in unserer Recherche – und überhaupt die Wende in unserem Projekt – durch diese Begegnung.

Was mich immer wieder beeindruckt hat bei jeder Begegnung mit Brandon ist, dass er in seinen Äußerungen „keine Schallplatten abspielt". Ich bin ihm bestimmt schon 35 oder 40 mal begegnet. Ich höre und lerne jedes Mal von ihm etwas Neues. Ich weiß – und das war das Faszinierende: Seine Aussagen haben uns einen Schlüssel gegeben, um diese ganzen Etatunterlagen, die anderen PDFs und dieses DGS-System überhaupt begreifen zu können. Zum Beispiel als er einfach erzählt hat: „Ja, jeden Morgen rufen wir Ramstein an, weil ich dort den Draht bekommen muss, welche Drohne ich benutze." Es ist sozusagen der Feed, der Teil von seinem Alltag war. Und er sagte: „Ja klar, das ist das DGS System". Und das war plötzlich ein Aha, dieser Block, den wir nie so richtig begriffen haben. Faszinierend war, dass er auch in der Lage war, Dinge zu bestätigen, die wir anderweitig gefunden hatten. Zum Beispiel: Den Mann mit dem Turkey Sandwich kannte er sogar. Für uns bestätigte das auch, dass Brandon ist, wer er ist. Aber dann fing er auch an, für uns Pläne zu zeichnen, wie so ein Arbeitsplatz aussieht, wo die Leute gesessen haben, wo die Vorgesetzten gesessen haben.

Brandon Bryant ist 1985 geboren. Er ist in Missoula, im US-Bundesstaat Montana, groß geworden. Er wollte Journalist werden. Ich würde ihm dringend raten, diesem Beruf nachzugehen, weil er ein unglaublich gutes Gedächtnis hat. Aber wie viele Amerikaner dachte er im Hinblick auf die Studiengebühren: „Naja, ich kann mir das nicht leisten. Ich will mich nicht verschulden. Ich mache das erstmal mit dem Militär. Die haben Programme, in denen Soldaten kostenlos studieren dürfen." Man hat dann gesehen, dass er im Juli 2005 in der Air Force aufgenommen worden ist. Im Juli 2006 bekam er seine Ausbildung als „Remotely Piloted Aircraft Sensor Operator". Im Dezember 2006 hat er seinen ersten Auftrag, seine erste Mission geflogen. Später war er dann im Irak für, glaube ich, sechs Monate. Aber seine Hauptzeit als Drohnen-Operator, als „Sensor Operator", war in Cannon Air Force Base, New Mexico. Davon gibt es auch Bilder. Er hat es für uns auch gut gezeichnet: im Prinzip einen Stapel, einen riesigen Stapel von Containern.

Vieles von dem, was Brandon gelernt hat in seiner Zeit als „Sensor Operator", liegt auch an seiner Person. Das haben wir auch in Gesprächen mit anderen gesehen, die in diesem Bereich gearbeitet haben. Er hat Dinge bemerkt. Er hat Fragen gestellt. Er war interessiert. Er hat manchmal weitere Ausbildungen gemacht und sich weitergebildet. Und 2011 ging es um die Frage, mache ich weiter? Bleibe ich dabei? Er entschied sich aufzuhören. Und der Grund, warum er aufgehört hat? Das sind verschiedene Erklärungen, die er mir über die Jahre hin, die ich ihn kenne, gegeben hat. Aber sie zeichnen eigentlich ein klares Bild davon, wie er damals gedacht hat. Es gab verschiedene Vorfälle. Aber das Grundlegendste ist, dass Brandon erzählt hat, dass er abends häufiger nachgedacht hat, manchmal geträumt, wie es den Menschen erging, die er beobachtet hat. Und das betraf nicht unbedingt einfach die Todesfälle. Denn während des größten Teils seiner 16 Stunden „Flight Hours" war er nicht mit Schießen beschäftigt. Es war einfach: Menschen beobachten. Also die sitzen da in diesen fensterlosen Containern, und beobachten, und beobachten. Er fing an, diese Menschen in sich aufzunehmen und zu überlegen: Was für ein Leben haben die da sonst? Es gab natürlich einen Vorgang und Zwischenfall, von dem er auch häufiger erzählt hat. Wenn da eine Rakete abgeschossen wird, gibt es einen bestimmten Moment, in dem man nicht mehr die Richtung ändern kann, die letzten sechs oder zehn Sekunden. Und da ist eine kleine Figur ins Bild gekommen. Brandon hatte ein besseres Bild als andere, die das Bild gesehen hatten. Die Qualität des Bildes war hochwertig. Und dort, so bezeugte er es, ist im letzten Moment ein Kind in den Zielbereich reingerannt. Er fragte sofort seinen Kollegen, den „Screener", der eigentlich für die Bilder zuständig war, allerdings mit einer schlechteren Bildauflösung. Der Kollege war der Meinung: Das war ein Hund. Und da sagte dann Brandon: „Komisch, ein Hund mit zwei Beinen."

Als er dann ausgeschieden ist, bekam er ein Dokument, in dem stand, dass seine Einheit – das ist aber ein größere Einheit – an 1600 „targeting killing operations" beteiligt war. Man muss daran erinnern, wir reden hier auch sehr viel über Einsätze in Afghanistan, nicht nur in Pakistan, Jemen oder Somalia. Er persönlich schätzt ein – wie er es mir heute Nachmittag erzählt hat, dass „thirteen people died directly because of my actions." Obwohl die US-Luftwaffe ihm eine Prämie von USD 100.000 bezahlen wollte, wenn er bleiben würde, entschied er sich auszusteigen. Er hatte genug.

Eine wichtige Sache, die ich von Brandon gelernt habe, betrifft das soziale System innerhalb der Luftwaffe der USA und die Rolle, die Drohnenpiloten und die Drohnenteams spielen. Die Drohenteams galten als die allerniedrigste Stufe innerhalb der Luftwaffe. Man muss sich daran erinnern, dass die Luftwaffe traditionell ist. Diese Branche des Militärs hat die besseren Uniformen, besseres Geld, besseres Essen. Aber bei dieser Drohnenbasis, wo er gearbeitet hat, waren die Drohnenteams immer die niedrigsten. Das hieß: Die „echten" Piloten, die Piloten, die tatsächliche Flugzeuge geflogen haben, wollten mit Drohneneinsätzen nie etwas zu tun haben. Wenn die damit zutun hatten, war das wahrscheinlich wegen Dienstvergehen, Alkoholmissbrauch, oder so etwas Ähnlichem. Es war eine Strafe für einen normalen Piloten, in einem Drohnenteam eingesetzt zu werden. Die waren auch schlechter bezahlt. Es war auch so, dass die anderen sie ausgelacht haben, wenn sie „Flight Suits" angezogen haben. Es war nach dem Motto: Ihr seid doch keine Piloten.

Man muss auch wissen, dass sie sehr, sehr lange Stunden gearbeitet haben. Die Einsätze dauerten häufig 18 Stunden am Tag. Und man ging davon aus, dass sie einfache Werkzeuge waren, die man leicht manipulieren konnte. Man muss sehen, dass sämtliche Entscheidungskompetenzen und -fähigkeiten der Mannschaft entzogen wurden. Die Vorgesetzten gingen davon aus, dass diese einfach funktionierten, als Werkzeuge und als Menschen ohne Gedächtnisse. Und ich glaube, dass Brandon denen das Gegenteil bewiesen hat.

Gestern war ich in Berlin beim NSA-Untersuchungsausschuss des Deutschen Bundestages, in dem es jetzt ja um geheime Kriege geht. Gestern war Brandon Zeuge. Er war der erste Zeuge in dem Teil der Arbeit des Untersuchungsausschusses, der den geheimen Krieg angeht. Und der Vorsitzende des Ausschusses, Prof. Patrick Sensburg, versuchte Brandon immer wieder über den Drohnenkrieg zu befragen: „Wo ist der Pilot? Wo sitzt der?" Er hat es nicht verstanden. „Der Pilot, der schießt manchmal?! Ist das nicht so?!" Und Brandon versuchte die komplexe Situation von einem Drohnenteam zu erklären, und deutlich zu machen, dass da nicht ein Mensch ist. Es geht um ein System von über hundert Menschen, die alle beteiligt sind an so einen Einsatz.

Gerade in den Fällen, die Deutschland betreffen, sind die Einsätze in Afrika besonders wichtig –, weil die AFRICOM, die Kommandozentrale des amerikanischen Militärs für Afrika, in Stuttgart sitzt. Auch in Somalia hat Brandon Einsätze geflogen. Man sieht, es gibt „Launch Teams" in Camp Lemonnier in Djibouti, es gibt auch ein „Launch Team" in New Mexico, wo er gesessen hat. Das sind alles freie Mitarbeiter, das sind nicht militärische Angehörige. Aber sobald die Maschinen dort hochfliegen, übernehmen dann die Militärs das Kommando.

Es gibt „Screeners", „Sensor Operators", „Pilots", JTAGs [Joint Tactical Ground Station]. Was dann in den Gesprächen, die wir geführt haben, immer wieder bedeutend war, ist, wie die alle kommunizieren, und wie es sein kann, dass 120 Menschen gleichzeitig alle diese Bilder anschauen. Da kamen wir nun tatsächlich zu Ramstein und zurück zu diesen bizarren Dokumenten und Bauplänen, die wir am Anfang gefunden hatten. Das geschah mit der Hilfe von Brandon. Wir setzten uns hin und er hat uns im Prinzip all das erklärt. Wir konnten dann andere „Freedom of Information Act"-Unterlagen finden, in denen wir solche Chat-Gespräche finden konnten; wo man 75 bis 100 Menschen erkennt, die gleichzeitig an einem solchen Einsatz beteiligt sind. Und man sieht, dass der komplette Feed, die Datenströme, alle über Ramstein gehen. Das ist ganz einfach, denn es gibt ein ganz praktisches Problem: Die Satelliten können nicht ihren gesamten Feed direkt nach Amerika schicken, wegen der Erdkugel. Die brauchen also eine Relaisstation. Von Ramstein aus ist ein Glasfasernetzwerk gebaut, in dem sie mit Höchstgeschwindigkeit die Daten in die USA schicken können.

Übrigens am Ende seiner Aussagen gestern im Untersuchungsausschuss gab es Beifall. Ich habe als Journalist die Parteispendeaffäre verfolgt, den BND-Untersuchungsausschuss und jetzt auch diesen NSA-Untersuchungsausschuss. Ich habe nie einen Zeugen gesehen, der Beifall bekommen hat am Ende seines Vortrags.

Brandon ist eigentlich Teil einer langen Tradition von Whistleblowern aus dem amerikanischen Militär. Vielleicht hat man das gelesen in den letzten Wochen: In den letzten Monaten gab es Proteste, sogar Widerstand von Militärs im Irak, die Beschwerden dagegen erhoben haben, dass ihre Offiziere ihre Analysen über die Fortschritte im

Krieg gegen den IS verwässert oder geschönt haben; „cooking the books" heißt das. Man muss sich auch daran erinnern, dass es 2003, als im US-Kongress die Demokraten und die Republikaner gemeinsam, fast einheitlich den Irakkrieg unterstützt haben, eine Gruppe von über 200 amerikanischen Generälen gab, die einen offenen Brief an den Kongress geschrieben haben, mit der starken Bitte, den Krieg doch zu überdenken. Und im Vietnamkrieg gab es nicht nur einen Daniel Ellsberg. Es war auch eine große Zahl von normalen Soldaten, sogar auch hier in Deutschland, aber auch in Vietnam und in den USA, die gegen den Krieg protestiert und auch Informationen weitergegeben und enthüllt haben, also Whistleblowing auf Alltagsebene praktiziert haben.

Ich habe Brandon häufiger beobachtet, wie er ausgesagt hat, wie er Interviews geführt hat. Ich weiß von ihm, dass er das sehr ungern macht und dass er immer wieder erleben muss, dass ihm das kein Spaß macht. Und wenn er sagt „I don't like sitting here", ich weiß, dass das stimmt. Man muss wissen, dass die Aussagen von Brandon ihn in seinem Heimatstaat sehr isoliert haben. Man muss wissen, dass natürlich viele Kameraden aus dem Militär ihn als Verräter abgestempelt haben. Es gab einmal einen Artikel in der DailyMail, der auf Facebook gepostet wurde. Innerhalb von Minuten oder Stunden waren über 150 Freunde plötzlich weg. Aber es waren nicht nur diese Facebook-Freunde, auch seine Familie hat ihn isoliert. Und man muss wissen, dass er sehr darunter gelitten hat. Dazu kam die Arbeitslosigkeit. Aber ich bewundere immer wieder, wie er sagt: „Menschen sind neugierig. Sie stellen mir Fragen. Ich bin jemand der sie tatsächlich beantworten kann." Und das tut er.

Ein Whistleblower hilft uns unsere Welt besser zu begreifen. Es ist wegen Brandon, dass wir besser verstehen, wie und was wir in dieser Welt sind. Das amerikanische Militär hat längst die Bedeutung Deutschlands für den US-Drohnenkrieg begriffen. Und man sieht auch, wenn man sich die Unterlagen anguckt, dass auch das deutsche Verteidigungsministerium die Bedeutung von Deutschland für den Drohnenkrieg begreift. Und es ist wegen Brandon, dass wir heute doch auch in Deutschland eine öffentliche Diskussion zu der Rolle von Deutschland im Drohnenkrieg haben, und dafür möchte ich mich bei ihm sehr bedanken.

Laudation on Brandon Bryant

John Goetz

First, I want to explain briefly how I met Brandon Bryant, and how our work looked like, before I met him. When I left [the German news magazine] "Der Spiegel" to join this new investigative reporting group – back then it was only working for Süddeutsche Zeitung and NDR – we decided we wanted to make a bigger research project. It was about the German role in the American "War on Terror", as it is called. We established a team and we spent a very long time in the quite fascinating world of American data that is online. It is incredible what the United States put online. The entire United States federal budget is online. We have worked on this for a long time and found construction plans. We found incredible PDFs. And this actually started our research, in which Brandon Bryant would later play a major role. We found plans for this Air Operation Center in Ramstein. We also found plans for a relay center in Ramstein. There were term and sentences we have seen, but frankly we had failed to comprehend the information. It was extremely complicated. There were plans, PDFs, hundreds of pages, sometimes hundreds of PDF files. The details were so overwhelming, it was sometimes very difficult to understand. There was a phrase we had found in a construction project, which was very interesting for us back then. It's about this satellite relay center in Ramstein. It was – and I'll briefly read it to you: „Without these facilities, the aircraft will not be able to perform their essential UAV missions within the EUCOM, AFRICOM and CENTCOMAOR." Maybe now we understood this a little bit better, but back then we were still confused.

It is quite amazing that the US government provides a lot of data online, but also that the American military personnel posts a lot of information onto social networks. To me, it is still unbelievable. If you type in "drone pilot Germany" into this network LinkedIn, you get results. If you refine your search to "UAV pilot", you get results as well. If you enter all these military descriptions, you can find names of people. And you can also search for them in Germany. For example, there was a drone pilot who lives near Stuttgart. But she was not willing to give us any information in any way and she always kept insisting on the fact that what she is doing and what she has done is in the interest of the national security of the Federal Republic of Germany and the United States. Nevertheless, due to the privatization of the US military the drone operators very often have to "sell" themselves. They need to actually present what kind of great things they have done. And sometimes you see – and this is actually quite astonishing – how many „kills" they have made. You see "beautiful" descriptions. Interestingly, in these biographies we repeatedly saw "Ramstein" and "Stuttgart".

A final point of what kept us still confused then, before we met Brandon, was a communication network of the American military. In seven bases around the world (California, the East Coast of the USA, Japan, Korea, but also Ramstein) all American military and intelligence data flows through a so-called DGS system. But if you spend enough time on Milweb pages you will see that there are libraries full of information on this DGS system. However, to understand this is something else.

A final point from this preliminary research: It is the tradition of the US Air Force that in case of an aircraft crash an in-depth investigation is conducted. Traditionally, these investigations are always published. Interestingly, on an Air Force website we found an 800-page crash report on a drone, which had prepared an attack in Somalia. And in this report we found Stuttgart, AFRICOM, command structures, and also Ramstein. But other insane things were also included, for instance that the „sensor operator" had eaten a Turkey Sandwich while it was searching for the target. There were incredible human details: what they had for dinner later that night because it had taken so long to find the target.

Frankly speaking, we were about to cancel the whole project, which was later called "Geheimer Krieg" – "Secret War". Because it was confusing. No one had the time to understand these DGS documents. We thought: How can you even explain this to anyone? We had hardly understood it. And then we met Brandon. Basically, it was the turning point in our research and the turning point for our project altogether.

What has always impressed me every time I met Brandon is that he does not "play a record". Surely I have met him 35 or 40 times already. I hear and learn something new from him every time. I know – and that was so fascinating: His statements have given us a key to comprehend all these budget documents, the other PDFs and this DGS system. For example, when he had simply told us, "Yes, every morning we call Ramstein, because I have to get the connection, which drone I use." It is, so to say, the feed that was part of his daily life. And he said, "Yeah sure, that's the DGS system". And that was suddenly an eye opener, this block we had never really understood. It was also fascinating that he was able to confirm things that we had found otherwise. For example, he even knew the man with the "turkey sandwich". For us this also confirmed that Brandon is who he is. But then he also began to draw plans for us, what a workstation looks like, where the people sat, where the supervisors sat.

Brandon Bryant was born in 1985. He grew up in Missoula, Montana. He wanted to be a journalist. I would strongly advise him to pursue this profession because he has an incredibly good memory. But just like many Americans he thought with regards to tuition fees, "Well, I cannot afford it. I do not want to get into debt. First I will go to the military. They have programs through which soldiers are allowed to study for free." In July 2005 he was admitted into the Air Force. In July 2006 he was trained as a „remotely piloted aircraft sensor operator". In December 2006 he had his first job, he flew his first mission. Later on he went to Iraq for six months, I believe. But his main time was spent as a drone operator, as a sensor operator at the Cannon Air Force Base in New Mexico. There are pictures of this as well. He also drew it well for us: in principle, a stack, a huge stack of containers.

Much of what Brandon has learned in his time as a sensor operator is owed to his personality. We also noticed this in talks with others who have been working in this area. He noticed things. He asked questions. He was interested. In 2011 it came down to the question: Should I continue? Should I stay? He decided to quit. And the reason why he had quit? There are various statements he has given me over these years I know him. Actually, they form a clear picture of how he thought at the time. There were various incidents. Most essentially though, as Brandon has told me, is that he had been thinking during nights more often, sometimes dreaming, about how the people fare, who he had observed. And this did not necessarily just concern the fatalities, because most of his 16 flight hours a day he was not occupied with shooting. It was just observing people. So they sit in these windowless containers, and watch and observe. He began to consider: What kind of life would they have otherwise? Of course, there was an occurrence and incident he also spoke frequently about. If a rocket is fired, there is a certain point where you cannot change the direction, the last six or ten seconds. And a small figure came into the picture. Brandon had a better picture than others who had seen the screen. The image was of high quality. And at the last moment, as he testified, a child ran into the target area. He immediately asked his colleagues, the screener, who was actually responsible for the images, however with an inferior resolution. The colleague thought it was a dog, to which Brandon replied, "Funny, a dog with two legs."

When he left the Air Force, he was given a document by his unit – a larger unit – which stated that he was involved in 1600 targeting killing operations. We must remember, we are also talking very much about operations in Afghanistan, not just in Pakistan, Yemen or Somalia. He personally estimated – as he has told me this afternoon – that "thirteen people died directly because of my actions." Although the US Air Force offered to pay a bonus of USD 100,000, under the condition he continues working, he decided to leave. He has had enough.

One important thing I learned from Brandon relates to the social system within the US Air Force and the role that drone pilots and drone teams play. The drone teams are considered as the very lowest level within the Air Force. One has to remember that the Air Force is traditional. This branch of the military has better uniforms, more money, and better food. On this drone base, where he has worked, the drone teams were always the lowest ones. That meant: The "real" pilots, the pilots who flew the actual aircraft, never wanted to have anything to do with drone missions. If they were involved, it was probably due to misconduct, alcohol abuse, or something similar. It was a punishment for a normal pilot to be deployed in a drone team. They were also paid less. It was also the case that others laughed at them, if they wore flight suits. It was along the lines of: You guys aren't pilots.

You also have to know that they have worked very, very long hours. The missions often lasted 18 hours a day. And it was assumed that they were simple tools that could be easily manipulated. All the decision-making powers and authority of the team were withdrawn. The supervisors assumed that they simply functioned as tools and as men without memories. And I believe that Brandon has proven them the opposite.

Yesterday I was in Berlin at the NSA investigation committee of the German Parliament, which now concerns itself with secret wars. Yesterday, Brandon was a witness. He was the first witness in the part of the work of the committee, which deals with the secret war. And the Chairman of the committee, Prof. Patrick Sensburg, kept trying to ask Brandon about the drone war: "Where's the pilot? Where does he sit?" He did not understand it. "The pilot, he shoots sometimes?! Isn't that the case?!" And Brandon tried to explain the complex situation of a drone team, and tried to emphasize that there is not one person. It is about a system of over a hundred people, all of which are involved in such a mission.

Especially in the cases involving Germany, the missions in Africa are particularly important, because AFRICOM, the command center of the US military for Africa, is based in Stuttgart. Even in Somalia, Brandon has flown missions. You see there is a launch team in Camp Lemonnier in Djibouti, there is also a launch team in New Mexico, where he had been sitting. Those are all freelancers, those are not military forces. But once the machine took off, the military took over the command.

There are screeners, sensor operator, pilots, JTAGs [Joint Tactical Ground Station]. What became repeatedly important in our discussions was the question of how everyone was communicating, and how was it possible that 120 people all watch these images simultaneously. Now we actually came back to Ramstein and back to these bizarre documents and construction plans, which we found in the beginning. This was done with the help of Brandon. We sat down and he basically explained all of it. We were then able to find other „Freedom of Information Act" documents, in which we could find those chat conversations, where we could identify 75 to 100 people who were simultaneously involved in such an operation. And you can see that the entire feed, the data streams, all go through Ramstein. This is simply because there is a very practical problem: The satellite cannot send all their feed directly to America, because of the globe. Thus, they need a relay station. From Ramstein a fiber-optic network is constructed, through which they can send the data to the United States at top speed.

By the way, at the end of his testimony yesterday in the committee, there was a round of applause. As a journalist I watched the scandal concerning the political party donations, the [German Intelligence Services] BND investigative committee and now this NSA investigation committee. I have never seen a witness who was applauded at the end of his presentation.

Brandon is actually part of a long tradition of whistleblowers from the American military. Perhaps you have read it in the last few weeks: In recent months there have been protests, even resistance by the military in Iraq, who have raised complaints that their officers have diluted or glossed over their analyses on the progress on the war on IS; it is called cooking the books. One must also remember that in 2003, when the Democrats and the Republicans jointly, almost uniformly supported the Iraq war in the US Congress, it was a group of about 200 American generals, which had written an open letter to the Congress, strongly requesting to reconsider the war. And during the Vietnam War, there was not only Daniel Ellsberg. There was also a large number of ordinary soldiers, even here in Germany, but also in Vietnam and in the US, who protested against the war and also passed information on and have revealed things, practicing whistleblowing on an everyday basis.

I have frequently observed Brandon how he testified, how he conducted interviews. I know from him that he very reluctantly does so, and that he must experience this time, and again, that it is not fun for him. And when he says „I do not like sitting here" I know that's true. You have to know that these statements have isolated Brandon very much in his home state. You have to know that, of course, many comrades from the military have labeled him a traitor. There was an article in the Daily Mail, which was posted on Facebook. Within minutes or hours over 150 friends were suddenly gone. But it was not only those Facebook friends; his family has also abandoned him. And you have to know that he has suffered very much. Then, the unemployment issue. Nevertheless, I admire, how he says, „People are curious. They ask me questions. I am someone who can actually answer them." And he does.

A whistleblower will help us better understand our world. It is because of Brandon that we better understand how and what we are doing in this world. The US military has understood the importance of Germany for the US drone wars long ago. And you can also see when you look at these documents that the German Ministry of Defense also understands the importance of Germany for the drone wars. It is because of Brandon that today we also have a public debate in Germany about the role of Germany in the drone wars, and I would like to thank him very much for that.

Laudatio für Professor Gilles-Eric Séralini

Christine von Weizsäcker

Gerne trage ich zur Ehrung von Professor Gilles-Eric Séralini bei. Gerne halte ich die Laudatio. Das Thema, das er aufgriff, ist wichtig.

30 Millionen Tonnen gentechnisch veränderter Organismen, vor allem Mais, Soja und Raps werden jährlich in die EU eingeführt. Zahlen aus dem Jahr 2013 zeigen, dass die Mehrzahl davon gentechnisch so verändert ist, so dass sie – im Gegensatz zu allen anderen Pflanzen – das Totalherbizid Roundup der Firma Monsanto tolerieren können. Es gibt also ein Technologiepaket „gentechnisch veränderter Organismus und glyphosathaltige Unkrautvernichtungsmittel, u. a. Roundup". 2014 wurden weltweit etwa 180 Millionen Hektar damit angebaut. Das sind ungefähr 12 % der Ackerfläche. Glyphosathaltige Herbizide werden darüberhinaus kurz vor der Ernte aufgebracht, um die

Christine von Weizsäcker

gleichmäßige Abreifung von Weizen oder Raps zu beschleunigen. Diese zusätzliche Verwendung nennt man Sikkation. Glyphosathaltige Mittel, von denen in Deutschland 93 verschiedene für Acker-, Obst- und Weinbau zugelassen sind, sind die weltweit am häufigsten eingesetzten Herbizide. Sie wurden im menschlichen Urin und in der Muttermilch nachgewiesen. Es lohnt sich also, immer wieder – mit jeweils verbesserter und erweiterter Methodik – nachzuforschen, ob sie wirklich hohen Sicherheitsstandards für Mensch und Umwelt genügen. Sonst gehören sie verboten.

Gilles-Eric Séralini hat seit 1991 eine Professur für Molekularbiologie an der Universität Caen und arbeitet an der Schnittstelle zwischen Krebsforschung und Hormonforschung. Dazu gehören Hormonstörungen, Fruchtbarkeitsstörungen, Krebsentstehungsursachen, Luft-, Wasser- und Nahrungsmittelbelastungen. 50 seiner mehr als 100 durch Fachwissenschaftler geprüften Publikationen widmen sich dem Thema Pestizide.

Der Whistleblower-Preis ist nicht die erste Anerkennung, die er erhielt. Schon 1998 erhielt er den Prix Philips für das Verständlichmachen von wissenschaftlichen Ergebnissen. 1999 wurde er Commandeur de l'Ordre de l'Etoile de l'Europe. 2001 folgte dann der Prix Denis Guichard für sein Gesamtwerk zugunsten einer unabhängigen und ethischen wissenschaftlichen Technikfolgenabschätzung. 2008 wurde er für sein Gesamtschaffen als Biologe zum Ritter der französischen Ehrenlegion ernannt.

1999 gründete er gemeinsam mit der französischen ehemaligen Ministerin Corinne Lepage und Prof Jean-Marie Pelt das Centre de Recherche et Information Indépendantes sur le Génie Génétique, ein unabhängiges Forschungs- und Informationszentrum. Das wird ihm übrigens von den Medien vorgeworfen. Es sei Anti-Gentechnik-Aktivismus. Wenn sich hingegen das europäische Programm GRACE (GMO Risk Assessment and Communication of Evidence) oder das deutsche Forschungsforum ebenfalls um die Kommunikation von wissenschaftlichen Ergebnissen an die Bürger kümmern wollen, handeln sie sich nicht gleichermaßen den Vorwurf des Aktivismus ein.

Er war einer der Erstautoren des Wissenschaftler-Aufrufs zu einem Moratorium, um die nötige Zeit für zusätzliche Sicherheitsforschung im Gentechnikbereich zu gewinnen – wohlgemerkt, vor deren Kommerzialisierung im Anbau und Verwendung als Nahrungsmittel.

Neun Jahre lang war Professor Séralini Berater der französischen Regierung zu Gentechnikfragen und wurde auch von anderen Ländern und der EU-Kommission zur Beratung herangezogen.

Er war Berater der EU bei der Klage der USA, Argentiniens und Kanadas vor dem Schiedsgericht der Welthandelsorganisation gegen die EU und gegen ihr de facto Gentechnik-Moratorium.

Gilles-Eric Séralini forscht fleißig. Er ist wissenschaftlicher Teamspieler, arbeitet und publiziert mit Forschern aus vielen Ländern. An seiner Heimatuniversität Caen leitet er ein sehr aktives Team von jungen Wissenschaftlern.

Zugleich nahm er offensichtlich sehr aktiv am politischen und rechtlichen Diskurs zu Technikfolgenabschätzung und Technikbewertung teil. Ein solcher Diskurs ist sicher im öffentlichen Interesse. Prof. Séralini exponierte sich und war nicht bei allen beliebt. Wissenschaftliche Argumente und Gegenargumente wurden streitbar ausgetauscht. So weit so gut. Doch das war eher noch nicht Whistleblowing.

Eigentlich sollte Whistleblowing in einer wohl funktionierenden, ihrem Wertekodex entsprechenden und damit öffentliches Vertrauen erwerbenden Wissenschaft nicht nötig sein. Heftiger, unaufgelöster Dissens stört manchmal. Doch eigentlich lieben Wissenschaftler ja das Argumentieren und kritische Durchleuchten der Arbeiten ihrer Kollegen. Schon wenn ich über die hochgebildeten, aber durchaus heftigen Auseinandersetzungen der Wissenschaftler in den Pariser Salons des 19. Jahrhunderts über den neuen Wissenschaftsansatz „Thermodynamik" nachlese, erfahre ich, dass Wissenschaft in ihren kreativen Phasen ihre Konflikte voller Leidenschaft, in aller Öffentlichkeit und keineswegs abgeklärt und schon lehrbuchreif ausgetragen hat und wohl immer noch austrägt. Doch am Ende zählt: die durch Experimente angeregte Hypothese, Folgeexperimente, Kontrollexperimente durch andere Forscher, Erweiterung der Hypothesen- und Argumentationslandschaft und schließlich das Sicherwerden im Thema.

Doch manchmal funktioniert das nicht so. Whistleblowing ist kein Traumberuf. Diese Herausforderung kann einem passieren und sie ist nicht angenehm.

Zurück zu Gilles-Eric Séralini, der sich zwei Forschungsherausforderungen stellte:

1. Tierfütterungsversuche im Gentechnikbereich waren standardmässig auf 90 Tage angelegt. Genügte dieser Standard? Was würde passieren, wenn man länger füttert? Wie wäre ein solcher Versuch mit allen nötigen Kontrollgruppen anzulegen? 2 Jahre lang?

2. Glyphosathaltige Unkrautvernichtungsmittel und das dagegen tolerant gemachte gentechnisch veränderte Saatgut werden als Technologiepaket verkauft. Glyphosat selbst war mit Verdünnungsreihen untersucht worden. Doch die glyphosathaltigen Unkrautvernichtungsmittel haben neben dem Wirkstoff Glyphosat andere Hilfschemikalien, unter anderem Netzmittel/Surfactants, die das Glyphosat an den Zelloberflächen besser haften lassen. Warum macht man das? Um die Wirksamkeit zu erhöhen. Wenn damit die gewünschte Wirkung auf die Zellen gegenüber einer reinen Glyphosatlösung erhöht wird, dann stellt sich die Frage, ob damit auch unerwünschte Nebenwirkungen in stärkerem Maße ausgelöst werden. Müsste man dann nicht die tatsächlich ausgebrachte Chemikalienmischung untersuchen? Wie soll man verfahren, wenn deren genaue Zusammensetzung als vertrauliche Geschäftsinformation gilt? Da gibt es zwar die Aarhus Konvention, der sich Europa angeschlossen hat, und die Zugang zu Umweltinformationen sicherstellt und die Vertraulichkeit von Geschäftsinformationen nicht gelten lässt, wenn es um Umwelt- und Gesundheitsbelange geht. Doch die kann man nicht schnell und ohne gerichtliche Auseinandersetzung zur Geltung bringen. Wenn man aber die Zusammensetzung des Gemischs nicht kennen kann, wie aussagekräftig ist dann die Interpretation der Forschungsergebnisse?

Und dann kam 2012: die Veröffentlichung der Ergebnisse der toxikologischen Rattenstudie über 2 Jahre unter Einbeziehung der Wirkungen des Gesamtherbizids, publiziert in der wissenschaftlichen Zeitschrift „Food and Chemical Toxicology". Das Manuskript war vorab – wie üblich – zur Qualitätssicherung einer fachwissenschaftlichen Mehrfachprüfung durch unabhängige externe Fachgutachter unterzogen worden. Weibliche Versuchsratten, die mit gentechnisch verändertem Mais bzw. Roundup, gefüttert wurden, starben deutlich früher, häufig nach Bildung von Tumoren. Versuchstiere zeigten vermehrt Nierenschäden. Vielleicht waren es die publikumswirksamen Tumorbilder, die die Angriffe auslösten und Gilles-Eric Séralini ungewollt zum Whistleblower machten. Persönliche und fachliche Verunglimpfung folgten. Das Journal zog die Publikation zurück, obwohl keine Fälschung, keine Manipulation, kein „ehrlicher Irrtum" und kein Plagiat nachgewiesen wurden. Der Vorwurf war „mangelnde Schlüssigkeit", etwas, was üblicherweise keinen Veröffentlichungsrückzieher begründet. Séralini war sich der vielen offen bleibenden Fragen sehr bewusst und verzichtete auf eine unzulässige Überinterpretation der Ergebnisse, so gibt er z. B. für die Tumore nur deskriptive Daten. Er sah die Publikation als Einladung ans übliche wissenschaftliche Vorgehen: Liebe Kollegen, bitte macht Kontrollexperimente, verbessert und verfeinert sie, belegt oder widerlegt meine Ergebnisse. Gerne beteilige ich mich an dem Diskurs und der Weiterforschung.

Doch es folgte nur ein diskreditierender Dauerangriff und kein Kontrollexperiment. Es wurden Doppelstandards für seine Studien und Industriestudien angewendet. Er wurde als schlechter Wissenschaftler mit fragwürdigen Daten dargestellt, als Scharlatan, den niemand ernstnehmen kann. Die fast unveränderte Wiederveröffentlichung der Studie in der Zeitschrift „Environmental Sciences Europe" wurde kaum zur Kenntnis genommen. Weitere Details dazu können sie in der ausführlichen Begründung der Jury nachlesen.

Das Durchlesen der Dokumente zur Kontroverse und die sofortigen und ziemlich ähnlich lautenden Medienreaktionen haben mich an ähnliches Vorgehen, auch im Fall des Whistleblowers Arpad Pusztai, erinnert und wieder einmal auf die extremen Machtasymmetrien der Akteure in der Gentechnik- und Pestiziddiskussion hingewiesen. Es sieht fast so aus, als gäbe es ein Nest, das die Simultan-Informationen für die Medien blitzschnell ausbrütet. Selbst das sorgfältige Lesen der Dokumente für die kurze Zeit der Vorbereitung auf diese Laudatio machte mich schon traurig und müde. Und diejenigen, die es ohnmächtig wütend macht, dürfen das als Wissenschaftler nicht ausleben, sondern müssen es hinunterschlucken. Das ist ein Dauerstress für die Gesundheit und das persönliche Wohlergehen. Und in der Öffentlichkeit erzeugt Konfusion Resignation.

Doch gerade jetzt zeigte sich Prof. Gilles-Eric Séralini als unermüdlicher und unerschrockener wissenschaftlicher Whistleblower. Er zeigte, dass man solche Angriffe wissenschaftlich durchstehen kann. Damit wurde er zum Vorbild für andere Forscher. Er forscht weiter. Kürzlich erschien ein neuer Übersichtsartikel von vier Autoren der 2012 zurückgezogenen Publikation, darunter Séralini. Thema: Niedrigdosis-Wirkungen von Glyphosat im Bereich bisher gesetzlich zulässiger Konzentrationen in Bezug auf Missbildungen bei Embryonen, Tumorförderung. und Nierenversagen.

Prof. Séralini öffnet zudem ein zusätzliches Fragenpaket über die Beziehung wissenschaftlicher Expertise und gesetzgeberischer Gestaltung. Lieber Gilles-Eric Séralini, lass es mich mit meinen eigenen Worten kurz zusammenfassen:

Wie müssten die wissenschaftlichen Grundlagen für Risikobewertung, z. B. von glyphosathaltigen Unkrautvernichtungsmitteln, aussehen? Welche veröffentlichten und nicht-veröffentlichten Studien sollen berücksichtigt werden? Letzeres ist nicht unüblich bei Studien, die von der Industrie in Auftrag gegeben wurden.

Wie ist mit Interessenkonflikten der beteiligten Wissenschaftsakteure umzugehen? Wie ist zu verhindern, dass die Böcke in den Gärten das Sagen haben?

Ist der Mangel von eigener Risikoforschungs-Expertise an öffentlichen Universitäten und staatlichen Institutionen klug? Ist die Expertise zur Herstellung einer Technologie wirklich ausreichend für die Einschätzung ihrer möglichen weitreichenden Folgen? Ist das nicht eine interdisziplinäre Aufgabe? Sind Rennfahrer wirklich die einzigen Experten, die man zur Beurteilung von Verkehrsrisiken braucht? Und was passiert, wenn öffentliche Forschung immer mehr in Public-Private-Partnerships stattfindet? Wenn Universitäten in ihrem unabhängigen kritischen Potential geschwächt werden und zunehmend nur noch als Hauptwettbewerbsfaktor auf dem globalen Markt gelten?

Und was sind die gesetzlichen Grundannahmen beim Umgang mit Risiken? Ist es das in Europa verfassungsmäßig verankerte Vorsorgeprinzip, das Staaten herausfordert zu handeln, wenn ernsthafte Hinweise auf mögliche schwere und/oder irreversible Schäden vorliegen? Das traurige Schicksal vieler solcher Hinweise ist in den beiden Bänden „Late Lessons from Early Warnings" der Europäischen Umweltagentur enthalten.

Gilt das Vorsorgeprinzip oder ist es das Regulierungs-Gegenmodell, das in den USA vorherrscht, der „wissensbasierte Ansatz"? Wissensbasierte Entscheidungen findet man von der Vokabel her spontan gut und nimmt an, dass damit die Nutzung der jeweils besten vorliegenden wissenschaftlichen Erkenntnisse gemeint ist. Es bedeutet aber ein Entscheidungsprinzip mit Beweislastumkehr. Der Staat darf danach nichts unternehmen, wenn die Kausalkette zwischen Ursache und Wirkung nicht im Detail belegt ist und wenn kein wissenschaftlicher Konsens herrscht. Das heißt, die Beweislast ist beim möglichen Opfer, nicht beim möglichen Schadensverursacher. Der Konflikt zwischen Vorsorgeprinzip und „wissensbasiertem Ansatz" ist übrigens hochaktuell und zentral bei den Verhandlungen zum Transatlantischen Freihandelsabkommen, TTIP.

Hochaktuell ist Vieles mehr.

Ein Gericht in den USA hat in einer Klage gegen ein neuzugelassenes systemisches Pestizid in seiner Urteilsbegründung das Vorsorgeprinzip verwendet.

Die National Academy of Sciences in den USA wird im Jahre 2016 ein neues Assessment von Glyphosat vorlegen.

Die Entscheidung über der Verlängerung der Zulassung von Glyphosat steht auf EU-Ebene an und ist noch nicht gefallen.

Die International Agency for Research on Cancer, eine Arbeitsgruppe der Weltgesundheitsorganisation, stufte Glyphosat als „wahrscheinlich krebserregend" ein. Sie bezog dafür nicht die Rattenstudie von Séralini ein, die nie den Anspruch erhob, eine statistisch ausgefeilte Krebsstudie zu sein. Sie hat jedoch seine weiteren Studien uneingeschränkt herangezogen. Sie fordert eine volle Neubewertung von drei Agrarchemikalien, darunter Glyphosat.

Bei der Anhörung im Bundestag zum Thema Glyphosat kam es zu einem Eklat. Das Bundesinstitut für Risikobewertung, das für die Neu-Beurteilung von Glyphosat zuständig ist, musste sich vom Experten der Weltgesundheitsorganisation vorwerfen lassen, dass es 44 Publikationen, die einen toxischen Effekt nachweisen, nicht berücksichtigt habe.

Auf der Ebene der Bundestagsfraktionen und auf Länderebene tut sich etwas.

Herzlichen Dank, Gilles-Eric Séralini, für die Unerschrockenheit und Unermüdlichkeit. Für den Einsatz zur Aufdeckung möglicher Gesundheitsgefahren, die uns drohen können. Für das Stehvermögen inmitten von Anfechtungen. Gerne lobe ich und ehre ich dich dafür. Ich hoffe allerdings, dass das Schicksal des Whistleblowing für dich bald ein Ende nimmt, und dass deine wissenschaftlichen Kontrahenten einen Konfliktaustragungsstil wählen, der dir wieder erlaubt, ganz normal Wissenschaft in deinem Fachgebiet zu betreiben.

Congratulatory Speech
for Professor Gilles-Eric Séralini

Christine von Weizsäcker

It is with great pleasure that I contribute to honouring Professor Gilles-Eric Séralini by giving the congratulatory speech..The issues he has raised are important.

Every year, 30 million tonnes of genetically modified organisms (GMO) are being imported into the EU: mainly maize, soya and rapeseed. Figures from 2013 show that the majority of these were modified in a way that makes them – in contrast to all other plants – tolerant to the broad-spectrum herbicide Roundup produced by Monsanto. In other words, there is a technological package consisting of the weed killer resistant GMO and the corresponding glyphosate-based weed killers, including Roundup. In 2014, some 180 million hectares were planted worldwide with this combination of GM crop and herbicide. This amounts to about 12 % of arable land. Furthermore, in non-GM plants/crops, herbicides containing glyphosate are applied shortly before harvesting in order to synchronise the drying of all the wheat or rapeseed plants for harvesting. This additional application is called desiccation or siccation. Glyphosate-based formulations are the most commonly used herbicides worldwide. In Germany, 93 different formulations are approved for use on arable crops, in fruit orchards and vineyards. Glyphosate residues have been found in human urine and in mother's milk. It is surely worth while looking at the glyphosate issue, again and again, making use of the most recent and best available scientific findings, and see whether glyphosate herbicides really comply with high safety standards for human health and the environment. If they do not, they have to be banned.

Gilles-Eric Séralini has been Professor for Molecular Biology at the University of Caen since 1991. His work is at the interface between cancer research and hormone research, covering hormonal disorders, fertility disorders and causes of cancer, as well as contamination of air, water and food. He has published more than 100 peer-reviewed papers, and 50 of these addressed the topic of pesticides.

This Whistleblower Award is not the first recognition he has received. In 1998 he was awarded the Prix Philips for excellence in conveying scientific results to the public. In 1999, he became a Commandeur de l'Ordre de l'Etoile de l'Europe. This was followed in 2001 by the Prix Denis Guichard for his overall contributions to independent and ethical scientific technology assessment. In 2008 he was made Knight of the French Legion of Honour for his work as a biologist.

In 1999 he co-founded jointly with the former French minister Corinne Lepage and Professor Jean-Marie Pelt the Centre de Recherche et Information Indépendantes sur le Génie Génétique (CRIIGEN) – an independent research and information centre. This was picked on by various media as an act of "anti-GMO activism". Interestingly, these same media are strangely devoid of accusations of "activism" when it comes to other initiatives to communicate scientific results to the public, such as the European GRACE programme (GMO Risk Assessment and Communication of Evidence) or the German Forschungsforum on genetic engineering.

Professor Séralini was one of the lead authors of the Scientists' Appeal for a Moratorium on GMOs in order to allow for the time necessary to carry out additional research for assessing the impacts of genetic engineering before their commercialisation in agriculture and food.

For nine years, he was an advisor to the French government on issues of genetic engineering and was also called upon to provide consultancy to other countries and the EU Commission.

He was an advisor for the EU in the case brought against it by the USA, Argentina and Canada at the Dispute Settlement Body of the World Trade Organisation to appeal the de facto moratorium on genetic engineering.

Gilles-Eric Séralini is a diligent and hardworking researcher and a scientific team player, working and publishing together with scientists from many countries. At his home university in Caen he leads a very active team of young scientists.

He is also obviously very actively committed to the political and legal discourse on technolgy assessment and technology evaluation. . This discourse is certainly in the public interest. Prof. Séralini took a prominent stance and was not loved by everyone. Scientific arguments and counter-arguments were exchanged in a strident manner. So far, so good. This was not yet whistleblowing.

In fact, whistleblowing should not be necessary in a well-functioning academic world that operates by its own code of standards and enjoys public trust. Intense, unresolved dissent can be disturbing but scientists usually love debate and the critical examination of peers' results. Science in its creative phases can be full of impassioned, public conflicts, which in no way fit the description of serene discussions we might find in the textbooks: I realised this while reading about the high-level but also high-intensity debates amongst academic members of the Salons de Paris in the 19th century on the new theory of "thermodynamics". Nonetheless, in the end it is the experiments which count and lead to hypotheses, new experiments, control experiments from other scientists, expansion of the theories and arguments, which the scientific community can draw upon, and finally the solid establishment of a scientific field.

Whistleblowing becomes necessary when things do not turn out this way. It is nobody's dream job, but rather a challenge, which 'happens to us' and can put us in an uncomfortable position.

Let us return to Gilles-Eric Séralini, who set himself two challenges for his research:

Callenge number 1:. Animal feeding studies in the field of genetic engineering have a standard duration of 90 days. Is this standard sufficient? What would happen if they were fed for longer? How could a suitable trial be conducted, including all the necessary control groups? For 2 years?

Challenge number 2:. Glyphosate-based herbicides and the corresponding resistant, genetically modified seeds are sold together as a technology package. Glyphosate itself had been tested using dilution series. However, glyphosate-based herbicides contain other chemicals in addition to the main active ingredient: these include surfactants, which allow the herbicide to attach to the plant's cell surface better and, thus, to enter into the cells better. Why are they added? To increase effectivity of the main active ingredient. So surely it is worth asking the question: If a preparation is designed to have a stronger effect than a pure solution of glyphosate on the cells of unwanted plants, does it also have stronger side-effects on other cells? And in this case, surely safety research should be carried out on the mixture of chemicals used in practice rather than just the isolated active ingredients? How could a study such as this be carried out on a commercial formulation, whose composition is a declared confidental business information? There is the Aarhus Convention, which Europe signed up to. This convention ensures access to information relevant to the environment, declaring confidential business information to be insufficient grounds for refusing to disclose information in the context of environment and human health. However, these access to information rights cannot be enforced quickly or without recourse to extensive legal proceedings. If a formulation's composition is not known, how will this affect the validity of interpretation of research results?

Now we come to the year 2012: The publication of the results of a toxicology study carried out on rats over a period of 2 years, including investigation of a complete herbicide formulation. This was published in the scientific journal "Food and Chemical Toxicology". As usual, this occurred after it went through the usual quality assurance process for scientific publications – the peer review by independent external specialists. Female laboratory rats fed with genetically modified maize or with the Roundup herbicide died significantly earlier and often showed tumour formation. The experimental animals also demonstrated an increase in kidney damage. Perhaps it was the actual photos of tumours and a high degree of public attention, which triggered attacks, turning Gilles-Eric Séralini into a somewhat reluctant whistleblower. Personal and scientific defamation followed. The journal retracted the publication even though there was no evidence of the usual reasons for a retraction, i.e. falsification, manipulation, "honest error" or plagiarism. Instead, the justification was an accusation of "inconclusiveness" – which commonly would not be a reason for retraction of a publication. In fact, Prof. Séralini had deliberately refrained from an impermissible over-interpretation of the results (providing, for example, merely descriptive data for the tumours) precisely because he was aware of the many questions that remained unanswered. He considered the article to be an invitation to conduct normal scientific procedures: Dear Colleagues, Please carry out control experiments, improve and refine them, prove or disprove my results. I will be very happy to participate in the discourse on further research.

However, instead of control experiments, what actually followed was nothing other than a persistent attack designed to discredit him. Double standards were used to describe his studies compared with those carried out by industry. He was portrayed as a bad scientist with questionable data, and as a charlatan that nobody could take seriously. Hardly a mention was made when his study was later re-published in "Environmental Sciences Europe" with almost no changes. Further details can be found in the Full Reasoning of the Jury for this award.

Reading through the documents on the controversy, as well as the immediate and rather uniform and attacking media reactions, reminded me of similar occurrences in the case of the whistleblower Arpad Pusztai. Once again we have a clear indication of the extreme power asymmetry among actors in the fields of genetic engineering and pesticides. It almost looks as if there was a nest rapidly hatching news for various media simultaneously. The short time I spent carefully reading through the documents to prepare this congratulatory speech was enough to leave me sad and tired. And if it leaves scientists who are under constant attack helpless and angry, they unfortunately cannot express this anger but rather have to swallow it in the course of their professional lives. This creates ongoing, chronic stress for their health and personal well-being. And spreading confusion amongst the public, eg by media and industry, leads to public resignation..

However, it is in this regard that Professor Gilles-Eric Séralini proved himself to be an untiring, dauntless scientific whistleblower. He showed that it is possible to maintain strict scientific values and survive this type of attack. In doing so, he became a role model for others. And he continues his research. Recently, a review article was published by four of the authors of the retracted 2012 paper, including Séralini. The topic was the effects of glyphosate administered at a low dosage within permitted concentrations: results include malformation of embryos, increases in tumour formation and kidney failure.

Prof. Séralini also opens up an additional set of questions regarding the connections between scientific expertise and legislative measures. Dear Gilles-Eric Séralini, Please let me summarise this in my own words:

- What would the scientific foundations need to look like for a risk assessment of, for example, glyphosate-based herbicides? Which published and non-published studies should be considered? The latter is not uncommon for studies commissioned by industry.

- How should we deal with conflicts of interest of scientific actors? How can we avoid "putting the fox in charge of the henhouse"?

- Is it clever to accept neglecting the necessary infrastructure for independent risk-research at public universities and state institutions? Moreover, is the type of expertise required to create a new technology also sufficient to assess its far-reaching consequences? Or is that actually an interdisciplinary task? Are racing drivers really the only experts we need when trying to assess traffic risks? What happens if an increasing proportion of public research is taking place as public-private partnerships? What happens if universities are being weakened in their potential for independent critical assessments and their value is increasingly seen only in their role as one of the major competitive factors in the global market?

- What are the basic legal assumptions involved in dealing with risk? Would they include the precautionary principle anchored in the European Constitution, calling on governments to act if there are serious indications of severe or irreversible harm? The sad fate of many of such warnings in the past is described in the two volumes of "Late Lessons from Early Warnings" published by the European Environment Agency.

- Does the precautionary principle apply, or rather the model prevailing in the United States of America, namely the "knowledge-based approach" or "sound-science approach"? Knowledge-based decisions sound good when we first hear the term and assume it means making use of the best available scientific knowledge. However, it actually means reversing the burden of proof. The state is not permitted to take any action if the direct relationship between cause and result has not been fully demonstrated in detail – or if there is no scientific consensus. So in practice it means the burden of proof is on the possible victims, not on the party possibly causing damage. The conflict between the precautionary principle and the "knowledge-based approach" is highly topical and a core issue in the negotiations of the Transatlantic Trade and Investment Partnership, TTIP.

Even more issues are highly topical:

- A court in the USA applied the precautionary principle in its judgment on a case involving a newly approved systemic herbicide.

- In 2016, the National Academy of Sciences in the USA will publish a new assessment of glyphosate.

- A decision is due in the EU on the re-approval of glyphosate, but has not yet been made.

- The International Agency for Research on Cancer (IARC), a working group of the World Health Organisation (WHO), classified glyphosate as "probably carcinogenic". This classification was based on publicly available studies. The Séralini rat study was not one of these, since it never claimed to be statistically designed as a study of carcinogenicity. However, other publications by Prof. Séralini were included without reservation. The working group also called for a completely new assessment of three agrochemicals, including glyphosate.

- During a hearing on the issue of glyphosate in the German Parliament, there was a scandal when the Federal Institute for Risk Assessment (BfR), responsible for the new evaluation of glyphosate, had to listen to experts from the WHO accusing it of excluding from its deliberations 44 publications, which demonstrated a toxic effect.

- There are also ongoing discussions and activities within the parliamentary groups and in individual Federal States of Germany.

Our heartfelt gratitude goes out to you, Gilles-Eric Séralini, for your dauntless, untiring efforts. For your uncovering of the potential health hazards we are facing. For your staying power in the midst of vehement attacks. I am more than happy to praise and honour you for that. Nevertheless, I would rather that you did not have to demonstrate these qualities so much and continuously. I hope your role as whistleblower soon comes to an end, with your academic opponents adopting a less aggressive approach. I hope you will be allowed to return to normal scientific practice in your specialist areas.

Preisübergabe

Vorsitzende Otto Jäckel (IALANA) und Prof. Ulrich Bartosch (VDW)

Preisübergabe an Brandon Bryant durch Vorsitzenden RA Otto Jäckel (IALANA)

Preisübergabe an Gilles-Eric Séralini durch Prof. Ulrich Bartosch (VDW)

Urkunde

Die Deutsche Sektion der
International Association of Lawyers Against Nuclear Arms (IALANA)

und

die Vereinigung Deutscher Wissenschaftler e.V. (VDW)

vergeben im Jahr 2015 den

Posthum-Whistleblower-Ehrenpreis

an

Dr. Léon Gruenbaum (geb. 1934, gest. 2004)

Léon Gruenbaum wurde 1934 während der Flucht seiner jüdischen Eltern vor den Nazis aus Deutschland in Forbach (Lorraine/Lothringen) geboren. In den 1970er Jahren war er als Physiker am früheren Kernforschungszentrum (KfK) in Karlsruhe beschäftigt. Als NS-Verfolgter („child survivor"), der dem Holocaust entkommen konnte, beteiligte er sich während seiner Karlsruher Zeit und danach aktiv an den Protesten gegen rassistische und NS-affine Äußerungen dortiger NS-belasteter Leitungspersonen des KfK. Er versuchte, die gesellschaftlichen Hintergründe und Ursachen seiner Verfolgung während des NS-Regimes und seine erneute Diskriminierung im Deutschland nach 1945 zu ergründen. Es ging ihm darum, Zusammenhänge und Verbindungslinien herauszufinden. Im Gefolge dieser Konflikte wurde sein Zeitvertrag am KfK nicht verlängert.
Das Ende seiner Tätigkeit am KfK konnte ihn nicht davon abhalten, zusammen mit dem Ehepaar Beate und Serge Klarsfeld die NS-Vergangenheit des damaligen administrativen Geschäftsführers des KfK Dr. Rudolf Greifeld öffentlich aufzudecken. Dr. Gruenbaum trug so entscheidend dazu bei, dass dieser schließlich von seinem Amt als Mitglied des Lenkungsausschusses des Europäischen Atomforschungszentrums in Grenoble zurücktreten musste. Er konnte sich zu Recht nicht damit abfinden, dass in Deutschland seit den 1950er Jahren eine große Zahl NS-belasteter Wissenschaftler und Akteure führende Positionen in der Atomforschung und ihrer Administration innehatten.
Ferner enthüllte Dr. Gruenbaum öffentlich in Kooperation mit zivilgesellschaftlichen Organisationen und Initiativen Verstrickungen des KfK in die Weiterverbreitung von Atomwaffentechnologien u.a. nach Argentinien, wo diese über Jahre hinweg bis zum Beitritt des Landes zum Atomwaffensperrvertrag zur Entwicklung von Nuklearwaffen genutzt wurden.
Dr. Léon Gruenbaums Whistleblowing und die damit verbundenen Auseinandersetzungen im KfK in Karlsruhe bewirkten für ihn gravierende berufliche Nachteile und hatten schwerwiegende gesundheitliche Folgen. Er verstarb 2004 in Karlsruhe im Alter von 70 Jahren. Seine letzte Ruhestätte fand er auf dem Friedhof in Bad Mingolsheim.

Karlsruhe, den 16.Oktober 2015

Otto Jäckel
Vorsitzender der
Deutschen Sektion der IALANA

Prof. Dr. Ulrich Bartosch
Vorsitzender der
Vereinigung Deutscher Wissenschaftler e.V.

Certificate

The German Section of the
International Association of Lawyers Against Nuclear Arms (IALANA)

and

the Vereinigung Deutscher Wissenschaftler e.V. (VDW)
[Federation of German Scientists - FGS]

hereby give the

Whistleblower-Award 2015

to

Brandon Bryant (Missoula/Montana, USA)

Brandon Bryant served from 2006 to 2011 with the US Air Force as a drone pilot. After a period struggling with his conscience, he voluntarily quit active service and left the US armed forces in July 2011. For reasons of ethics, he rejected and still rejects the secret worldwide drone war carried out by the US, particularly because of the innumerable civilian victims and the severe psychological consequences for the drone pilots involved in the killings.

As an insider, in December 2012 Brandon Bryant gave many interviews to expose how this global drone war is being fought. Of particular significance to Germany, he publicly revealed the fundamental role played by the relay station and the "Air and Space OPs Center (AOC)" at the Ramstein US Airbase in Rheinland-Pfalz, Germany.

Brandon Bryant also provided details to refute the German government's claim that the mobile telecommunication data provided by German intelligence agencies to US authorities could not be used to locate the target of a drone attack.

His information was an impulse taken up by numerous investigative journalists, resulting in further detailed research and revelations.

By personally vouching for the reliability of his information on the secret drone warfare with its extrajudicial killings, Brandon Bryant did more than just raise ethical issues. He also forced a public debate, which is still raging, on the issue of whether the German government is responsible for illegal killings because it is tolerating the relevant activities taking place on German territory in Ramstein - contrary to public international law and to German constitutional law.

The Whistleblower-Award - donated with 3.000 € - is presented to the public in Karlsruhe on the 16th of October 2015.

_____
Otto Jäckel
Chairperson of the
German Section of IALANA

_____
Prof. Dr. Ulrich Bartosch
Chairperson of the
Federation of German Scientists (VDW)

Certificate

The German Section of the
International Association of Lawyers Against Nuclear Arms (IALANA)

and

the Vereinigung Deutscher Wissenschaftler e.V. (VDW)
[Federation of German Scientists - FGS]

hereby give the

Whistleblower-Award 2015

to

Prof. Gilles-Eric Séralini (Caen, France)

The Whistleblower Award honours people who, for the sake of public benefit and in spite of possible negative consequences for themselves, disclose major grievances or negative developments which pose significant risks or danger to humans, society, the environment or peace. As insiders or experts who have highly relevant insights and knowledge coupled with the courageous willingness to benefit the public by raising the alarm, whistleblowers often provide the only opportunity to uncover risks and dangers for important legally protected goods.

With the results of his feeding study published in 2012, as well as of many other studies and publications, Prof. Séralini has made significant contributions to the disclosure of risks to life and health associated with, or at least possibly associated with, the glyphosate-based herbicide Roundup, especially in combination with genetically modified NK603 maize. In doing so he turned not only to his science colleagues but also to the general public, in order to draw attention to the risks he saw.

His steadfastness in face of attacks on his personal and scientific integrity bear witness to a high awareness of his professional ethical responsibility. Despite these attacks, Prof. Séralini unwaveringly refused to abandon his professional ethics during any of these conflicts. Instead, with a great deal of stamina and decisiveness, he countered the arguments at a high scientific level. This gained him the worldwide support of many scientists who defended the methods he chose and deemed his research results to represent genuine scientific progress.

The Whistleblower-Award - donated with 3,000 € - is presented to the public in Karlsruhe on the 16th of October 2015.

_____
Otto Jäckel
Chairperson of the
German Section of IALANA

_____
Prof. Dr. Ulrich Bartosch
Chairperson of the
Federation of German Scientists (VDW)

Words of Thanks

Brandon Bryant

Thank you very much.

I am a bit overwhelmed by the acceptance and gratitude that I have been shown, so let me just show a little bit of mine.

Brandon Bryant

I would like to thank the people who have supported me through these really difficult times. I would like to thank my mother first, because she raised me to be the men I am today. And I would like to thank my dog, whose name is Bayern. He has been my companion for the last 5 years and without him I would not have had the will to keep going, to even just take care of myself because things have gotten so bad.

And I would like to thank my grandfather, who is the biggest male influence I ever had in my life and who kind of started this whole thing. When I was younger, he told me the only thing that a man has of any worth in this world is his word and if you cannot fulfill your word, then you have no worth. And he always talked about love and kindness and gentleness and peace and joy. And he said that these are the things that make up what a man can truly be. And I believed it.

In 2009 he passed away and the last thing I ever told him was that he was my hero and he told me that I was his. But I had not told him what I have done in the military and it broke my heart.

So, this is mainly for those 3 people that have been such a significant part of my life.

I would also like to thank the previous whistleblowers who have risked their lives and set the example for all of us to follow. If it was not for them we would not have an example to follow. We should also be reminded that there are people who are in exile or imprisoned like Manning, Snowden, Assange and these people should be given just as much care and attention as me, even though they are away, they still need our support and our help.

I would also like to say that to anyone else out there who is thinking about whether or not they should talk about what is going on or things they have seen – just follow your conscience. It is never too late. Look at me! I thought that I was damned in the very literal sense and I have had validation, I have come to peace with myself. This is something I never thought that I will find.

It is a bit unreal, actually. There are a lot of things I could say. Before I came here my little brother told me that I was an inspiration to him. And I really thought about what that meant. I wanted to be an inspiration to him by being a good military member and I wanted to show him what a good man really is, to be a good older brother, because I just met him. He is 17 years old and I just met him. I was thinking about this the other day and came to the conclusion that I am exactly the man that I wished that I wanted to be. The military has forged me into this man that I am today, for the upbringing of my family. They taught me integrity first, service before self and excellence in all we do, and these are exactly the things I stand for and they had not stood for. They taught me that. I am a product of their training. I do not think they realize that. I think that it goes over their head a little bit, because everything I have done and said has been because they trained me to do it. And they trained me to be a man of integrity. But the power that they have given me, the power that we wield, is very destructive and I do not want my little brother to ever go through the things that I went through – to be where I am today. I do not want another child to have to decide whether or not going to war, to defend your country, because they do not know. When I joined my military I was a child. I was a child for years because I had no idea what is going on, I did not understand. I was told to shut up and color, do not question, do your job. I went against my conscience. I went against my upbringing, for something that I believed in. And I do not want anyone else to ever have to go through that to have to question themselves, to have to tear themselves apart, because they think that they are doing the right thing when they know that they are not. And I hope, I hope, that as we move forward to the future that we can stop this madness that is going on.

Words of Thanks

Prof. Dr. Gilles-Eric Séralini

Good evening ladies and gentlemen,

Thank you all! It's the first time I have received real flowers in my life. I have given a lot of flowers to ladies, but this is the first time I receive flowers.

I would like to thank you all, in particular the officials and the two organisations that have given this prize to my group. My group includes, first of all, like Brandon said, my family, in particular my children, because they taught me to care about life. I was aware of this before, but being a father or a mother makes one work for our children and our future actively. I often say: During my last conscious breath, when I will breathe for the last time, I want to be happy with what I have achieved. Just to be quiet, not to be courageous, just to be quiet, and I follow this route because of my children.

Gilles-Eric Séralini

Then, of course, I would like to thank all my family and also close friends that have helped me not to die during different attacks, because I almost passed away two, three times during that fight. I will not go into the details.

And I would like to thank my scientific group, because if I am here in front of you, it is because I had courageous students who continued even when they were "burned" by all the critics. I have also friends in CRIIGEN (Comité de Recherche et d'Information Indépendantes sur le génie Génétique – Committee for Independent Research and Information on Genetic Engineering, www.criigen.org) and friends in the Network on Risks in the University of Caen that have helped me a lot to develop a transdisciplinary approach to the modern risks. I think there is no other way to treat the modern risks than a transdisciplinary approach. I am grateful to the European Network of Scientists for Social and Environmental Responsibility (ENSSER) as well, because I have a lot of friends there that have shown me the way to go.

I would like to say that when some of my friends say: Have you noticed that cancers increase, that nervous diseases increase – all that from around 100% to 500% in the last 60 years for several chronic diseases in my field, but also for immune diseases and genetic malformations? Have you noticed that the increase is neither linked to new viruses or to new bacteria nor to the genetic shift in humankind, because that happened within the last 60 years ? I realized that all these chronic diseases I was working on at the cellular level were in fact killing about 2 billion people on the planet.

Together with a colleague from southern France I did some research on the origin of toxic compounds in cells and on the genes of fetuses. And we found out that up to 400 pollutants made after World War II directly stuck on the genes of the fetuses. So I decided to dedicate my career to understand the ways of action at least of the 10 major pollutants, in order to cure their effects.

It is not my fault if in these 10 first pollutants in the world there were some major compounds sold by major companies throughout the world, that own, together with 85 others, more than 50 % of the money in the world. So I was nominated as an expert by the French government, and I had to read several commercial files for GMOs and I was also working on pesticides, and we saw (with several colleagues) that the test assessments were really bad – only 90 days, nothing on *Roundup* [herbicide product marketed by Monsanto], as a commercial formulation tested on the blood of mammals, that means with blood analyses after some experiments in order to have the regulatory authorisations to go to the commercial market. There was nothing. At the time when I began, *Roundup*, the major herbicide in the world, was considered to be as harmless as tea – not toxic at all. And it was just a legend that it was not toxic, because we had nothing to prove it in the commercial files. Only glyphosate was given alone to animals on a long term. So we worked on that and it appeared very clear even if there were a lot of fights in the scientific committees for commercial release. We had a lot of fights because the companies found some significant effects in small tests, and some of ussaid we have to follow on the tests, we have to go further. This was a normal scientific reaction in my mind. Some of them – who later were the first ones who defamed me – said: "No, we should not follow on the tests, because we know it´s enough what we have".

And with my group we went to everybody we knew in order to get some money to make the longest test ever made on mammals eating a GMO sprayed with Roundup, or drinking Roundup alone from a dose authorized in the tap water, and it was quite difficult and it was a huge stress, because it was a lot of money and I had to raise some crowd-funding and take a lot of security in order to do the test. But I was sure that it was necessary for the health of the young children that were submitted to these products. More than 40 % of us have residues of *Roundup* in our bodies, and this is increasing We discovered side effects and we published that because it was our job. Within two days, people were speaking about fraud, particularly a man who was also defending *Philip Morris* [Philip Morris International Inc., an American global cigarette and tobacco company] saying that tobacco was not carcinogenic. And he published that in the magazinc Forbes and then a lot of newspapers around the world took the information as a bonus. And we realized, when there were investigations by some journalists, that they were, in fact, people in communication agencies from several industries. So you are breaking my heart, because we always fight for transparency from this time. We discovered that the coformulants in the 10 major pesticides in the world are up to 1000 more toxic than the declared active ingredient, on human cells but also in vivo for *Roundup,* and these coformulants are declared as inerts and confidential. This is a fraud.

Today, some of these products, we know that they were used in concentration camps, like *Zyklon B* [the trade name of a cyanide-based pesticide invented in Germany in the early 1920s]. Gas Sarin in Syria was also made as a pesticide in the 1930s in Germany. And we know that they were invented as toxic products and the belief was that because they kill insects – they were not harmful for us and for the environment. But it is not true. Because in the long term they bioaccumulate, because they are stable products, because they come from petroleum – it is a fossil compound. Most of them are stable and coformulants are irritant detergents, even more stable and more bioaccumulative.

They also said that we used the wrong rats because they were prone to tumors, thus the number of tumors we discovered provoked by their products was not specific. They did not say that the same rats were used to have the regulatory assessment made by Monsanto for the same products, but they did not say either that the food of their rats was highly contaminated, explaining a high level of diseases that can mask the side effects of the products in the regulatory tests. That is what we published last August, with an experiment measuring the contamination on 5 continents – the high level of chemical pollution they had in their food. And since these "historical data" of their disabled rats are used as controls, they are making a huge fraud to mask the side effects of their products – GMOs, pesticides, chemicals, medical drugs… They are the same companies making all these chemicals and testing them, giving their wrong results to agencies.

I would like to thank IALANA, because the fight against nuclear, chemical or biological weapons, arms is in fact the same. We face a lack of transparency, a lack of taking into account the long-term effects, and this is common to all modern risks including nanotechnology or biotechnology. I am not against biotechnology, I am a molecular biologist. I made GMOs myself in order to understand the role of genes, and I teach that to the students. It's nice for insulin or growth hormones or other medical things… A medical doctor knows that he is giving that and he is monitoring the side effects. But when it comes to your home, or to your fields or to your body without you wanting that, it is a crime. A crime against humanity if the regulatory tests are hidden, if there is a lack of transparency and if we all know that there are toxic effects, because of the scientific literature [clapping from the audience].

I would also like to thank the Federation of German Scientists, because all the scientists I know in this federation defended transparency and the fact that a real scientific expertise should be like in justice, because you need scientific controversy on the tests, because if this is hidden and not transparent and the tests themselves are classified as confidential and as secret of state, it is a shame for science [clapping from the audience].

Finally, I would also like to thank Germany, because in this fight, in 2002 and later, because I was an expert for France and the European community I had access to the raw data from a company making a GMO and we were both, a dozen of us, fighting in a committee room to say we should go further, because there are side effects, we were all admitting that there were side effects, but some of them – the majority, and I know now that some of them were heavily linked to industry, said: yes, there are side effects, but they are normal side effects that you find in rats. We know now that these rats are contaminated, but I went to Berlin and then to Münster because there was a court hearing. The German government publicly gave us the raw data so that we could give that to statisticians and to other physicians and scientists in order to decide if these were important side effects or not, because they were. And, because of an Anti-Nazi law, Germany allowed transparency on that; Monsanto attacked the German state, because they gave us the raw data and Monsanto lost. Monsanto went to appeal court to attack Germany because they gave us the raw data and Monsanto lost again. This was in anticipation of the TTIP. And this went to the publication.

So, thank you all and I would say we are finally all working for the future of humankind.

Teil C
Dokumente

I. Dokumente zum Whistleblowing
des Posthum-Ehrenpreisträgers
Dr. Léon Gruenbaum

II. Dokumente zum Whistleblowing
des Preisträgers
Brandon Bryant

III. Dokumente zum Whistleblowing
des Preisträgers
Prof. Dr. Gilles-Eric Séralini

I. Dokumente zum Whistleblowing des Posthum-Ehrenpreisträgers Dr. Léon Gruenbaum

<u>Dokument Nr. 1</u>:
Rolande Tordjman-Grunbaum (frühere Ehefrau von Dr. Léon Gruenbaum)
Begrüßungsworte zum Symposium „Léon Gruenbaum. Der verfolgte Nazi-Jäger" vom 19.10.2013 in Karlsruhe:

Sehr geehrte Damen und Herren und alle Mitglieder des Forum Ludwig Marum, sehr geehrter Dietrich Schulze,

verzeihen Sie meine „approximative" deutsche Sprache. Seit langem habe ich nicht mehr Deutsch gesprochen. Heute ist der 19. Oktober, wir sind versammelt und Léon Grunbaum ist unter uns und seine Arbeit ist nicht verloren. Ich würde sagen, es gibt Gerechtigkeit – c'est justice. Noch einige Worte in Deutsch. Warum bin ich heute hier? Ich bin nicht fremd in Karlsruhe, ich bin eingeladen. Ich heiße noch Grunbaum. Jetzt in Französisch.

Die deutsch-französische Zusammenarbeit im politischen Sinne existiert. Und auch im direkten Sinne haben wir heute unter uns französisch-deutsche Paare. Ich spreche nur ein wenig Deutsch und ich denke, dass Sie mein Französisch verstehen. Falls nicht, wird der Dolmetscher und Freund Rolf Junghanns mein Vermittler sein. Ich will nicht ausführlich auf Kindheit, Studien und Forschungen und Recherchen von Léon Grunbaum eingehen. Durch Ihre vorherige Lektüre, durch Ihre Arbeit, durch Ihre Anwesenheit heute auf diesem Forum dürften Sie wohl etwas informiert sein.

Vielleicht wissen Sie, dass Léon, 1934 in einer deutsch-jüdischen Familie geboren, im besetzten Frankreich versteckt leben musste und hin und her geworfen wurde von Stadt zu Stadt. Vielleicht wissen Sie von der Furcht und dem Bangen, die dieses unstete Leben mit sich brachte, was ihm eine äußerste Zerbrechlichkeit zugefügt hatte und eine große Empfindsamkeit. Dazu kam der berechtigte Hass gegen den Nazismus. Als Beispiel für diese Ängste, die er zu durchleben hatte, möchte ich davon erzählen, wie während der Märsche durch das besetzte Frankreich seine Mutter zu dem kleinen Jungen sagte: „Wenn wir angehalten werden sollten, sag nicht Mama zu mir! Geh ganz allein weiter, selbst wenn ich verhaftet werden sollte!" Das hinterlässt Spuren in der Psyche eines Kindes."

Trotz allem hatte er später ein brillantes Studium absolviert, am Max-Planck-Institut München die Doktorwürde erlangt und später die gleichrangige Würde an der Uni Sorbonne (Paris).

Léon Grunbaum und ich waren sieben Jahre verheiratet, die ersten drei Jahre lebten wir in Karlsruhe – von 1970 bis 1973. Dort hatte er einen Dreijahresvertrag mit dem „Kern", wie wir zum Kernforschungszentrum sagten, das mittlerweile KIT heißt. Dort stand er unter der Oberhoheit von Herrn Greifeld, eines Mannes von ganz besonderem Stande – eines profilierten Alt-Nazis, der erst später enttarnt werden konnte, eines Mannes, der diejenigen Mitarbeiter protegierte, die seine Ansichten teilten. Léon Grunbaum war als Jude sein ausgemachtes Opfer – das „beste" Opfer.

Ich selbst habe in dieser Zeit Französisch an der Volkshochschule Karlsruhe unterrichtet, was mir viel Freude bereitete.

Die Spannung, die am Institut herrschte, der Antisemitismus des Herrn Greifeld führten zu einer Verschlimmerung der Empfindsamkeit Léons und zu seiner Instabilität. Daran ist unsere Ehe zerbrochen, ich wurde krank. Und letztlich führte das allmählich zu einem beklagenswerten Lebensabend Léons, zu seinem Tod. Er hat in Mingolsheim eine bescheidene Ruhestätte gefunden. Am 15. April 2011 hatten seine Freunde an seinem Grabstein in meinem Beisein eine Gedenkrede für ihn gehalten.

Eine seltsame Laune der Geschichte: Als Sohn einer Familie deutscher Juden wurde er in Frankreich geboren. Mit seiner Volljährigkeit hatte er die französische Staatsbürgerschaft gewählt. Seine letzte Ruhe hatte er schließlich in Deutschland gefunden. Ein wechselvoller Lebensweg, geprägt von Hass und Liebe. Ja, man sagt doch, dass die Kinder immer in ihre Heimat, in ihr Vaterland zurückkehren. Was für ein wechselvoller Lauf der Dinge.

Das Leben geht aber weiter und ich bin heute in Deutschland, in Karlsruhe unter Ihnen, unter Freunden. Auch sonst bin ich immer wieder einmal in Deutschland, zuletzt im Juni auf dem Bachfest in Leipzig.

Wenn ich jetzt schließe, möchte ich die Anwesenden auf meinen Wunsch aufmerksam machen: Möge es nie wieder zu Ungerechtigkeit und Missgunst zwischen den Menschen kommen – gegen wen auch immer, aufgrund welcher Motive auch immer – sei es die Religion, die Nationalität oder die Identität eines Menschen.

Vielen Dank, dass Sie mich eingeladen haben. Vielen Dank, dass Sie mir Ihre Aufmerksamkeit geschenkt haben. Einen guten und erfolgreichen Tag."

Aus: http://www.forum-ludwig-marum.de/site/assets/files/1012/reader.pdf

http://www.stattweb.de/files/civil/Doku20140627.pdf

Dokument Nr. 2:
Beschwerde-Brief von Wissenschaftlern des Kernforschungszentrums Karlsruhe vom 15.1.1973 an das Bundesforschungsministerium (Auszug S. 13–15 zum kaufmännischen Geschäftsführer Dr. Rudolf Greifeld u. a.)
In: Gruenbaum-Symposium: Reader http://www.forum-ludwig-marum.de/site/assets/ files/1012/reader.pdf und Klarsfeld-Botschaft http://www.forum-ludwig-marum.de/ site/assets/files/1012/beilage-zum-reader.pdf

Dokument Nr. 3:
Studie (Unredigiertes französisches Manuskript, 1981) Dr. Léon Gruenbaum: Genese der Plutoniumgesellschaft. Politische Konspirationen und Geschäfte.
Auszug (Übersetzung in Deutsch von Christoph Müller-Wirth und Ralf Junghanns aus Teilband II. Kapitel III, Abschnitt V, S. 276 ff.):

Interludium *alla tedesca:* Die Affäre Greifeld

S. 278 ff.: „Sehr viele Geschichten wären zu erzählen, wollte man den Leser die reale Atmosphäre nachempfinden lassen, die innerhalb des Zentrums herrschte, die kurz gesagt politisch eine extrem rechte war.

Und das lässt sich nicht klarer ausdrücken als mit den Worten des damaligen Parlamentarischen Staatssekretärs Dr. SPERLING, mit denen dieser sich im Februar 1973 auf der Jahrestagung des Verbandes der Wissenschaftler an Forschungsinstituten an Dr. HAUFF, den gegenwärtigen Minister, wandte [zum Zeitpunkt der Jahrestagung war Dr. Hauff Staatssekretär im Forschungsministerium]. SPERLING erklärte, dass *„das Kernforschungszentrum aus Militärs ohne Uniform besteht und die Verwaltung die Rolle einer Truppe in Zivil spielt"*. SPERLING hoffte, auf diese Weise Dr. HAUFF, dessen politische Karriere noch in den Anfängen steckte, zur Einsicht bringen zu können. Aber er hatte sich getäuscht. Die Reaktion von HAUFF auf seine Rede war von unerwarteter Heftigkeit. Um diese Reaktion nachvollziehen zu können, muss man wissen, dass HAUFF bereits zuvor ein Schreiben einer Gruppe von Mitarbeitern des Zentrums Karlsruhe erhalten hatte. In diesem Schreiben wurde auf „Kameradschaften" zwischen einigen Mitarbeitern der Verwaltung des Zentrums hingewiesen, die in Kriegszeiten geschlossen wurden und allermindestens als zweifelhaft erschienen.

Diese neonazistische Atmosphäre kann man nur empfinden und erkennen, wenn man sie schon einmal durchlebt hat. Der Autor hatte sie vorausgefühlt, als er das Gelände des Zentrums betrat, aber er musste zuerst einmal ein Knäuel von Ereignissen durchleben, um schließlich zur Entdeckung der Aktivitäten eines gewissen Dr. GREIFELD während des Zweiten Weltkriegs zu gelangen, die „allermindestens als zweifelhaft" erschienen.

So kam es auch dazu, dass in der Zeit seines Aufenthalts in Karlsruhe einer der Kollegen des Autors, dessen Namen der Autor aus Sicherheitsgründen besser nicht nennt, auf einer Abendgesellschaft in einem Privatklub einen gewissen Dr. ERNST traf. Dieser Dr. ERNST war schon nicht mehr sehr jung und war während des Krieges in Paris tätig, wo er auch die Bekanntschaft des Dr. GREIFELD gemacht hatte. Und am Ende der Abendgesellschaft richtete ERNST wie ganz selbstverständlich an den Kollegen des Autors die Bitte, Dr. GREIFELD Grüße zu überbringen. So gelangten wir an den Anfang der Spur, die zeigte, dass Dr. GREIFELD gut und gern einen Teil des Krieges in Frankreich verbracht hat. Dieses mündliche Zeugnis hatte aber nur geringen Wert. Was man brauchte, war die schriftliche Bestätigung von ERNSTs Äußerung durch GREIFELD. Anstatt ERNSTs Botschaft einfach nur an GREIFELDs Sekretärin zu überbringen, bevorzugten wir den internen Postweg. Der Kollege des Autors verfasste eine schriftliche Mitteilung an GREIFELD, in der er ihn über die Grußbotschaft ERNSTs informierte. In dieser Mitteilung führte er klar die Tatsache an, dass der Beginn der Bekanntschaft dieser beiden Personen in die Zeit der Okkupation von Paris durch die Deutschen fiel. GREIFELD beantwortete die Mitteilung und bestätigte, ERNST während des Kriegs in Paris kennengelernt zu haben.

[Anmerkung : Wortlaut der zitierten Antwort von Dr. Greifeld vom 5. Juni 1972: „Besten Dank für Ihre Nachricht vom 22. Mai 1972, in der Sie Grüße von Dr. Ernst ausgerichtet haben. Zur Klarstellung möchte ich sagen, dass ich Herrn Dr. Ernst seit vielen Jahren kenne, insbesondere aus gemeinsamer Zeit in Paris. Doch waren weder er noch ich Kommandant, sondern wir waren beide in der Militärregierung Frankreich tätig."]

Von diesem Zeitpunkt an (das war 1972) hatte der Autor die Gewissheit, dass seine Recherchen von Erfolg gekrönt sein würden. Er hatte den Verdacht geschöpft, dass GREIFELD während des Krieges Aktivitäten antisemitischen Charakters betrieben hatte. Dieser Verdacht war in ihm aufgekeimt im Anschluss an ein persönliches Gespräch, das er mit Dr. GREIFELD in dessen Büro hatte. Die Archive zu durchsuchen, ohne eine Spur zu haben, hätte keinen Sinn gehabt. Aber zumindest war der Autor nun sicher, dass die Richtung „Paris" zutreffend sein sollte. Hatte denn GREIFELD nicht selbst schriftlich bestätigt, ERNSTs Bekanntschaft während des Krieges in Paris gemacht zu haben? Außerdem hatte der Autor jetzt ein weiteres Positivum in seinen Händen: Unter der Antwort von GREIFELD stand die handschriftliche Unterschrift. Dies würde ihm den Vergleich mit den Unterschriften ermöglichen, die er vielleicht in Paris auf Dokumenten aus den deutschen Archiven aus der Kriegszeit finden würde. Hinzuzufügen ist, dass GREIFELD geäußert hatte, nicht der Wehrmacht angehört zu haben.

Im Besitze dieses Materials stattete der Autor in Paris Monsieur BLOCH, dem Vorsitzenden der Internationalen Liga gegen Rassismus und Antisemitismus, einen Besuch ab. Dieser half ihm dann, mit den KLARSFELDs in Kontakt zu kommen. Das war während des Sommers im Jahr des Heils 1972. Und zum Ende des gleichen Jahres hatte er die Möglichkeit eines langen persönlichen Gesprächs im Ministerium für Forschung und Technologie in Bonn mit Ministerialdirektor Dr. SCHMIDT-KÜSTER. Diskutiert wurde über den Arbeitsvertrag des Autors, den sein Institutsdirektor Professor Dr. HÄ-

FELE um keinen Preis verlängern wollte. Als er bei dieser Gelegenheit Dr. SCHMIDT-KÜSTER seine Schwierigkeiten darlegte, wusste er noch nichts von den engen Beziehungen zwischen HÄFELE und GREIFELD, von denen er zu seinem eigenen Schaden erst viel später erfahren sollte. Dr. SCHMIDT-KÜSTER versprach ihm Hilfe und verpflichtete sich, alles zu unternehmen, um bis zum Zeitpunkt des Auslaufens des Arbeitsvertrags eine akzeptable Lösung zu finden. Es handelte sich darum, dass der Autor das von HÄFELE geleitete Institut verlassen sollte, um in ein anderes Zentrum zu wechseln, vorzugsweise eines außerhalb von Karlsruhe. Erwähnt wurde das CERN, in dem bereits eine vom Kernforschungszentrum Karlsruhe entsandte Forschungsgruppe arbeitete.

Trotz aller „Anstrengungen" des Ministeriums hatte die Leitung in Karlsruhe die Verlängerung des Arbeitsvertrags verweigert. Es wäre übrigens interessant, eines Tages zu ermitteln, inwieweit von jenem Zeitpunkt an eine Art Berufsverbot seitens der Direktion von Karlsruhe ausgeübt worden sein könnte. Das, was man entdecken würde, hätte sicherlich nichts Überraschendes an sich.

Nach Auslaufen seines Arbeitsvertrags kehrte der Autor nach Frankreich zurück. Seine Intuition sagte ihm, dass er in der BRD keine Arbeitsmöglichkeit mehr bekommen würde. Aber erst später sollte klar werden, dass die Bedingungen in Frankreich kaum besser waren. Trotz der Intervention einer großen Zahl von Persönlichkeiten aus Wissenschaft und Politik sah sich die französische Regierung immer wieder in der Situation „des großen Bedauerns, den Forderungen aus Gründen des Ansehens nicht nachkommen zu können."

Als in der Presse der Skandal der TRAUBE-Affäre Furore machte, war das für den Autor (= Léon Gruenbaum) eine Offenbarung. Es wurde für ihn zur Gewissheit, dass GREIFELD während des Krieges bestimmte antisemitische Aktivitäten begangen haben musste. Diese Überzeugung mit Beweisen zu belegen, würde keine geringe Arbeit darstellen, da bestimmte Personen nach wie vor eine beträchtliche Unterstützung genossen. Aber er hatte Glück und konnte in den Archiven des Jüdischen Dokumentationszentrums (Centre de Documentation Juive Contemporaine) recherchieren. Dort fand er die Strukturpläne des „Verwaltungsstabs des Militärbefehlshabers in Frankreich" aus dem Jahre 1943/1944. GREIFELD war dort nicht erwähnt. Daraus zog er den Schluss, dass Dr. GREIFELD sich in Paris höchstens bis Ende 1942 aufgehalten hatte.

Was Dr. ERNST betrifft, war die Situation komplizierter, da dieser Familienname in Deutschland sehr verbreitet ist. Gefunden werden konnte ein gewisser Hans-Dietrich ERNST, der nach dem Krieg in Deutschland an einem geheimgehaltenen Ort lebte. Hans-Dietrich ERNST war während des Krieges Kommandeur der SIPO-SD in Angers. Nach dem Krieg wurde er der Verantwortlichkeit für die Deportation von 824 Juden beschuldigt und in Abwesenheit zum Tode verurteilt. Bekannt war auch, dass bei dem allein für die in Frankreich begangenen Kriegsverbrechen zuständigen Staatsanwalt von Köln eine Klage gegen Hans-Dietrich ERNST eingereicht worden war. Daher hatte der Autor im April 1975 eine Unterredung mit Generalstaatsanwalt

Dr. GEHRLING am Oberlandesgericht Köln. Diesem unterstanden alle Vorgänge, die in den LISCHKA-Prozess mündeten, in dem es um die Endlösung der Judenfrage in Frankreich ging. Dr. GEHRLING dachte, dass nur ein einziger Dr. ERNST existiere, und dieser schien nicht die Person zu sein, nach der gesucht wurde. In der Tat trug der eine den Doktortitel, der andere nicht, obschon beide Juristen waren. Der in Angers tätig gewesene ERNST lebte GEHRLING zufolge „irgendwo in Norddeutschland", GEHRLING wusste aber, das „unser" Mann in Baden-Württemberg wohnte. Er kannte in Baden-Württemberg keinen ERNST, der Kriegsverbrechen begangen hatte.

Nach diesem Gespräch begab sich der Autor in die Bibliothek von Köln, um dort in den Archiven der Doktorarbeiten zu recherchieren. Der Zufall wollte es, dass – wenn auch der Familienname ERNST recht verbreitet war, der Vorname des SS-Manns hingegen eher selten vorkam. In den durchsuchten Archiven gab es aber niemanden mit diesem Namen.

Irgendetwas in den Angaben von GEHRLING war unstimmig! Zurück in Paris, nahm der Autor die Suche nach den beiden ERNST wieder auf. Er durchblätterte alle Telefonbücher von Norddeutschland. Dabei fand er schließlich einen Hans-Dietrich ERNST, Anwalt in der schönen Stadt Leer nahe Oldenburg. Weitere Recherchen erbrachten ihm dann die Gewissheit, dass es sich tatsächlich um den früheren SS-Mann von Angers handelte.

Die Mitglieder von L.I.C.A. (Ligue Internationale Contre l'Antisémitisme – Internationale Liga gegen den Antisemitismus) waren sehr zufrieden, endlich den Wohnort von Hans-Dietrich ERNST zu kennen. Mit Serge und Beate KLARSFELD gingen die Recherchen dann zu GREIFELD und seinem Freund ERNST weiter. Nunmehr waren beide als Mitglieder der Militärregierung während des Krieges eingeordnet. Aber das waren auch schon alle Angaben, über die wir verfügten. Der Autor war aber damals fest davon überzeugt, dass man etwas finden müsste, wenn man sich nur Zeit nähme. Und dazu kam es dann schließlich auch. Eines schönen Tages entdeckte man eine ganze Reihe von Dokumenten zum Thema „Deportation der jüdisch-bolschewistischen Elemente in Zwangsarbeitslager des Ostens". Es handelte sich vorwiegend um Deportierte aus dem Lager Compiègne. Und alle diese Dokumente waren unterzeichnet von einem gewissen Dr. ERNST, Mitglied des Verwaltungsstabs des Oberbefehlshabers in Frankreich – Abteilung Polizei. Die Unterschrift enthielt nie einen Vornamen, wie das im Deutschen nach dem Doktortitel üblich ist. Der Autor erinnerte sich jedoch, dass der Freund von GREIFELD den Vornamen Waldemar trug. Um nachzuprüfen, ob es sich tatsächlich um den genannten ERNST mit Wohnsitz in Baden-Württemberg handelte, richtete der Autor ein Schreiben an den Oberstaatsanwalt GEHRLING und reichte gegen den eben neugefundenen ERNST Klage ein. Eine Woche später begab er sich nach Köln. Zu seiner großen Überraschung war dem Generalstaatsanwalt dieses Mal die Existenz eines zweiten Dr. ERNST bekannt – es war Waldemar ERNST. Er wohnte in Aalen in Baden-Württemberg und war ganz genau der Freund von GREIFELD!

Gegen Dr. Waldemar ERNST wurde ein Untersuchungsverfahren eröffnet und GREI-FELD wurde vom Generalstaatsanwalt als Zeuge vernommen. Die Vernehmung fand in Karlsruhe statt. Die Tatsache, dass Dr. GREIFELD vom Staatsanwalt zu seinen Beziehungen zu Dr. ERNST während des Krieges befragt wurde, spielte im weiteren Verlauf dieses Verfahrens eine bedeutende Rolle. Es war mittlerweile Juni 1975 und noch immer lagen keine Beweise für die früheren antisemitischen Aktivitäten von Dr. GREIFELD vor. So entschloss sich der Autor (= Léon Gruenbaum), ein Rundschreiben zu verfassen, das er an Persönlichkeiten aus der Welt der Presse, an hohe Bonner Ministerialbeamte und in zahlreichen Exemplaren auch an das Kernforschungszentrum Karlsruhe versandte. Hier der Text:

> *„Es ist mir sehr daran gelegen, Dr. Greifeld, Vorstandsmitglied des Kernforschungszentrums Karlsruhe, Dank zu sagen dafür, dass er es mir ermöglicht hat nachzuweisen, dass Dr. Waldemar Ernst, Hauptgeschäftsführer der Schwäbischen Hüttenwerke GmbH Aalen (Tel. 07361/5021) in seiner Eigenschaft als führendes Mitglied der Verwaltung von Paris während der Kriegszeit und als Chef der Polizeiabteilung an den Aktionen gegen die Juden in Frankreich beteiligt war und in Verbindung mit dem SS-Obersturmbannführer Kurt Lischka zu den unmittelbaren Verantwortlichen für die Verfolgungen der Juden in Paris gezählt hat.*
>
> *Dr. Greifeld, der sich zu gleicher Zeit wie Dr. Ernst in Frankreich aufhielt und dort verantwortliche Funktionen beim militärischen Oberbefehlshaber in Frankreich ausübte, hat mir offenbart, wo ich Dokumente zu den antisemitischen Aktivitäten von Dr. Waldemar Ernst auffinden kann. Diese Dokumente habe ich Herrn Generalstaatsanwalt Dr. Gehrling in Köln übergeben.*
>
> *Es hatte zwar früher bestimmte Meinungsverschiedenheiten zwischen Dr. Greifeld und mir gegeben, aber seine Klarstellungen zu Dr. Ernst waren sehr wertvoll für mich und die deutsche Justiz, die gegenwärtig den Prozess gegen die Hauptverantwortlichen für die Endlösung der Judenfrage in Frankreich vorbereitet, der in Köln stattfinden wird."*

Es folgten die Unterschrift des Autors (Léon Gruenbaum) und seine damalige Anschrift in Frankreich. Dem Schreiben beigefügt waren Dokumente zur Judendeportation, die von Dr. Ernst unterzeichnet waren.

S. 284 ff.: „Die Recherchen in den Archiven des Jüdischen Dokumentationszentrums wurden mit verstärkter Kraft wieder aufgenommen. Im Oktober 1975 wurde schließlich ein Dokument aus dem Verwaltungsstab entdeckt, auf dem sich eine Unterschrift ähnlich der von Dr. Rudolf GREIFELD befand. Es stammte vom 2. Januar 1941 und war in der Tat das erste Dokument, das von einer antisemitischen Maßnahme in Frankreich berichtete! Hier der Text:

> *„1.) Vermerk*
> *In der jüngsten Zeit machen sich die Juden in Paris wieder sehr breit. So waren z. B. in dem Cabaret „Le bœuf sur le toit" im Gebäude des Hotels „ George V " – von den Wehrmachtsangehörigen abgesehen – in der Silvesternacht sehr viele Juden. In der gleichen*

Nacht ist im Cabaret „Les Trois Valses" – nach Angabe des OKVJ Fein – ein deutsches Lied, das die Kapelle spielte, ausgepfiffen worden. Zu dieser Zeit waren auch hier Juden. Gerade dieses Lokal wird von vielen Wehrmachtsangehörigen besucht. Auch in dem Cabaret „Carrère" verkehren sehr viele Juden.

Ich rege deshalb an, dass die Bewilligung auf verlängerte Polizeistunde in den von Wehrmachtsangehörigen häufig besuchten Lokalen überprüft wird und die Verlängerung der Polizeistunde von der Verpflichtung abhängig gemacht wird, dass der Eigentümer ein Schild an der Tür anbringt, wonach Juden der Zutritt verboten ist.

2.) An das Polizeireferat zuständigkeitshalber.

Paris, den 2. Januar 1941."

(Es folgt die handschriftliche Unterschrift GREIFELD)

183

Das Gutachten, das im Weiteren von einem Experten für Graphologie und Paläographie beim Berufungsgericht Paris angefertigt wurde, ließ keinen Zweifel: Das Dokument war tatsächlich während des Krieges von GREIFELD unterzeichnet worden.

Wie sich anhand der Anmerkung am Textende des Dokuments leicht feststellen lässt, war Dr. GREIFELD nicht zuständig, solche Maßnahmen zu ergreifen, er gehörte nicht der Polizeiabteilung an, sondern der Abteilung, die sich mit Alltagsfragen befasste, dem täglichen Leben während der Okkupation. Die Bedeutung, die die deutschen Behörden seiner antisemitischen Initiative beimaßen, spiegelte sich in Folgendem wieder: Zum Zeitpunkt, da er seine „geniale Idee" – die erste antisemitische Maßnahme in Frankreich – hatte, stand GREIFELD im Rang eines „Kriegsverwaltungsassistenten". Dreizehn Tage später war GREIFELD zum „Kriegsverwaltungsrat" befördert worden.

Ende Oktober 1975 hielt der Autor [Gruenbaum] gemeinsam mit den KLARS-FELDs in der Europa-Hauptstadt Straßburg eine Pressekonferenz ab. Die antisemitischen Aktivitäten von Dr. ERNST und seinem Freund Dr. GREIFELD wurden hier der Öffentlichkeit bekanntgegeben. Gefordert wurde der Rücktritt GREIFELDs vom Posten des Vertreters der Bundesrepublik Deutschland, den er im Lenkungsausschuss des englisch-französisch-deutschen Laue-Langevin-Instituts in Grenoble innehatte. Ein Deutscher, der während des Krieges in Frankreich antisemitische Maßnahmen gefordert hatte, saß nach dem Krieg im Direktionssessel eines Kernforschungszentrums in Frankreich – im Namen der Kooperation zwischen Paris und Bonn! Das war zu viel. Sein Fall hatte den gleichen provokatorischen Charakter wie der von BÖTTCHER im Kernforschungszentrum Jülich nahe der holländischen Grenze. Die Presse veröffentlichte die Information. „Le Monde", „Figaro" und andere Zeitungen publizierten die Geschichte. In Deutschland wurde sie von der liberalen Zeitung „Frankfurter Allgemeine Zeitung" korrekt verbreitet. Dr. GREIFELD erklärte Journalisten gegenüber, dass das alles nichts als eine Lüge sei und dass man hier nichts als einen Racheakt von Seiten des Autors dieses Buches sehen könne. Er habe, so äußerte er sich, während seines Aufenthaltes in Frankreich in der Zeit des Krieges nie antisemitische Maßnahmen befürwortet. Die offiziellen Behörden unterstützten GREIFELD; er blieb im Amt sowohl in Grenoble wie auch in Karlsruhe. Angesichts dessen bildete sich ein „Komitee zur Greifeld-Affäre" und veröffentlichte ein Begehren. Mehr als vierhundert französische und ausländische Physiker verlangten mit ihrer Unterschrift, dass GREIFELD das Laue-Langevin-Institut verlässt…"

Dokument Nr. 4:
Beate und Serge Klarsfeld und Dr. Léon Gruenbaum: Pressekonferenz in Straßburg
Aus: Le Monde vom 26,/27.10.1975 S. 26/27

Dokument Nr. 5:
Béate et Serge Klarsfeld: Mémoires
Paris: Fayard: Flammarion 2015
Auszug (in deutscher Übersetzung) von S. 404

„Ich könnte noch viele solche Beispiele anführen. Bei jedem aufgedeckten Fall galt es, exakte Dossiers zusammenzustellen, alle Dokumente zu kopieren, die juristischen Personen zu ermitteln, Zeugenaussagen aufzunehmen, die Dossiers an die jeweiligen Staatsanwaltschaften in Deutschland zu übermitteln und die Medien so zu informieren, dass die Fakten öffentlich wurden. Beate übersetzte unsere Beweisführung.

Etwas anders verhielt es sich im Fall von Rudolf Greifeld, des administrativen Geschäftsführers des Kernforschungszentrums Karlsruhe, der seinerzeit in den Lenkungsausschuss des „Laue-Langevin"-Kernforschungsinstituts in Grenoble berufen worden war. Der Wissenschaftler Gruenbaum, der Greifeld zur Last legt, ihn ausgegrenzt zu haben, versichert mir, dass Greifeld auf einer Abendveranstaltung, bei der er getrunken hatte, antisemitische Äußerungen von sich gegeben habe, und dass er während des Krieges eine Dienststellung in Paris gehabt habe. Gruenbaum fleht mich an, die Nadel im Heuhaufen zu suchen, und ich bin mir nicht einmal sicher, ob es da überhaupt etwas zu suchen gibt, was immer es auch sei. Da ich sehe, dies könnte eine Weichenstellung für das Leben Gruenbaums bedeuten, der mir ein Muster von Greifelds Unterschrift gegeben hatte, nehme ich es auf mich, Tausende von Dokumenten der deutschen Militärkommandantur eines ums andere zu durchsuchen. Nach stundenlanger Suche taucht plötzlich die Unterschrift Greifelds unter einem Dokument von 1941 auf, mit der er bei seinen Vorgesetzen nachsuchte, mit geeigneten Maßnahmen der Anwesenheit von Juden in den Nachtbars der Hauptstadt ein Ende zu setzen. Eine Petition wird aufgesetzt. Unterzeichnet von vierhundert französischen Physikern aus Grenoble, die das Mandat Greifelds ablehnen. Dieser bestreitet die Echtheit des Dokuments. Eine deutsche Kommission soll in das Jüdische Dokumentationszentrum „Centre de Documentation Juive Contemporaine" kommen, um die Echtzeit zu prüfen. Am Tage vor der Abfahrt der Kommission nach Paris reicht Greifeld seinen Rücktritt ein. Die Verbrecher, die wir im Visier hatten, wurden von uns immer mit ihrer eigenen Unterschrift konfrontiert."

Dokument Nr. 6
Robert Jungk in „Der Atomstaat", 1977 S: 98 ff.:

„Bei der Durchleuchtung dieser Vorgänge in Karlsruhe hat ein hervorragender französischer Physiker eine Schlüsselrolle gespielt, der bis vor kurzem im «Bureau des Mines» (Bergbau-Verwaltung), einem französischen Staatsinstitut , wichtige Forschungen über die Lagerung von Atommüll durchführte. Er war während seiner Anstellung in Karlsruhe denkbar schlecht behandelt worden. 1973 wurde entgegen den Versprechungen, die man ihm gemacht hatte, sein Vertrag durch die Geschäftsführung nicht verlängert. Diesen Mann – er heißt Dr. Léon Grünbaum – habe ich in seiner Pariser Vorstadtwohnung aufgesucht, weil mir angedeutet worden war, daß er noch mehr und noch Grundsätzlicheres über die Vorgänge in Karlsruhe zu erzählen habe. In der Tat: Dr. Grünbaum hat eine interessante These über die Entwicklungsgeschichte der Kernenergie in der Bundesrepublik aufgestellt und durch Nennung von Namen, Fakten und Ereignissen abgestützt. Seiner Ansicht nach ist es kein Zufall, daß Franz Josef Strauß, der bekanntlich Deutschlands erster Atomminister war und am 26. Januar 1955 die Gründungssitzung der deutschen Atomkommission persönlich leitete, zu diesem Aufgabenkreis so auffallend viele Persönlichkeiten heranzog, die bereits im Dritten Reich führende Positionen eingenommen hatten. Eine These, die es verdient, gehört und debattiert zu werden, zu der ich aber zunächst den Einwand hatte: «Nun ja, man wird sagen – so hat es mir gegenüber einmal ein großindustrieller Mithelfer der braunen Massenmörder formuliert – das seien doch gefrorene «Posthorntöne». Hat ihre Theorie dennoch für die heutige Situation noch eine Bedeutung?» «Gewiß. Ich meine, es ist doch wohl kein Zufall, daß diese Männer sich gerade so sehr für die Atomindustrie interessiert haben. Sie müssen sich schon zu einem frühen Zeitpunkt gesagt haben, daß hier eine Schlüsselindustrie entsteht, die einmal alle anderen an Machtfülle und Einfluß überflügeln würde. Doch dann kommt vielleicht noch ein anderes Motiv dazu: der Wunsch der Deutschen, auch einmal Atombomben zu haben – oder zumindest die Verfügung über industrielle Kapazitäten, die eine Herstellung der ihnen verbotenen Waffengattung bei Bedarf ermöglichen.»"

Dokument Nr. 7:
Die **Journalistin Gaby Weber** hat in ihrem 2004 erschienenen Buch „Daimler Benz und die Argentinien-Connection. Von Rattenlinien und Nazigeldern" zu den historischen Fakten dieser NS-Konferenz im Straßburger „Hotel Rotes Haus" vom 10.8.1944 ausgeführt:

„Im Juni 1944 landen die Alliierten in der Normandie, und im August besiegelt der slowakische Aufstand den Verlust der Slowakei als deutsches Produktionsgebiet. Höchste Zeit für die NSDAP, um konkrete Pläne zu entwickeln, wie Geldmittel zu verstecken sind, um ihr Überleben im Exil und später den Wiederaufbau der Partei zu finanzieren. Details werden auf einer Geheimkonferenz am 10. August 1944 im Straßburger Luxus-Hotel Maison Rouge beschlossen. Über den Inhalt dieser Konferenz lassen sich die Alliierten – das»Supreme Headquarter Allied Expeditionary Force« – über einen Agenten des Deuxième Bureau informieren.[1] Die Existenz dieser Konferenz ist Historikern schon lange bekannt[2], ich erhielt über das US-Nationalarchiv vor kurzem eine Kopie.

Das Thema der Straßburger Konferenz, unter Leitung des Betriebsleiters der Hescho-Werke, Dr. Friedrich Scheid[3], lautet: »Pläne deutscher Industrieller für Untergrundaktivitäten nach der deutschen Niederlage, Kapitalflucht in neutrale Länder«. Scheid, auch Vorstandsmitglied des fest mit der Deutschen Bank verbundenen Kahla-Konzerns, leitete die Amtsgruppe »Industrielle Selbstverantwortung« im Reichslieferungsamt. Die Industrie schickt Vertreter.[4] Wehrwirtschaftsführer Scheid spricht aus, was – wenige Wochen nach der Landung der Alliierten in der Normandie – alle wussten: Dass der Krieg nicht mehr zu gewinnen ist. Frankreich gilt als verloren, alles was nicht niet- und nagelfest ist, soll von dort nach Deutschland verbracht und versteckt werden. Bei der Geldwäsche helfen, so das Protokoll, die Basler Handelsbank und die Schweizerische Kreditanstalt in Zürich. Gegen eine Kommission von fünf Prozent vermitteln Schweizer Banken den Kauf Schweizer Immobilien.

In dem amerikanischen Geheimdienstbericht wird zusammenfassend wiedergegeben: »Allianzen mit ausländischen Unternehmen müssen gegründet werden, aber jede Firma für sich, um keinen Verdacht zu erregen. […] Es müssen Bedingungen geschaffen werden, dass nach dem Krieg große Summen aus dem Ausland geliehen werden können. […] Die deutschen Industriellen müssen sich vorbereiten, um nach der Niederlage durch eine Exportoffensive neue deutsche Stärke zu erlangen. Sie werden auch die Nazi-Partei finanzieren müssen, die in den Untergrund gehen wird. Daher wird von jetzt an die Hitler-Regierung der Industrie große Summen zur Verfügung stellen, um nach dem Krieg im Ausland über eine sichere Grundlage zu verfügen. Die bereits im Ausland vorhandenen Finanzmittel sollen der NSDAP übertragen werden, die dafür sorgt, dass nach der Niederlage wieder ein starkes deutsches Reich entstehen kann. Sobald die Partei wieder die Kontrolle über Deutschland erhält, werden die Industriellen für ihre Anstrengung und Zusammenarbeit mit Konzessionen und Staatsaufträgen belohnt werden. […] Die Nazi-Partei ist sich darüber im Klaren, dass nach der deutschen Niederlage wahrscheinlich die herausragenden Anführer als Kriegsverbrecher verurteilt werden. Aber sie plant, zusammen mit den Unternehmern, die wichtigsten und weniger bekannten Anführer als technische Experten oder Mitglieder der Forschungsabteilungen in deutschen Firmen unterzubringen.«

Die NSDAP will die Wirtschaft in die Pflicht nehmen. Nur mit ihr zusammen und nicht ohne sie sollen Werte aus Deutschland geschafft und im neutralen Ausland in Sicherheit gebracht werden. Denn längst liegen ihr vertrauliche Informationen vor, dass Großunternehmen, statt alle Kraft in den »Endsieg« zu investieren, heimliche Vorbereitungen für die Zeit nach dem verlorenen Krieg treffen. Anfangs sieht die Partei darin Verrat, dann merkt sie, dass auch ihr nichts anderes übrig bleibt, und will auf den fahrenden Zug springen.

Im Mai 1945 ist der Krieg zu Ende. Viele Nazis gehen auf Tauchstation, in »Gebirgsstellungen« (Maquis), wie es im Bericht über die Straßburger Konferenz heißt. Bis auf die Nazigrößen, deren Namen in den Ermittlungen der Alliierten und den Nürnberger

Prozessen zur Sprache kommen, glauben die meisten, nur ein paar Jahre aushalten zu müssen. Schon bald werden sich die Alliierten aus Deutschland zurückziehen und den Weg für sie, die NSDAP, freimachen. Doch ihre Rechnung geht nicht auf.

Zwar beruhigt sich Ende der vierziger Jahre die Lage. Die Siegermächte stellen nur die herausragenden Köpfe des Nazi-Regimes vor Gericht, Minister, Entscheidungsträger im Repressionsapparat und KZ-Kommandanten. Bis auf wenige Ausnahmen werden die Wirtschaftsführer Hitlers, auch die der Rüstungsindustrie, »entnazifiziert«. Die mittleren Nazikader gehen straffrei aus, die unteren und die Mitläufer sowieso. Der Feind steht im Osten, der Kalte Krieg kündigt sich an. Und in diesem Kalten Krieg werden die »Alten Kameraden« gebraucht.

Deutschland wird geteilt, 1949 die Bundesrepublik gegründet. Aber dies macht für die Nazis, die sich in Deutschland, Oberitalien und der Schweiz versteckt halten, keinesfalls den Weg für ihre ersehnte Rückkehr in die Legalität und auf die politische Bühne frei. Zwar wird sich der Adenauer-Staat wenig für ihre Strafverfolgung interessieren, viele Parteigenossen werden in den Geheimdiensten untergebracht. Aber sie müssen sich zu »Demokraten« wandeln, von »sozialer Marktwirtschaft« reden. An Rhein und Ruhr behalten die USA das Sagen. Die NSDAP bleibt verboten, bekennende Nazis stören beim Wiederaufbau, gelten als Konfliktrisiko im jungen Bonner Staat. Sie müssen weg. Die meisten der abgetauchten Nazis schiffen sich ab 1950 über den Hafen von Genua, über die »Rattenlinie«, nach Argentinien ein. Viel ist über die »Operation Safehaven« – die Geldwäsche des Nazivermögens – spekuliert worden. Viel Phantasie ist im Spiel, Abenteuerromane sind über den SS-Schatz geschrieben worden. Bis heute halten sich Gerüchte, dass kurz vor Kriegsende deutsche U-Boote Goldbarren nach Argentinien geschafft haben. Dies ist unwahrscheinlich. Argentinien ist nicht nur geografisch weit von Nazideutschland entfernt. Die Seewege werden von den Engländern beherrscht, U-Boote laufen Gefahr, versenkt zu werden. Zwar ergeben sich kurz nach Kriegsende zwei deutsche U-Boote in Mar del Plata den Behörden, das U-530 und das U-977. Doch dies sind eher individuelle Fluchtbewegungen als eine koordinierte Kapitaltransaktion.

Überweisungen aus dem Ausland auf argentinische Konten sind ab 1942 erschwert worden, die Zentralbank fordert vereidigte Erklärungen über den Zweck solcher Transaktionen, viele Mitwisser hätten eingeweiht werden müssen. Nur Geld, das bereits in Südamerika lagert und nicht erst dorthin transportiert werden muss, wird versteckt. Die Deutsche Bank weist vor Kriegsende ihre argentinische Tochtergesellschaft, die Banco Alemán Transatlántico, an, ihr Peso-Konto auf die Gesellschaft »Cia. Argentina de Mandatos S.A.« in Buenos Aires zu übertragen. Und die seit Jahren in Argentinien lebenden Nazis – organisiert im »Gau Ausland« – übertragen rechtzeitig Eigentum auf Strohmänner, um einer Beschlagnahmung zu entgehen. Aber es sind – nach dem bisherigen Material – wenige Transaktionen. Und meist gehen sie nach hinten los. Dieses Eigentum wird – trotz seiner Übertragung auf Dritte – nach 1945 beschlagnahmt oder die Strohmänner werden legale Besitzer.[5] Auch die Verwandlung der Tochtergesellschaften in eigenständige Firmen funktioniert nicht wirklich. Thyssen gründet während des Krieges fünfzehn Scheinfirmen, Crefin AG, Tungar etc., Siemens überträgt seine Aktien an zwei Schweizer Holdings. Politisch gilt Argentinien als unstabil. Dort herrscht eine Militärdiktatur, zwar deutschfreundlich, aber der starke Mann, Juan Domingo Perón, ist alles andere als Vertrauen einflößend.

Perón ist 1943 zum Arbeitsminister der Militärjunta ernannt worden. Seine arbeiterfreundlichen Dekrete erobern die Herzen der Armen. Seine Frau »Evita« ist Fürsprecherin der »Descamisados«, der Hemdlosen. Sie wird vom Volk verehrt, von der Oligarchie wegen ihrer einfachen Herkunft und aufrührerischen Reden verachtet. Als Perón 1945 abgesetzt wird, ruft Evita zum Widerstand auf, und Proteste legen Buenos Aires lahm. Perón kehrt zurück und wird ein Jahr später mit großer Mehrheit zum Präsidenten gewählt. Erst ab diesem Zeitpunkt wird die innenpolitische Situation stabiler. Aber bis zur Anlage von Kapital »dunkler Herkunft« und der organisierten Aufnahme von Nazis wird noch viel Wasser den Rio de la Plata hinunterfließen.«

Anmerkungen (im Text von Gaby Weber):

1   Das Protokoll liegt als »Intelligence Report« des »Supreme Headquarters, Allied Expeditionary Force, Office of Assistent Chief of Staff, G-2« vor und trägt das Datum vom 7. November 1944. Die Meinungen über den Geheimdienstbericht zur Straßburger Konferenz sind geteilt. Karl Heinz Roth verortet die Koordination der Nachkriegsplanung eher in der »Reichsgruppe Industrie« und hält den Bericht für ein »Kompilat von Informationssplittern aus mehreren Besprechungen« (Karl Heinz Roth: Wirtschaftliche Vorbereitungen auf das Kriegsende und Nachkriegsplanungen, in: Dietrich Eichholtz, Geschichte der deutschen Kriegswirtschaft 1939–1945, Bd. III: 1944– 1945, Berlin 1996, Kap. VI, S. 509–611, hier: S. 565, Anmerkung 189). Der Schweizer Historiker Mario König macht »marxistische Historiker« als Urheber der »Maison-Rouge-Theorie« aus und schließt sogar »die Möglichkeit einer gezielten Fälschung keineswegs aus« (Christiane Uhlig u. a.: Tarnung, Transfer, Transit. Die Schweiz als verdeckte Drehscheibe deutscher Operationen 1940–52, Hrsg. UEK, Zürich 2001, S. 109 ff). König will aber angesichts des von mir vorgelegten Berichts die Quellenlage noch einmal prüfen. US-Autoren und DDR-Historiker haben der Konferenz großen Stellenwert eingeräumt (s. Tagebuchaufzeichnungen von General David Eisenhower: At war 1943–1945, New York 1986, S. 523; Henry Morgenthau: Germany is our problem, New York and London 1945; Der zweite Weltkrieg. Dokumente. Ausgewählt und eingeleitet von Gerhard Förster und Olaf Groehler, Berlin 1972, S.283–286. Sie geben als Quelle an: Elimination of German Resources for War. Hearings before a Subcommittee of the Committee on Military Affairs United States Senate, Seventy-Ninth Congress, First Session, Pursuant to S.Res.107, Part. II, Testimony of State Department, June 25, 1945, Washington 1945, p.30–32).
     Unbestritten ist, dass in dem Bericht über die Konferenz, vor allem aber in der Sekundärliteratur, Namen falsch geschrieben sind. So wird der Gastgeber Dr. Scheid öfters als »Dr. Scheidt von Thyssen« beschrieben. Auch für seine erwähnte Mitgliedschaft in der SS finden sich in den Archiven keine Belege.
2   Freigegeben (»declassified«) wurde das Dokument erst im Jahr 2000 und dem »World Jewish Congress« übergeben (Reutermeldung vom 14. September 2000: Nazis plotted the big come back). Ich habe ver-

I. Dokumente zum Whistleblowing des Posthum-Ehrenpreisträgers Dr. Léon Gruenbaum

geblich versucht, es von dort zu erhalten. Schließlich bekam ich das Dokument über das US-National Archiv (NARA).

3 Nach Auskunft des Berliner Historikers Dr. Janis Schmelzer handelt es sich bei dem im Dokument erwähnten Direktor Dr. Scheid um den Betriebsführer und Wehrwirtschaftsführer Dr.Ing.e.h. Friedrich Scheid (25.10.1887 bis 30.6.1949), Direktor der Keramischen Werke Hescho, Hermsdorf/Thüringen. Während des Zweiten Weltkrieges war die Hescho ein Zulieferbetrieb für die Rüstungsindustrie auf dem Gebiet der Hochfrequenztechnik, Scheid im Reichsministerium für Rüstungs- und Kriegsproduktion Amtsgruppenchef. Mit dem Einzug der Roten Armee in Hermsdorf wurde Scheid verhaftet. Kurz nach seiner Entlassung im Dezember 1945 ernannte ihn die sowjetische Generaldirektion zum deutschen Direktor. Aus der Firma Hescho wurden später die VEB Keramische Werke Hermsdorf.

4 Die Teilnehmer waren – laut Intelligence Report (Schreibweise folgt dem Original) – neben Dr. Scheid von den Hescho-Werken: Dr. Kaspar für Krupp, Dr. Tolle für Rochling, Dr. Zinderen für Messerschmitt, Drs. Kopp, Vier und Baerwanger für Rheinmetall, Haberkorn und Dr. Ruhs für Bussing, Drs. Kerdes und Ellenmayer für Volkswagen, Ing. Dross, Yanshov und Koppabam für verschiedene Fabriken in Posen, Polen (Dross, Yanchow and Co., Brown-Boveri, Herkuleswerke, Buschwerke und Stadtwerke), Dornbusch als Leiter der industriellen Inspektion in Posen, Dr. Meyer vom deutschen Marineministerium in Paris und Dr. Strossner vom Waffenministerium in Paris.

5 So geschehen im Falle Harnisch. Juan Harnisch wollte nach dem Krieg die Herausgabe des »Landguts Elvira« erwirken, das mit Geldern der deutschen Spionageabwehr gekauft und nach dem Krieg auf Betreiben der US-Botschaft beschlagnahmt worden war. Auszug aus einem vertraulichen Vermerk der »Direktion für Feindeigentum« vom 15. März 1949: »Harnisch war eng mit dem Marineattaché der Deutschen Botschaft, Kapitän Dietrich Niebuhr, befreundet, und auf dessen Bitte bot er seine Dienste an, um geheime Sender im ganzen Land einzurichten, um mit dem Reich in Verbindung zu treten. Harnisch fuhr im Jahr 1941 nach Deutschland, wo ihm hohe Regierungsmitglieder die Leitung der finanziellen Seite der Operation übertragen. In der Sorge, dass seine Staatsbürgerschaft Verdacht erregen könnte, wandte sich Harnisch an seinen Freund Angel Garrido, um das Landgut Elvira, wo die Sendeanlagen installiert waren, auf seinen Namen eintragen zu lassen.« Dass Garrido nur ein Strohmann war, wurde vor Gericht nicht in Frage gestellt, selbst den Mittelsmann hatte in seiner Vernehmung zugegeben, dass er »Elvira« im Dezember 1942 im Auftrag von Harnisch für 27.000 Pesos erworben hatte. Das Anwesen wurde trotzdem als Feindeigentum beschlagnahmt, Harnisch des Landes verwiesen und das Landgut im Mai 1947 dem im Grundbuch als Eigentümer eingetragenen Strohmann übergeben. Sechs Jahre später klagte Otilia Harnisch auf Herausgabe des Anwesens. An Beweisen mangelte es ihr nicht, sie konnte sogar die frühere Erklärung des Strohmannes vorlegen, in der er versprach, das Landgut zu jedem Zeitpunkt an den Deutschen zurückzugeben. Erst im November 1964 kommt es zu einem rechtskräftigen Urteil. Für die Richter war nicht Harnisch der wirkliche Eigentümer, dieser sei auch nur ein Mittelsmann des Nazi-Geheimdienstes gewesen. »Elvira« wurde dem im Grundbuch eingetragenen Argentinier übertragen. Der Strohmann hatte gesiegt, die Deutschen verloren. (Die Informationen stammen aus den vom argentinischen Außenministerium freigegebenen Unterlagen zu Nazi-Aktivitäten, zitiert aus den Sendungen NS-Geld – WDR3 6.6.94, HR 10.6.94, DLF 13.8.94.)

Dokument Nr. 8:
Studie (Unredigiertes französisches Manuskript, 1981) Dr. Léon Gruenbaum: Genese der Plutoniumgesellschaft. Politische Konspirationen und Geschäfte.
Auszug (Übersetzung in Deutsch von Christoph Müller-Wirth und Rolf Junghanns aus Teilband II. Einleitung, S. 199 ff.):

„Mit der Bezeichnung „Arbeitsvertrag zwischen Privatgesellschaften" konnte das Kernforschungszentrum (in Karlsruhe) und das Forschungsministerium auf diskrete Weise die gemeinsamen Programme zwischen der Bundesrepublik und anderen Ländern kontrollieren. Tatsächlich sind diese „Arbeitsverträge" zweiseitigen Verträgen zwischen der deutschen Regierung und dem jeweiligen Land vergleichbar. Um den finanziellen Verkehr zwischen den Kernforschungszentren und dem Ausland zu erleichtern, wurde auf Initiative von Dr. SCHNURR in jedem Kernforschungszentrum ein „Internationales Büro" gegründet.

Dr. SCHNURR selbst wurde ab dem Gründungszeitpunkt des Karlsruher Kernforschungszentrums zum Direktor dessen Internationalen Büros ernannt. So wurde er alsbald auch verantwortlich für die Kernforschungsverträge zwischen der BRD einerseits und Argentinien und Brasilien andererseits. Ein Datum gilt es festzuhalten: den 26. Januar 1956 – das Gründungsdatum der westdeutschen Atomkommission unter der Hoheit des Atomministers Franz Josef STRAUß. Präsident dieser Kommission wurde der bereits erwähnte frühere I.G.-Farben-Direktor Prof. WINNACKER, in Nürnberg verurteilt wegen der Ausbeutung von Auschwitzgefangenen! Direktor bei der I.G. Farben, die unterschiedliche Anlagen zur Menschenvernichtung errichtet hatte! Nach dem Krieg saß er – neben vielen anderen Aktivitäten – in zahlreichen Aufsichtsräten von Unternehmen, die mit dem kernenergetischen Brennstoffkreislauf befasst waren, so auch im KfZ Karlsruhe. WINNACKER war auf diese Weise [S.201] die „ graue Eminenz" der gesamten westdeutschen Atomwirtschaft. Neben ihm war eine Reihe weiterer zwielichtiger Personen führend in der westdeutschen Atomwirtschaft tätig wie Dr. BÖTTCHER, Dr. SCHNURR u. a.

Dr. SCHNURR war vor dem Krieg als Direktor im Rüstungsgeschäft der Dynamit AG tätig gewesen, hatte die kritischen Nachkriegsjahre in Argentinien verbracht und wurde 1956 von STRAUß in das Ministerium für Atomfragen geholt. Ein Jahr später wurde er Wissenschaftsdirektor im Karlsruher Kernforschungszentrum und wurde später auch Mitglied des Wissenschafts- und Technikkomitees von Euratom. 1973 erhielt SCHNURR für die seiner zweiten Heimat erwiesenen Dienste von Präsident PERON die Mayo-Medaille, die höchste und selten an Ausländer verliehene Auszeichnung Argentiniens.

Was Dr. GREIFELD angeht, so leitete er 1956–1974 die Administration des Kernforschungszentrum Karlsruhe. Er war auch der Vertreter der Bundesrepublik im Direktionskomitee des Laue-Langevin-Instituts in Grenoble, bis zu dem Tag, an dem der

Autor dieses Buches entdeckte, dass GREIFELD während des Krieges den Posten eines Oberkriegsverwaltungsrates in der deutschen Militärregierung in Paris bekleidet hatte und als Erster in Frankreich wirksame antisemitische Maßnahmen der deutschen Polizei in Paris initiiert hatte.

Diese Offenlegung des Autors, gestützt auf eine Petition zahlreicher französischer wie anderer ausländischer Wissenschaftler zwang die Verantwortlichen des deutschen Forschungsministeriums, Dr. GREIFELD vom Posten des internationalen deutsch-französischen Laue-Langevin-Instituts zurückzuziehen.

Betrachten wir jetzt zwei andere besonders eklatante Affären der deutschen Technokraten der Atomindustrie, die berechtigte und beunruhigende Fragen nach den langfristigen politischen Absichten der westdeutschen Regierung rechtfertigen. Die erste Affäre betrifft den argentinischen Atomreaktor von Atucha. 1962 nahm Siemens Kontakt mit Argentinien auf, um dort einen Schwerwasser-Reaktor zu bauen. Bis dahin lief in der Bundesrepublik selbst kein Reaktor dieses Typs! Erst ein Jahr zuvor hatte sich Siemens darangemacht, in Karlsruhe einen Forschungsreaktor zu erstellen mit einer Leistung von 50 MW(e), der 1965 in Betrieb ging – der „Mehrzweckforschungsreaktor". Im Februar 1968 unterzeichnete die BRD einen verbindlichen Vertrag mit Argentinien über die Errichtung eines Reaktors mit einer Netto-Leistung von 320 MW(e) in Atucha, nördlich von Buenos Aires. Ein in der Welt einzigartiger Reaktor, der 1972 in Betrieb gehen sollte. Zu Recht darf man sich wundern über die kurzen Fristen zwischen Vertragsunterzeichnung und Baustart und über die Gründe, die Siemens veranlasst haben könnten, eine Anlage zu liefern mit kaum erkennbaren kommerziellen Nutzen – weil ohne industrielle Nachnutzung. Und fragen darf man sich auch nach den Absichten eines politisch so umtriebigen Landes wie Argentinien. Parallel dazu lieferte das Kernforschungszentrum Karlsruhe 1968 an Argentinien eine Replik einer „Mini"anlage für die Wiederaufarbeitung von oxidischem Brennstoff, die in Karlsruhe betrieben wurde. Ohne Zeit zu verlieren konnte sich Argentinien nun mit der Plutoniumtechnologie vertraut machen. Der Reaktor Atucha I wurde im März 1974 an das argentinische Stromnetz angeschlossen. Das Plutonium, das er in seinem Inneren produzierte, hat „militärische Qualität", die produzierte Jahresmenge lässt sich auf ungefähr 150 kg schätzen. Beiläufig sei erwähnt, dass die BRD 1969 den Nichtweiterverbreitungsvertrag zwar unterzeichnet hat, ihn aber erst 1975 ratifizierte! Dieser Vertrag untersagte ihr, Kernwaffen auf eigenem Territorium zu entwickeln. Allerdings erreichte die BRD nach mehreren Jahren der Verhandlung, dass kein Kontrolleur der Internationalen Atomenergie-Organisation in Wien auf ihrem Staatsgebiet tätig wird. Die Erfassung des Plutoniums war automatisiert und ihre Ergebnisse sollten direkt nach Wien übermittelt werden. Die Kontrolltechnik war im „Institut für angewandte Reaktorphysik" des Prof. HÄFELE entwickelt und angefertigt worden. Dieser war der Hauptinitiator des [west-]deutschen Brüter-Programms gewesen und hatte auch das Projekt Kalkar initiiert.

Die Kette setzt sich fort damit, dass Prof. HÄFELE derzeit den Vorsitz der deutschen Delegation beim Internationalen Institut für Angewandte Systemanalyse (IIASA) in Laxenburg innehat. [...]
Kommen wir ein letztes Mal auf Argentinien zurück und merken beiläufig an, dass dieses Land den Atomwaffensperrvertrag nicht unterzeichnet hat. Was die internationale Kontrolle der Plutoniumproduktion des Reaktors Atucha I angeht, so war diese besonders in der Anfangszeit nur von symbolischem Wert. Allerdings muss es erlaubt sein, hier eine erste sehr wichtige Frage zu stellen: Welches ist die politische Gegenleistung für den erheblichen deutschen Aufwand, Argentinien mit der besten Nukleartechnik auszustatten? Könnte das nicht die Realisierung einer Atombombe außerhalb Deutschlands sein? Man vergisst zu leicht, dass Argentinien nach dem Krieg das Hauptasylland der großen Altnazis war .
Die zweite bereits angesprochene Affäre bezieht sich auf die Anreicherung des Urans mittels des Trenndüsenverfahrens, in Karlsruhe entwickelt und Südafrika überlassen. Südafrika kündigte dann auf der Internationalen Konferenz in Salzburg im Mai 1977 an, dass es in der Lage sei, mit anderen Ländern Verträge über die Anreicherung von Uran zu schließen. Organisiert hatte diese Südafrika-Transaktionen Dr. GREIFELD. Zur Anwendungsreife gebracht worden war das Verfahren der Trenndüsen-Anreicherung nach dem Krieg durch eine Gruppe unter der Leitung seines Erfinders Prof. BECKER. Dieser folgte 1974 auf Dr. GREIFELD als administrativer Geschäftsführer des Kernforschungszentrums Karlsruhe. Südafrika – der Leser ahnt es – hat ebenfalls den Nichtweiterverbreitungsvertrag nicht unterzeichnet.
Der Leser dürfte aufgrund der Fakten dieses einleitenden Kapitels und der noch folgenden historischen Details im Weiteren selbst den Schluss zu den seitens der Regierung der BRD und der westdeutschen Industrie erhofften militärischen Vorteilen und zu den internationalen Allianzen unter der stillschweigenden Hilfe anderer Industrieländer ziehen."

S. 336–340: *Karlsruhe und der Mehrzweckforschungsreaktor (MZFR)*
Der Meiler in Atucha „ist von gleicher Beschaffenheit wie jener, der von den Deutschen während des Krieges gebaut wurde. In ihm wird Plutonium generiert von „militärischer Qualität" in einer geschätzten Menge von 150 kg pro Jahr. ...
Wie gestaltete sich nun die nukleare Kooperation zwischen Argentinien und der BRD über das Kernforschungszentrum Karlsruhe in den Nachkriegsjahren von Nahem besehen? Während des Krieges hatten die deutschen Wissenschaftler am Bau eines derartigen Reaktors gearbeitet mit dem Ziel, eine Atombombe des Typs zu erlangen, wie er später über Nagasaki abgeworfen wurde. Nach dem Krieg machten sich die gleichen Wissenschaftler wieder an die Arbeit. Als Organisator der nuklearen Zusammenarbeit Argentinien-Deutschland fungierte Dr. SCHNURR, der sich in Südamerika niedergelassen hatte. Kurz nachdem am 19. Juli 1956 von Franz Josef STRAUSS in Karlsruhe die Kernreaktorbau- und -betriebsgesellschaft m.b.H. gegründet worden war, wurde

die wissenschaftliche Leitung Dr. SCHNURR übertragen, der die Nachfolge von Dr. RITTER antrat. An dieser Gesellschaft waren zu 50 % eine Gruppe privater Industrieunternehmen, zu 30 % das Land Baden-Württemberg und zu 20 % die Bundesregierung beteiligt. Nach dem Forschungsreaktor FR2 baute man in Karlsruhe den Prototyp des für Atucha projektierten Meilers. Dies war der Mehrzweckforschungsreaktor (MZFR). – Was aber waren seine Zwecke? Ein [nuklearer] Reaktor kann zu mehreren Zwecken dienen: Er kann entweder Energie erzeugen oder aber Schwermetalle, deren Masse über die von Uran-238 hinausgeht, die sogenannten Transurane. Er kann aber auch beides zugleich machen. Mit dem MZFR wurde die letztere Zielstellung verfolgt. Er sollte dazu dienen, Plutonium-239 und andere, schwerere Transuran-Elemente zu erzeugen – unter dem Mäntelchen des „friedlichen Atoms". Deren Nutzung war für alle diese Zielstellungen auf argentinischem Boden gesetzlich zugelassen und den Regierungen in Moskau und Washington gewiss bekannt. Wir sehen hier eines der Ergebnisse des immer wieder angesprochenen „post-war plannings" der Nazis, wie es von Martin BORMANN auf der Beratung in Straßburg 1944 entwickelt worden war.

Zum Vergleich: Die französischen Reaktoren G2 und G3 in Marcoule waren ebenso dafür bestimmt, simultan Plutonium und Elektroenergie zu erzeugen. Sie arbeiten ebenso auf der Basis natürlichen Urans und weisen beide die gleiche Leistung wie der MZFR auf. Die militärischen Eigenschaften des Plutoniums aus allen drei Reaktoren sind ähnlich. Und die französischen Atombomben wurden dementsprechend auch mit dem Plutonium aus den Meilern G2 und G3 bestückt. Die jährlich produzierte Menge von Plutonium-239 beträgt etwa 50 Kilogramm.

Angesichts der Bedeutung, die das Projekt des Karlsruher Forschungsreaktors FR 2 erlangte, wurde 1959 der ursprüngliche Status des Kernforschungszentrums mit der Bildung der Gesellschaft für Kernforschung GmbH (GfK) abgeändert. Der Beteiligungsanteil der Bundesregierung belief sich nun auf 75 %, der des Bundeslandes Baden-Württemberg auf 25 %, die Finanzierung der GfK wurde mehrheitlich staatlich. Die privaten Industrieunternehmen zogen sich aus der Gesellschaft zurück und wanderten in eine neue Gesellschaft hinüber, gegründet zum Zweck der Untersuchung der Chemie des Plutoniums – es ging um eine Anlage zur Aufbereitung abgebrannten Kernbrennstoffs.

Die Arbeiten am Forschungsreaktor FR 2 werden 1961 abgeschlossen. Siemens beschließt im selben Jahr, auf dem Gelände des Kernforschungszentrums Karlsruhe den Bau eines zweiten Reaktors in Angriff zu nehmen, der auch wiederum mit schwerem Wasser arbeitet, den Bau des MZFR. Dieser wird dann 1965 kritisch und somit bereit, Transuran-Elemente wie das Plutonium-239 zu erzeugen, die militärisch einsetzbar sind.

Um dieses Plutonium extrahieren zu können, musste die Bundesrepublik die Technologie der Aufarbeitung abgebrannten Kernbrennstoffs in Angriff nehmen. Nun waren aber in den 1960er Jahren die Regierungen der drei nuklearen Großmächte über derartige Bestrebungen eines Deutschland, das von neuem das Haupt erhob, nicht im Geringsten erfreut. In Deutschland ist es aber Brauch, dass alles „in guter Ordnung", entsprechend den Regeln erledigt werden muss, selbst wenn es sich um Dinge am Rande der Ungesetzlichkeit handelt.

Daher wurde ein alter Kniff genutzt und alles in private Hände gelegt. Die Aufbereitung wurde somit von der „Gesellschaft zur Wiederaufarbeitung von Kernbrennstoffen mbH" (GWK) betrieben. Beteiligt an dieser zu je 25 %: Farbwerke Hoechst AG, Farbenfabriken Bayer AG, Gelsenkirchener Bergwerks- AG und die Nuklearchemie- und Metallurgie GmbH! […]

In der GWK wurde sehr intensiv gearbeitet. Im Juni 1969 fand die erste Kalterprobung der „Miniaturwiederaufarbeitungsanlage" (kurz: Milli) statt, die jährlich 200 kg Kernbrennstoff aufarbeiten kann. 1969 wurde auch der Bau einer Miniaturanlage analoger Kapazität in einem anderen Land abgeschlossen – man ahnt schon, wo das war: in Argentinien! […]

Eine sehr feine nukleare Zusammenarbeit zwischen Westdeutschland und Argentinien mit dem Ziel des Baus der künftigen Atombombe auf argentinischem Boden! Und wenn sich Argentinien dann eines Tages als Atombombenmacht – als einzige in Südamerika – erweist, dann fällt alle Welt aus den Wolken, wie es schon einmal der Fall war mit Indien!"

Dokument Nr. 9:
Léon Gruenbaums doppelte Verfolgung durch Nazis und sein Widerstand gegen die Atompolitik der Nachkriegszeit
Redebeitrag von Dr. med. Wolff Geisler (Köln) zum Forum-Ludwig-Marum-Symposium „Léon Gruenbaum. Der verfolgte Nazi-Jäger" am 19.10.2014 in Karlsruhe:[4]

„Léon Gruenbaum war ein begeisternder, faszinierender Mensch. Er war gut und ängstlich und kühn. Er vibrierte von geistiger Aktivität, hatte ein enormes Gedächtnis, mit dessen technischem Inhalt er uns politische Zusammenhänge aufzeigte.

Die Bundesrepublik Deutschland hatte sich vertraglich verpflichtet, auf ihrem Territorium keine Atomwaffen zu bauen. Léon Gruenbaum besprach mit uns Projekte deutscher Firmen, die in Staaten mit a) undemokratischen Regierungen und b) der Nichtunterzeichnung des Atomwaffen-Sperrvertrages zur Produktion von Atombomben führen konnten. Dafür wurden legale, z.T. kriminelle Konstruktionen benutzt. …

Beispiel 1a: Der Cabora Bassa-Staudamm, Siemens, AEG, BBC, Hochtief und Voith bauten in der portugiesischen Kolonie Mocambique, offiziell in der Provinz des Entwicklungslandes Portugal, mit staatlichen Entwicklungshilfe-Konditionen den Cabora Bassa Staudamm. Dessen Elektrizität wurde über 1800 km mit der durch Steuergelder entwickelten HGU-Technik nach Südafrika geleitet, obwohl Südafrika selbst Elektrizität exportierte.

Beispiel 1b: Der Strom in Südafrika war für die Urananreicherungsanlage, die von der Gesell- schaft für Kernforschung Karlsruhe entwickelt wurde, bestimmt. Das Ende der Apartheid-Regierung war das Ende dieses Projektes. Aber es sollen neun Atombomben dadurch gefüllt worden sein.

Beispiel 2: Das Kattara-Projekt in Ägypten. Deutsche Firmen entwickelten damals atomare Sprengköpfe, angeblich um in Ägypten eine Verbindungsrinne vom Mittelmeer zur 134 Meter tiefer gelegenen Kattara-Senke herauszusprengen. Der Wasserstrom sollte 30 Jahre fließen und ein zu bauendes Kraftwerk betreiben. Benötigt wurden dafür 267 „zivile" Atombomben. Das Projekt wurde nicht verwirklicht.

Beispiel 3: Die Firma Otrag, München war eine mit einem Rekord-Steuersparsatz (297 %!) vom Finanzminister bedachte Firma, die über dem Äquator eine Kette von stationären Satelliten postieren wollte. Léon Gruenbaum wies nach, dass dafür 267 Raketenstarts angesetzt waren. Otrag erwarb dann in Zaire kolonialherrenartig 225.000 km² Gelände um Kolwezi in der Uran- (Kupfer, Kobalt)-Provinz Shaba/Katanga zum Erproben von Raketen und Drohnen. Otrag wurde später auch in Libyen tätig. Otrag-Chef Lutz Kayser bezeichnete Kritik an dem Projekt als Kritik der „links-jüdischen Sunday-Times".

Beispiel 4: Das Inga-Shaba Projekt. Deutsche Firmen bereiteten den Bau eins Kraftwerkes an der Mündung des Kongo-Flusses und die Übertragung der Elektrizität über 1200 km nach Kolwezi- Shaba vor. Uran-Anreicherung wurde als ein Ziel genannt. Das Projekt, ohne die Anreicherung, wurde von US-Firmen verwirklicht. Es soll heute mit der Kontrolle der Stromversorgung der Bergbau-Betriebe eine Abtrennung der Shaba-Katanga Region von der Republik Kongo verhindern.

Beispiel 5: Siemens und AEG schlossen 1975 mit dem Schah von Iran einen Vertrag über die Errichtung zweier Kernkraftwerke (Bushir I und II). Uran dafür sollte aus Namibia bezogen und in der Sowjet-Union angereichert werden. Als 1979 die Shah-Herrschaft beseitigt wurde, wurde das Projekt von Siemens beendet. Russland hat es 30 Jahre später vollendet. Die Brennstoff-Produktion dafür ist Irans Begründung für die eigene Uran-Anreicherung.

Beispiel 6: 1975 sicherte Bonn Brasilien Uran-Anreicherung in Brasilien durch die Gesellschaft für Kernforschung Karlsruhe sowie acht Kernreaktoren zu. Als die Machtverhältnisse sich in Brasilien änderten, wurde das Projekt abgebremst, aber nicht gekündigt.

Beispiel 7: Mit Argentinien wurde 1968 der Vertrag über die Lieferung eines Schwerwasser-Druckreaktors geschlossen. Dieser Typ ist zur Produktion und Entnahme von Plutonium ohne Betriebsunterbrechung geeignet. In Argentinien wurden nach Mai 1945 viele Waffen-Spezialisten aus Deutschland angestellt.

Beispiel 8: Die Pakistanische Urananreicherungs-Anlage nach dem Zentrifugen-Verfahren, wurde mit Ausbildungshilfe, einer Uranhexafluorid-Konversionsanlage, mit Zentrifugen und Messgeräten aus der Bundesrepublik Deutschland errichtet. Die Firmen konnten bei derartigen Projekten ganz offiziell 15 % des Gewinns als „N.A." von der Steuer absetzen. „Nützliche Abgaben", Bestechungsgelder.

Léon Gruenbaums Informationen und Anregungen trugen entscheidend dazu bei, dass zu diesen unglaublichen Projekten eine Gegenöffentlichkeit entstand, die diese Projekte behinderte, ja z.t. verhinderte. Der kriminellen Energie der Machthaber standen wir mit 17 Stunden täglicher Aktivität gegenüber. Léon Gruenbaum zeigt mir u. a., wie man überprüft, ob eine Tür unbefugt geöffnet wurde, wie man einen Text sicher verschlüsselt (auch heute NSA-sicher). Für Auslandsreisen hätte ich auf ausländische Reisedokumente für mich von ihm zurückgreifen können.

In den meisten Projekten waren Personen und Firmen, die für den Sieg des nationalsozialistischen Deutschlands gearbeitet hatten, engagiert: IG-Farben-Hoechst, Krupp, Siemens, Linde, AEG, Hochtief, WMF, Pfleiderer, Mercedes-Benz, Messerschmidt-Bölkow, Varian MAT, Degussa.

Als wir mit entscheidenden Informationen von Léon Gruenbaum damals diesen NS-Hintergrund der atomaren Aktivitäten von Firmen und Personen in Südafrika, Argentinien, Brasilien, Pakistan und der Fa. Otrag herausfanden, verdrängte ich die Antwort auf die Frage: Warum lassen Bundesregierung, die Regierungen der USA, UdSSR, Großbritanniens, Frankreichs, Israels das schweigend geschehen? Heute ist bekannt, dass im Berlin Document Center der US-Regierung ein Special Safe mit der NS-Verbindung von 137 Personen darunter über 70 Mitglieder der Bundesregierungen, bestand, dessen Inhalt zum Teil heute weiter geheim gehalten wird (vgl. Malte Herwig. Die Flakhelfer. 2013). Die NSA der USA hat 1945 fünf Tonnen Dokumente abgehörter Gespräche zwischen Deutschland und den USA, Großbritannien, Frankreich vom Forschungsamt der Luftwaffe Hermann Görings übernommen und als „Cosmic Secret" bis heute verborgen. ...

Léon Gruenbaum hat uns gelehrt, genau hinzusehen: Danke Léon."

Anmerkungen

1   Vgl. dazu die Dokumentation, Karlsruhe, 2014, S. 46–48.
2   Aus: Léon Gruenbaum: Genese der Plutoniumsgesellschaft. Politische Konspirationen und Geschäfte. Unredigiertes französisches Manuskript, 1981.
    Auszug (Übersetzung in Deutsch von Christoph Müller-Wirth und Rolf Junghans aus Teilband II. Einleitung (S. 219 f.).
3   Als E-book im Internet zugänglich unter: http://www.gabyweber.com/dwnld/ebooks/daimler_connection_ebook.pdf.
4   Vgl. dazu die Dokumentation, Karlsruhe, 2014, S. 18–21.

II. Dokumente zum Whistleblowing des Preisträgers Brandon Bryant

Die Enthüllungshandlungen

Das erste öffentliche Enthüllen („revealing wrongdoing") und das erste „going outside" von Brandon Bryant erfolgte in einem Gespräch mit der SPIEGEL-Journalistin Nicola Abè, worüber detailliert in der Ausgabe Nr. 50/2012 des deutschen Nachrichtenmagazins „DER SPIEGEL" vom 10.12.2012 berichtet wurde. Hier der Link:

http://magazin.spiegel.de/EpubDelivery/spiegel/pdf/90048993

Dieser Bericht sowie weitere öffentliche Erklärungen Brandon Bryants über seine negativen Erfahrungen als US-Drohnenkriegs-Pilot führten in den Jahren 2013 und 2014 zu einer breiten weltweiten Berichterstattung, und zwar u.a. in dem *GQ-Magazine* am 22. Oktober 2013 („Confessions of a Drone Warrior" by Matthew Power. Photographs by Ethan Levitas"):

http://www.gq.com/story/drone-uav-pilot-assassination?currentPage=1
CNN: https://www.youtube.com/watch?v=IWZPPNwOAwU
Democracy Now!: https://www.youtube.com/watch?v=i_l6ec62l6I
NBC: https://www.youtube.com/watch?v=u2jepIJXHwM
NPR: https://www.youtube.com/watch?v=UuVYVBxD6xg
European Center for Constitutional and Human Rights e.V.: https://www.youtube.com/watch?v=s2osKq0OWss
Disruption Network Lab: https://www.youtube.com/watch?v=hhjzqKJjfSc
ANHÖRUNG VON BRANDON BRYANT IN EINER ANHÖRUNG DER UNO:
http://www.un.org/apps/news/story.asp?NewsID=46338
http://www.rollingstone.com/politics/news/individuals-worlds-apart-united-by-the-trauma-of-drone-strikes-20131029

Spezifische Enthüllungen zur Rolle der US-Airbase Ramstein

Die öffentliche Enthüllung der zentralen Rolle der US-Airbase Ramstein erfolgte am 4. April 2014 in der Süddeutschen Zeitung durch die Journalisten John Goetz und Frederik Obermaier („Immer fließen die Daten über Ramstein"):

http://www.sueddeutsche.de/politik/us-drohnenkrieg-immer-fliessen-die-daten-ueber-ramstein-1.1929160
http://www.luftpost-kl.de/luftpost-archiv/LP_13/LP07413_020613.pdf
http://wikimapia.org/#lang=de&lat=49.446477&lon=7.599063&z=15&m=b)

Die von Brandon Bryant den Journalisten mitgeteilten Informationen waren, wie John Goetz als Laudator am 16.10.2015 berichtet hat, zentral für das Erkennen der relevanten Zusammenhänge. Sie wurden auch in anderen Medien immer wieder aufgegriffen.

http://www.luftpost-kl.de/luftpost-archiv/LP_13/LP20714_291214.pdf
http://daserste.ndr.de/panorama/archiv/2014/Deutschland-Schaltzentrale-im-Drohnenkrieg,drohnen177.html
https://firstlook.org/theintercept/2015/04/17/ramstein/
http://www.spiegel.de/politik/deutschland/ramstein-air-base-us-drohneneinsaetze-aus-deutschland-gesteuert-a-1029264-2.html

Dokument Nr. 1:
„Erfolgsliste" der US-Luftwaffe für Brandon Bryant

THIS PAGE UNCLASSIFIED WHEN REMOVED FROM REPORT

Mission Report for BRYANT, B

Total Stats in the Database

Total OBJs	Total DETs	Total EKIAs	Total EWIAs	Total HVIs	Devices
4325	3973	1626	42	748	758

Objectives Logged by Month

Month	OBJs
March 2009	11
April 2009	21
May 2009	29
June 2009	11
July 2009	26
August 2009	6
September 2009	23
October 2009	12
November 2009	25
December 2009	8
January 2010	10
February 2010	4
June 2010	1
July 2010	12
August 2010	18
September 2010	9
October 2010	13
November 2010	10
December 2010	21
January 2011	14
February 2011	6

Objectives closed out by month (may not match the Objectives Logged table to the left).

Month	Total DETs	Total EKIA	Total EWIA	Total HVI	Devices
January 2009	4	4	0	0	2
March 2009	18	0	0	5	1
April 2009	8	0	0	3	3
May 2009	7	0	0	0	0
June 2009	9	7	0	1	1
July 2009	21	2	0	1	4
August 2009	5	0	0	1	0
September 2009	14	24	1	4	3
October 2009	9	22	0	1	1
November 2009	22	9	0	2	2
December 2009	14	0	0	0	1
January 2010	9	2	0	2	2
February 2010	2	0	0	0	0
March 2010	0	3	0	0	0
April 2010	4	0	0	1	1
July 2010	2	11	0	0	0
August 2010	25	0	0	1	1
September 2010	4	17	0	1	1
October 2010	13	6	0	3	2
November 2010	19	1	0	3	2
December 2010	29	30	0	7	6

Brandon Bryant schrieb zur Erläuterung an die Jury:

„There is no author, we had a database and they just printed off the data that was under my name. Typically used in Enlisted Performance Reports (EPRs) and award recognition.

The document was, as previously said, a record print-out of our mission database. Numbers indicate what has happened across all the missions that you've completed or helped complete. Think of it in terms of statistics after a sports event of player participation. Or even as statistics given in video games for, namely military shooter and war games. The number of enemies killed in action (EKIA) isn't my own, I have killed 13 people on my own, but the number of enemies killed while I was participating in raids, bombing runs, ground fights, etc.

a) EKIA: Enemies Killed in Action
DET: Detainees captured (most of the released at some point)
EWIA: Enemies wounded in action, which didn't end up as dead from injury later on. All given medical attention by US personnel.
HVI: High Valued Individual. Enemies in command positions that directed specific actions.

b) Devices are electronics with information captured from the enemy.

The numbers below the total is just the previous year's trend in mission numbers. What that means is we can look at those numbers and see that they were in higher increments in previous years."

Dokument Nr. 2:
Brandon Bryant an die Whistleblower-Preis-Jury zur Rolle der US Airbase (AFB) Ramstein

„Everyone,

1) Ramstein AFB is the central hub of all intelligence communications for video surveillance technology utilized in the United States Drone War. All video and communications come through the satellite relay and transferred to the Continental US via fiber optics under the Atlantic Ocean. I am unsure of the other facilities in the world, rumor has it that the US is building a secondary HUB in Italy for emergency backup purposes. The reason I know about Ramstein is that I've seen documents with the Secret markings SECRET REL US//GBR// GER, and being told that those markings mean that this information is being shared by those countries marked.

2) I have not and never had any documents, simply because I had never thought that I would be in the position that I am in. I've also made it a point to not read the information that has been released already, but I do talk to people who have and have clarified whatever information that seems difficult to interpret.

3) Right now I'm actually homeless in my own country and living out of my car with my dog. I have no where to go and nothing to do, but I also have no place that my dog can stay while I'm gone. If you can arrange that, I'd be grateful and can try to work with you on that.

I don't know if I deserve any reward. I am grateful that I have been considered, but I'm unsure about my own worth in that regard. Thank you.

Respectfully, Brandon"

Dokument Nr. 3:
Brandon Bryant zu den Hintergründen seiner Entscheidung (E-Mail vom 12. Juli 2015 an die Jury)

„I'm sorry my response is so late. My personal life is kind of a mess right now. I'll answer the questions as best as I can.

1. I was guaranteed to get my education paid for if I joined the military through the post-9/11 GI bill

2. I have awards and decorations that reflect how hard of a worker I was. Nothing to be proud of because of the end results.

3. I have 36 Aerial Achievement medals. The next person under me that had the most had 27 at the time of my Active Duty Discharge. I should have had 40+ but some of my flight hours were really screwed up in the beginning.

4. The things I was offered to stay in the Predator Program were: $109k Reenlistment bonus, instructor upgrade, step-promotion to e-6, base of preference, the chance to go to Ranger school (really whatever schools i wanted to go to were offered but that was the biggest one).

5. Mistakes were: not taking care of the people, not caring who our targets were, not having an open line of communication that wouldn't be rebuffed with a „need to know" response, leadership not taking anyone seriously when talking about things that disturbed us... Etc. The entire program was a mess from the beginning and the Leadership was only trying to drag as much out of it as they could so they would have promotion opportunities.

6. USAF SERE instructor. That was the job I wanted and the only job that I would have stayed with.

7. I had a 150lbs log dropped on me during training. It resulted in a Traumatic Brain Injury, Loss of active memory, spinal cord injury, right shoulder injury, right hip injury. I caught MRSA, which is antibiotic resistant staphylococcus. I was hyponatremia and hypo-glycemic. Yet I continued training under these circumstances for 6 days. I would have rather died than have gone through what I did to stay alive. And I had, and continue to have, no help from the American Veterans Administration. It's been a fight for my own medical care and well being. As a result of my injuries I'm homeless and unable to do much so my country has discarded me like another used up piece of equipment.

8. Had the United States actually been following their own rules of honorable conduct, we would have never had been in a situation where a lowly grunt like me would have had the need to step up and expose everything that was wrong going on. How they mistreated us as people and had us do highly questionable actions in the name of „freedom and democracy." I hate the drone program and the people in it. They're a bunch of children with a neat, expensive toy. It was like grade school all over again but with a bunch of people who should have been acting like hard working and educated adults.

9. I don't know how I could explain this one in a more concrete way, but the numbers database that was used to track mission activities were used to help promote people by way of saying that „without this person these missions wouldn't have gotten done." The piece of paper was called an Enlisted Performance Report. Worthless egoboosting if you ask me and didn't actually highlight the merits for which people should actually be placed into positions of more responsibility.

10. Official records show what I have been a part of: over 2300 deaths, many of whom we have no idea who they were or what they were doing. Few of them were actively fighting against anyone. My actions are to mitigate what others would say of me and to represent myself.

Hopefully that helps.
Respectfully,
Brandon"

Dokument Nr. 4:
DER SPIEGEL vom 17. April 2015, 18:02 Uhr – Der Krieg via Ramstein
Wie stark unterstützt Deutschland Obamas Drohneneinsätze gegen Terroristen?
Geheime Pläne belegen nach SPIEGEL-Informationen die elementare Rolle der
US-Militärbasis in der Pfalz. Dokumente zeigen, dass die Bundesregierung mehr
weiß, als sie zugibt.
In: http://www.spiegel.de/politik/deutschland/ramstein-air-base-us-drohneneinsaetze-
aus-deutschland-gesteuert-a-1029264.html

Dokument Nr. 5:
„Projekt Redhand"
Seit 2012 tritt Bryant regelmäßig in der Öffentlichkeit auf und spricht über Drohnen.
Er gründete Project Red Hand – eine Plattform für Veteranen, Whistleblower und Ak-
tivistInnen:
http://projectredhand.org/about/

Dokument Nr. 6:
Stellungnahmen des UN-Sonderberichterstatters zu den „gezielten Tötungen"
(„targeted killings")

http://www.un.org/depts/german/menschenrechte/a-hrc14-24add6-deu.pdf
http://www.luftpost-kl.de/luftpost-archiv/LP_13/LP04313_270313.pdf
http://www.ag-friedensforschung.de/themen/Drohnen/uno.html
http://www.spiegel.de/politik/ausland/zivile-opfer-durch-drohnenangriffe-uno-ver
langt-aufklaerung-von-usa-a-928854.html
http://www.zeit.de/politik/ausland/2014-12/usa-drohnenangriffe-obama
http://www.focus.de/politik/ausland/gezielte-toetung-einen-terrorfuersten-zu-toeten-
kostet-28-unschuldige-menschenleben_id_4304210.html
http://www.stern.de/politik/ausland/us-drohnen-krieg-begehen-die-usa-kriegsverbre
chen--3177228.html
http://www.zeit.de/politik/ausland/2013-03/drohnen-pakistan-un

Dokument Nr. 7:
Interview mit Brandon Bryant vom 20. Okt. 2015
NachDenkSeiten – Die kritische Website (http://www.nachdenkseiten.de/?p=28005)

Dokument Nr. 8:
Vier ehemalige Drohnenpiloten erheben Vorwürfe gegen Präsident Barack Obama

In einem offenen Brief an die US-Regierung, der ZEIT ONLINE vorliegt, haben vier Piloten den Drohnenkrieg kritisiert. Er sei ein Terroristen-Rekrutierungsprogramm. 19. November 2015, 0:25 Uhr Quelle: ZEIT ONLINE.

OFFENER BRIEF, 18. November 2015

An
Präsident Barack Obama,
Weißes Haus
Washington, D.C.
Verteidigungsminister Ashton B. Carter,
Verteidigungsministerium
Direktor John O. Brennan,
Central Intelligence Agency (CIA)

Sehr geehrter Präsident Obama, sehr geehrter Minister Carter, sehr geehrter Direktor Brennan!

Wir sind ehemalige Angehörige der US-Luftwaffe. Wir schlossen uns der Air Force mit dem Ziel an, die Leben von Amerikanern sowie unsere Verfassung zu schützen. Aber im Laufe der Zeit ist uns klar geworden, dass der Umstand, dass wir unschuldige Zivilisten töten, die Hassgefühle nur befeuert, die den Terror und Gruppen wie den „Islamischen Staat" (IS) antreiben – und zugleich in ähnlicher Weise als Rekrutierungswerkzeug wirkt wie Guantanamo Bay.

Diese Regierung und ihre Vorgängerregierung haben ein Drohnenprogramm aufgesetzt, das eine der verheerendsten Triebfedern des Terrorismus und der Destabilisierung weltweit ist.

Jeder Einzelne von uns entwickelte eine posttraumatische Belastungsstörung, als die Schuld zu groß wurde, die mit unserer Rolle beim Ermöglichen dieses systematischen Zerstörens unschuldiger Leben einherging. Aber die Regierung, der wir so viel gegeben hatten, ließ uns fallen – sie entließ uns in eine Welt ohne angemessene medizinische Versorgung, ohne Zugang zu einem verlässlichen Gesundheitswesen, ohne notwendige Zuwendungen. Einige von uns sind heute obdachlos. Andere kommen gerade so zurecht. Dabei haben wir massive Verschwendung erlebt, den Missbrauch von Macht – und ebenso, wie die Führer unseres Landes öffentlich über die Effektivität des Drohnenprogramms gelogen haben.

Wir können Tragödien wie den Anschlägen von Paris nicht einfach schweigend zusehen, während wir die verheerenden Effekte kennen, die das Drohnenprogramm hierzulande und anderswo hat. Ein solches Stillschweigen bedeutete einen Verstoß gegen die Eide, die wir zur Unterstützung und zur Verteidigung der Verfassung geschworen haben.

Wir fordern Sie auf, Ihre Perspektive zu überdenken, auch wenn eine solche Bitte angesichts der beispiellosen Verfolgung von Whistleblowern, die uns vorangegangen sind – wie zum Beispiel Chelsea Manning, Julian Assange und Edward Snowden – womöglich vergeblich ist. Im Interesse dieses Landes hoffen wir jedoch, dass es sich nicht so verhält.

Hochachtungsvoll,
Brandon Bryant, Staff Sergeant, MQ-1B Predator Sensor Operator, SERE Instructor Trainee, USAF Joint Special Operations Command, 3rd Special Operations Squadron, Disabled Iraq and Afghanistan Veteran, Founder of Project RED HAND
Cian Westmoreland, Senior Airman, RF Transmissions Systems, USAF CENTCOM, 73rd Expeditionary Air Control Squadron, Disabled Afghanistan Veteran, Project RED HAND's Sustainable Technology Director
Stephen Lewis, Senior Airman, MQ-1B Predator Sensor Operator, USAF Joint Special Operations Command, 3rd Special Operations Squadron, Iraq and Afghanistan Veteran
Michael Haas, Senior Airman, MQ-1B Predator Sensor Operator Instructor, USAF Air Combat Command, 15th Reconnaissance Squadron, Iraq and Afghanistan Veteran

Übersetzung aus dem Englischen: Yassin Musharbash
Recherche: Diani Barreto

Dokumente Nr. 9A bis 9D:
Die Haltung der deutschen Bundesregierung zur Rollle der US-Airbase Ramstein

Die DEUTSCHE BUNDESREGIERUNG hat die vor allem auf Brandon Bryant zurückgehenden Enthüllungen in ihren Antworten auf mehrere von Abgeordneten des Deutschen Bundestages eingereichten Parlamentarischen Anfragen zu kaschieren versucht. Sie war bemüht, ihr Wissen um die Rolle der US-Air Base Ramstein und des USAFRICANCommand in Stuttgart für den globalen US-Drohnenkrieg zu verdecken.

Die Bundesregierung, so erklärte sie, gehe davon aus, dass sich das „Kontrollzentrum" für die Drohnenkriegsführung außerhalb Deutschlands befinde. (Vgl. BT-Drucks. 17/14401, S. 9).

Das hatte freilich niemand bestritten. Außerdem habe US-Präsident Obama bei seinem Deutschland-Besuch am 19. Juni 2013 „klargestellt, dass Deutschland nicht Ausgangspunkt (launching point) für den Einsatz von Drohnen sei". Das hatte auch niemand behauptet. Denn es geht nicht um den „Start" (launching) von Drohnen in Deutschland, sondern insbesondere um die Rolle der auf der US-Air Base Ramstein befindlichen zentralen Relaisstation („Distributed Ground System" - DGS-4), die einerseits über ein blitzschnelles Glasfasernetz durch den Atlantik mit den USA-Dienststellen und andererseits über Satelliten mit den Drohnen und den Kampfeinheiten in den Kriegsgebieten in Afrika und im Mittleren Osten (Pakistan, Afghanistan pp.) verbunden ist.

Zu konstatieren ist: Es gibt zwischenzeitlich eine Vielzahl von Berichten über Verstöße gegen das „ius in bello" bei der Drohnenkriegsführung im Nahen Osten, Pakistan und Afghanistan durch CIA, US-Air Force oder von der US-Regierung angeheuerte Zivilkräfte. Alle „Glieder der Befehls- und Ausführungskette", die hieran mitwirken, beteiligen sich an solchen Aktionen. Auch die Unterstützung („Beihilfe") völkerrechtswidriger Aktionen – z.b. durch ungehinderte Bereitstellung deutschen Territoriums oder Luftraums durch die Bundesregierung – kann ein völkerrechtliches Delikt sein.

Ungeachtet dessen macht die Bundesregierung geltend, der Bundesregierung lägen „keine Anhaltspunkte dafür vor, dass sich die Vereinigten Staaten auf deutschem Staatsgebiet völkerrechtswidrig verhalten hätten" (Vgl. BT-Drucks. 17/14401, S. 4).

Die Bundesregierung hat öffentlich einräumen müssen, dass sie seit knapp 10 Jahren ein „Verbindungskommando der Bundesluftwaffe" beim Oberbefehlshaber der US Air Force Europa (USAFE) im Ramstein unterhält (BT-Drucks. 17/14401 S. 2 ff.).

Das Verbindungskommando der Luftwaffe (VKdoLw) bei USAFE am Standort Ramstein existiert in der heutigen organisatorischen und personellen Aufstellung und Zuordnung seit dem 1. Juni 1996. Es besteht aus einem Verbindungsstabsoffizier und einem Stabsdienstfeldwebel.

Der Hauptauftrag besteht in dem Herstellen und Halten der Verbindung zwischen dem Oberbefehlshaber USAFE, dessen Hauptquartier und dem Inspekteur der Luftwaffe (InspL). Ferner hat das VKoLw im Auftrag des Inspekteurs der Luftwaffe die nationalen Luftwaffenbelange zu vertreten.

Im Einzelnen hat das VKdoLw folgende Aufgaben:

- Unterrichtung InspL über Planungen und Maßnahmen der USAFE,

- Unterrichtung des USAFE-Hauptquartiers (HQ) nach Weisung InspL über Angelegenheiten von gemeinsamem Interesse,

- Vertreten nationaler Forderungen und Wünsche gegenüber USAFE,

- Beratung des HQ USAFE bei Planung und Durchführung gemeinsamer Übungen,

- Abstimmung von Verteidigungsmaßnahmen zwischen USAFE und dem Bundesministerium der Verteidigung (BMVg),

- Wahrnehmung der Aufgabe als VKdo für das Kommando Streitkräftebasis und das Einsatzführungskommando der Bundeswehr im besonderen Aufgabenbereich beim Component Command (CC)-Air HQ Ramstein /HQ USAFE sowie

• Sicherstellung des Informationsaustauschs einschließlich der Pflege der bestehenden Informationsbeziehungen.

Dokument Nr. 9A:
Schreiben der Deutschen IALANA an die deutsche Bundeskanzlerin vom 27. Mai 2015

http://www.ialana.de/files/pdf/arbeitsfelder/entwicklung%20völkerrecht/drohnen/
IALANA_-_Brief_an_Bundeskanzlerin_27-05-2015.pdf

Dokument Nr. 9B:
Antwort-Schreiben des Bundesministeriums der Verteidigung vom 2. Juli 2015
Siehe Faksimile auf Seite 208/209.

http://www.ialana.de/files/pdf/arbeitsfelder/entwicklung%20völkerrecht/drohnen/Ant
worten_Kanzlerin_und_Minister.pdf

Dokument Nr. 9C:
Antwort-Schreiben des Auswärtigen Amtes vom 8. Juli 2015

http://www.ialana.de/files/pdf/arbeitsfelder/entwicklung%20völkerrecht/drohnen/Ant
worten_Kanzlerin_und_Minister.pdf

Dokument Nr. 9D:
Antwort-Schreiben des Bundeskanzleramtes vom 9. August 2015

http://www.ialana.de/files/pdf/arbeitsfelder/entwicklung%20völkerrecht/drohnen/Ant
worten_Kanzlerin_und_Minister.pdf

Dokument Nr. 10:
Auszug aus dem Urteil des Bundesverwaltungsgerichts vom 21. Juni 2005 – 2 WD 12.04 („Irak-Kriegs-Urteil"), S. 90 ff. im Urteilsausdruck

Veröffentlicht in: NJW 2006, S 77 ff. und EuGRZ 2005, S. 636 ff. (666–668, Abschnitt III 4.1.4.1.3b)

Bundesministerium
der Verteidigung

Bundesministerium der Verteidigung, 11055 Berlin

IALANA
Marienstraße 19-20

10117 Berlin

Stefan Sohm
Referatsleiter Recht I 3

HAUSANSCHRIFT Stauffenbergstraße 18, 10785 Berlin
POSTANSCHRIFT 11055 Berlin

TEL +49 (0)30 18-24-23830
FAX +49 (0)30 18-24-53830
E-Mail StefanSohm@bmvg.bund.de

BETREFF **Ihr Schreiben vom 27. Mai 2015**

Berlin 2. Juli 2015

Sehr geehrter Herr Jäckel, sehr geehrter Herr Dr. Becker,

vielen Dank für Ihr Schreiben vom 27. Mai 2015 an Frau Bundesministerin Dr. von der Leyen. Sie hat mich gebeten, Ihnen zu antworten.

Die Air Base Ramstein und die sich darauf befindliche Satelliten-Relais-Station wird von den USA ohne die Mitwirkung oder Einbeziehung der Bundesregierung betrieben und genutzt. Die amerikanische Regierung hat der Bundesregierung zugesichert, dass amerikanische Einsätze von unbemannten Luftfahrzeugen in keiner Weise von Deutschland aus gesteuert oder durchgeführt würden und sämtliche Entscheidungen über Einsätze unbemannter Luftfahrzeuge durch die US-Regierung in Washington fielen. Jedwedes Handeln der Vereinigten Staaten von deutschem Staatsgebiet aus erfolge nach den Regeln des geltenden Rechts.

Selbst wenn die Air Base Ramstein eine Rolle beim Datentransfer zu Drohnen der USA oder zu deren Steuerung einnehmen sollte ist damit schließlich keineswegs zwingend ein Rechtsbruch oder gar eine Straftat verbunden, die von deutschem Boden ausginge.

2

Unter rechtlichen Gesichtspunkten kann nur ein konkreter Drohneneinsatz bei Kenntnis aller maßgeblichen Tatsachen bewertet werden. Dies ist immer eine Frage des Einzelfalls, wobei in erster Linie Ziel des Einsatzes, äußere Rahmenbedingungen und gegebener Kenntnisstand der Verantwortlichen im Mittelpunkt stehen würden und weniger die Struktur des Datentransfers.

Hinsichtlich der Diskussion um eine Beschaffung von Drohnen darf ich auf die die Sachverständigenanhörung des Verteidigungsausschusses vom 30. Juni 2014 zum Thema „Völker-, verfassungsrechtliche sowie sicherheitspolitische und ethische Fragen im Zusammenhang mit unbemannten Luftfahrzeugen, die über Aufklärung hinaus auch weitergehende Kampffähigkeiten haben" (siehe www.deutscherbundestag.de) hinweisen. Ungeachtet auch durchaus unterschiedlicher inhaltlicher Positionen unter den angehörten Sachverständigen wurde in diesem Zusammenhang festgestellt, dass keine grundsätzlichen rechtlichen Bedenken hinsichtlich der Beschaffung und des möglichen Einsatzes auch bewaffneter Drohnen bestehen.

Mit freundlichen Grüßen
Im Auftrag

Sohm

209

Anhang zu II.

Verfassungsrechtliche Pflicht zur Unterbindung völkerrechtswidriger Handlungen und Vorgänge in Deutschland[1]

Dieter Deiseroth

Deutsche Hoheitsträger dürfen nach dem Grundgesetz keine völkerrechtswidrigen Handlungen oder Zustände auf oder über deutschem Hoheitsgebiet vornehmen oder zulassen. Sie dürfen deshalb z. B. weder Überflugrechte über deutschem Territorium gewähren noch die Nutzung von Einrichtungen (z. B. Luftwaffenbasen) in Deutschland dulden, wenn diese etwa von ausländischen Streitkräften im Rahmen völkerrechtswidriger Militäraktionen in Anspruch genommen werden.

Das ergibt sich aus Art. 20 Abs. 3 des Grundgesetzes (GG), wonach „die vollziehende Gewalt", also Regierung und Verwaltung, – ebenso wie die Gerichte – ausnahmslos „an Gesetz und Recht" gebunden sind. Nach Art. 25 GG sind zudem „die allgemeinen Regeln des Völkerrechts ... Bestandteil des Bundesrechtes. Sie gehen den Gesetzen vor und erzeugen Rechte und Pflichten unmittelbar für die Bewohner des Bundesgebietes." Völkerrechtlich bindend hat sich Deutschland zudem in dem 2+4-Vertrag vom 12.9.1990 (BGBl. II S. 1318) verpflichtet, „daß von deutschen Boden nur Frieden ausgehen wird". Das bindet alle deutschen Staatsorgane.

Die in Art. 20 Abs. 3 GG und Art. 25 GG normierten rechtlichen Bindungen haben unmittelbare Auswirkungen für alle Rechtsbereiche, und zwar in mehrfacher Hinsicht:

(1) Völkerrechtskonforme Auslegung und Anwendung innerstaatlichen Rechts

Sowohl vom BVerfG[2] als auch vom BVerwG[3] ist anerkannt, dass alle deutschen Behörden und Gerichte im Rahmen ihres jeweiligen Zuständigkeitsbereichs grundsätzlich daran gehindert sind, innerstaatliches Recht in einer Weise auszulegen und anzuwenden, die das geltende Völkerrecht verletzen. Das gesamte deutsche Recht muss gemäß Art. 20 Abs. 3 GG in Übereinstimmung mit dem geltenden Völkervertragsrecht und dem Völkergewohnheitsrecht ausgelegt und angewendet werden („völkerrechtskonforme Auslegung und Anwendung").[4] Innerstaatliche Gesetze müssen auch dann „im Einklang mit den völkerrechtlichen Verpflichtungen der Bundesrepublik Deutschland ausgelegt und angewendet werden, wenn sie zeitlich später erlassen worden sind als ein geltender völkerrechtlicher Vertrag; denn es ist nicht anzunehmen, dass der Gesetzgeber, sofern er dies nicht klar bekundet hat, von völkerrechtlichen Verpflichtungen der Bundesrepublik Deutschland abweichen oder die Verletzung solcher Verpflichtungen ermöglichen will".[5]

Allein dies entspricht der betont auf Integration Deutschlands in die völkerrechtlich gebundene internationale Staatengemeinschaft angelegten Zielsetzung des Grundgesetzes („Völkerrechtsfreundlichkeit"),[6] die in zahlreichen Grundgesetz-Bestimmungen deutlich zum Ausdruck kommt, u. a. in der Präambel sowie in Art. 1 Abs. 2, Art. 24 Abs. 2 und 3, Art. 25, Art. 100 Abs. 2 GG. Sie trägt damit zur Wahrung und Förderung der „international rule of law" gegenüber der „international rule of power" in den internationalen Beziehungen bei.[7]

(2) Unterbindung völkerrechtswidriger Aktionen innerhalb und oberhalb des Bundesgebietes

Die Bindung aller hoheitlichen Gewalt in Deutschland erfordert, dass die vollziehende Gewalt und die Gerichte verpflichtet sind, alles zu unterlassen, was einer unter Verstoß gegen geltendes Völkerrechts vorgenommenen Handlung nichtdeutscher Hoheitsträger im Geltungsbereich des Grundgesetzes Wirksamkeit verschafft[8] und dass sie gehindert sind, an einer gegen solche Regeln verstoßenden Handlung nichtdeutscher Hoheitsträger bestimmend mitzuwirken.[9] Sie dürfen deshalb z. B. auch keine Überflugrechte gewähren, wenn diese etwa von ausländischen Streitkräften im Rahmen völkerrechtswidriger Militäraktionen in Anspruch genommen werden sollen.[10] Die neuere Rechtsprechung des BVerwG hat mehrfach darauf hingewiesen, dass z. B. „die Zuständigkeits- und Verfahrensvorschriften betreffend die Nutzung deutschen Luftraums geeignet (sind), eine bestimmende Mitwirkung aller deutschen Behörden an völkerrechtswidrigen Handlungen effektiv zu verhindern".[11] In einer einschlägigen Entscheidung heißt es dazu: „Gemäß § 96a Abs. 1 Satz 1 LuftVZO kann die Erlaubnisbehörde auch bei erlaubnisfreien Flügen den Einflug in das Hoheitsgebiet der Bundesrepublik Deutschland untersagen, u. a. wenn der Verdacht besteht, dass der Verkehr die öffentliche Sicherheit stört oder geeignet ist, Handlungen zu dienen, die verfassungswidrig i.S.d. Art. 26 Abs. 1 GG sind. Luftfahrzeugen, die an einem gegen das völkergewohnheitsrechtliche Gewaltverbot verstoßenden militärischen Einsatz bestimmend mitwirken, darf die Benutzung des deutschen Luftraums nicht gestattet werden."

(3) Keine Mitwirkung an völkerrechtswidrigen Aktionen und Beschlüssen auf intern. Ebene

Da deutsche Hoheitsträger (Minister, Beamte, Soldaten, Polizisten etc.) gemäß Art. 20 Abs. 3 GG und Art. 25 GG weder im Inland noch im Ausland gegen das geltende Völkerrecht verstoßen dürfen, ist ihnen auch untersagt, im In- oder im Ausland in internationalen Gremien – etwa der EU oder der NATO – an Aktionen und Beschlüssen mitzuwirken, die einen Verstoß gegen geltendes Völkerrecht (Völkervertrags- und Völkergewohnheitsrecht) beinhalten oder bewirken. Auch dies ist gemeinsame Rechtsprechung von BVerfG[12] und BVerwG.[13]

Diese strikte Vorgabe bezieht sich auch auf das völkerrechtliche Gewaltverbot: Gemäß Art. 2 Nr. 4 UN-Charta haben alle Mitglieder der Vereinten Nationen in ihren internationalen Beziehungen jede gegen die territoriale Unversehrtheit oder die politische Unabhängigkeit gerichtete oder sonst mit den Zielen der Vereinten Nationen unvereinbare Androhung oder Anwendung von Gewalt zu unterlassen. Dieses Gewaltverbot ist zugleich Bestandteil des völkerrechtlichen Gewohnheitsrechts und gehört zu den allgemeinen Regeln des Völkerrechts.[14] Zu dem in Deutschland geltenden Völkerrecht, an das nach Art. 20 Abs. 3 GG alle staatlichen Organe gebunden sind, gehört u. a. nach wie vor der „Vertrag über die Ächtung des Krieges" (Briand-Kellogg-Pakt) vom 27.8.1928[15], dem Deutschland wirksam beigetreten ist. Deshalb ist der Briand-Kellogg-Pakt auch zu Recht in der vom Bundesjustizministerium herausgegeben aktuellen Sammlung der für Deutschland geltenden völkerrechtlichen Verträge nach wie enthalten. Dieses Abkommen sieht völkerrechtlich bindend vor, dass die Vertragsparteien „den Krieg als Mittel für die Lösung internationaler Streitfälle verurteilen" und auf ihn „als Werkzeug nationaler Politik in ihren gegenseitigen Beziehungen verzichten."

Zudem hat sich – wie eingangs bereits herausgestellt – Deutschland im 2+4-Vertrag im Zuge der Wiedervereinigung 1990 völkerrechtlich bindend verpflichtet, „dass von deutschem Boden nur Frieden ausgehen wird" (Art. 2 S. 1). Das war Geschäftsgrundlage für das Ende des Kalten Krieges und das Ende der Teilung Deutschlands. Außerdem hat Deutschland in diesem zentralen Vertrag die völkerrechtliche Selbstverpflichtung abgegeben, „dass das vereinte Deutschland keine seiner Waffen jemals einsetzen wird, es sei denn in Übereinstimmung mit seiner Verfassung und der Charta der Vereinten Nationen" (Art. 2 S. 3).

(4) Subjektive Rechte und Pflichten der Bürgerinnen und Bürger

Art. 25 GG statuiert in seinem Satz 1 und 2 nicht nur, dass die „allgemeinen Regeln des Völkerrechts" kraft dieses Verfassungsbefehls Bestandteil des Bundesrechts sind und allen innerstaatlichen Gesetzen vorgehen. Darüber hinaus ordnet er in seinem Satz 2 an, dass die „allgemeinen Regeln des Völkerrechts" unmittelbare Rechte und Pflichten für alle Bewohnerinnen und Bewohner des Bundesgebiets begründen.

Unstreitig ist, dass der Adressatenkreis dieser Vorschrift alle natürlichen und juristischen Personen umfasst, die sich im deutschen Bundesgebiet aufhalten oder ihren Sitz haben, und zwar unabhängig davon, ob sie als Deutsche i.S.d. Grundgesetzes anzusehen oder Nicht-Deutsche sind.[16]

Das ist eine revolutionäre Neuheit in der deutschen Rechtsgeschichte, auch im internationalen Vergleich. Diese Regelung ist kein Redaktionsversehen des Verfassungsgebers, sondern von den Müttern und Vätern des GG mit den sich daraus ergebenden weittragenden Folgen ausdrücklich gewollt. In den Beratungen des Verfassungsgebers, des Parlamentarischen Rates, kommt dies unmissverständlich, insbesondere in den Beiträgen Carlo Schmids, zum Ausdruck.

Kritikern, denen die in Art. 25 GG geschaffene Regelung zu weit ging, hielt Carlo Schmid entgegen: „*Man hat in Deutschland das Völkerrecht langhin im Grunde doch nur – ich weiß genau, was ich sage – als eine Bagatelle betrachtet, als etwas, was auf den Hochschulen neben den anderen Disziplinen kaum praktische Bedeutung hatte. Wir sind hier noch weit zurück.*"[17] Unter Bruch mit einer Tradition „*die in der ungehemmten Entfaltung der Macht des Nationalstaates den eigentlichen Beweger der Geschichte und ihren letzten Sinn sah*"[18], wollte er an eine ganz andere Tradition anknüpfen wissen, die ein „in dubio pro Völkerrecht" eingefordert habe: „*Damit stellen wir uns in eine große deutsche Tradition, jene, die von den großen deutschen Völkerrechtslehrern, von Pufendorf angefangen über Christian Wolff zu Immanuel Kant führt und erst unterbrochen wurde, als Leute wie Zorn sich daran gemacht haben, in Deutschland das Völkerrecht zu einer Art von äußerem Staatsrecht zu bagatellisieren*"[19] Carlo Schmid beschrieb in beeindruckender und zukunftsweisender Form den Modellcharakter des Art. 25 GG: „*Den weiteren Schritt, den wir tun sollten, ist, abzuweichen von der bisherigen Doktrin des Völkerrechts, wonach das Völkerrecht nur adressiert ist an die Staaten und nicht an die einzelnen Individuen, so dass der Einzelne an völkerrechtliche Bestimmungen nur gebunden sein soll und durch sie nur berechtigt sein soll, wenn die Völkerrechtssätze durch den Landesgesetzgeber in Landesrecht transformiert worden sind. Das ist herrschende Doktrin, und sie ist heute überall praktisch in Geltung. Ich glaube, dass es nicht schaden könnte, wenn unser Land das erste wäre, das mit diesem Herkommen bricht und klar zum Ausdruck bringt, dass das Völkerrecht nicht eine Rechtssphäre irgendwo ist – die meinetwegen „dort oben hanget unveräußerlich" –, die gerade deshalb nie zum Zuge kommt, sondern dass es eine Rechtssphäre ist, die auch unser innerstaatliches Rechtsleben bedingt und bestimmt und sich unmittelbar an den einzelnen Deutschen wendet, ihn berechtigend und verpflichtend. Ich könnte mir vorstellen, dass, wenn wir in unser Grundgesetz eine solche Bestimmung aufnehmen, auch für andere Völker eine Schwelle übersprungen wäre, eine Schwelle, die vielleicht den Weg in eine bessere Zukunft eröffnet.*"[20]

Den dahinterstehenden rechtspolitischen Leitgedanken hatte Carlo Schmid im Ausschuss für Grundsatzfragen formuliert: *„Die einzige wirksame Waffe des ganz Machtlosen ist das Recht, das Völkerrecht. Die Verrechtlichung eines Teiles des Bereichs des Politischen kann die einzige Chance in der Hand des Machtlosen sein, die Macht des Übermächtigen in ihre Grenzen zu zwingen. "*[21]

Die wiederholt gestellten Anträge von Abgeordneten der CDU/CSU, sich im Grundgesetz-Text auf die Geltung der „allgemein anerkannten Regeln" des Völkerrechts zu beschränken, wurden durchgehend mit den Stimmen von SPD, FDP und KPD abgelehnt.[22]

Die in Art. 25 GG verankerte strikte Bindung aller staatlichen Organe an die „allgemeinen Regeln des Völkerrechts" umfasst das Völkergewohnheitsrecht, das sog. zwingende Völkerrecht („ius cogens") sowie die allgemein anerkannten Rechtsgrundsätze i.S. von Art. 38 Buchst. b und c des IGH-Statuts.[23] Zu den „allgemeinen Regeln des Völkerrechts", zu dessen verbindlicher Feststellung in Zweifelsfragen nach Art. 100 Abs. 2 GG das Bundesverfassungsgericht berufen ist, gehören auch nach dessen ständiger Rechtsprechung neben denjenigen Normen, denen die Qualität von völkerrechtlichem „ius cogens"[24] zukommt, das Völkergewohnheitsrecht sowie die allgemein anerkannten Rechtsgrundsätze im Sinne des Art. 38 Abs. 1 Buchst. c des Statuts des Internationalen Gerichtshofs.[25] Bestandteil des „ius cogens" sind u.a. das völkerrechtliche Gewaltverbot, das in Art. 2 Nr. 4 der UN-Charta seinen Niederschlag gefunden hat, und die grundlegenden Regeln des humanitären Kriegsvölkerrechts. Das Bestehen von Völkergewohnheitsrecht setzt dabei eine durch eine Vielzahl von – alle weltweit bestehenden Rechtskulturen repräsentierenden – Staaten befolgte Praxis („allgemeine Übung") voraus, die allgemein in der Überzeugung geübt wird, hierzu von Völkerrechts wegen verpflichtet zu sein („opinio iuris"). Bei der Ermittlung von Normen des Völkergewohnheitsrechts ist in erster Linie auf das völkerrechtlich verbindliche Verhalten derjenigen Staatsorgane abzustellen, die kraft Völkerrechts oder kraft innerstaatlichen Rechts dazu berufen sind, den Staat im völkerrechtlichen Verkehr zu repräsentieren. Daneben kann sich eine solche Praxis aber auch in den Akten anderer Staatsorgane, wie solchen des Gesetzgebers oder der Gerichte, bekunden, zumindest soweit ihr Verhalten unmittelbar völkerrechtlich erheblich ist, etwa zur Erfüllung einer völkerrechtlichen Verpflichtung oder zur Ausfüllung eines völkerrechtlichen Gestaltungsspielraumes dienen kann.[26] Dagegen gehören völkervertragsrechtliche Regelungen, also durch rechtsgeschäftliche Akte zwischen Völkerrechtssubjekten geschlossene völkerrechtliche Verträge und Abkommen, grundsätzlich nicht zu den „allgemeinen Regeln des Völkerrechts" im Sinne von Art. 25 GG, es sei denn, in ihnen hätten Rechtsnormen des „ius cogens" oder des Völkergewohnheitsrechts (deklaratorisch) ihren Niederschlag gefunden. Bürgerinnen und Bürger können damit nach Art. 25 Satz 2 GG in Deutschland vor innerstaatlichen Gerichten einfordern, dass die „allgemeinen Regeln des Völkerrechts" von deutschen Hoheitsträgern uneingeschränkt eingehalten werden. Denn diese „allgemeinen Regeln" i.S. von Art. 25 Satz 2 GG begründen unmittelbare Rechte und Pflichten für alle Bewohnerinnen und Bewohner des Bundesgebiets. Wenn von „Bewohnern des Bundesgebiets" die Rede ist, sind damit alle natürlichen und juristischen Personen gemeint, die sich im Bundesgebiet aufhalten, also auch Ausländer oder ausländische Truppen.

Ist in einem Rechtsstreit zweifelhaft, ob eine (allgemeine) Regel des Völkerrechts Bestandteil des Bundesrechts ist und ob sie unmittelbare Rechte und Pflichten für den Einzelnen erzeugt (Art. 25 GG), hat das jeweilige innerstaatliche Gericht dazu gemäß Art. 100 Abs. 2 GG die Entscheidung des BVerfG einzuholen.

Nicht völlig geklärt ist bislang allerdings, ob es dafür ausreichend ist, dass der Rechtssatz, dessen Verletzung gerügt wird, zu den „allgemeinen Regeln" des Völkerrechts gehört oder ob er darüber hinaus auch selbst „vollzugsfähige" individuelle Rechte begründen muss.

Das BVerfG hat im Ergebnis eine Einschränkung der von Art. 25 GG erfassten Normen des Völkerrechts etwa auf unmittelbar anwendbare Normen in mehreren Entscheidungen verneint. Im sog. Botschaftskonto-Fall hat es ausdrücklich ausgeführt, dass auch staatsgerichtete Normen des Völkerrechts in ihrer jeweiligen Tragweite als Bestandteil des Bundesrechts von allen rechtsetzenden und rechtsanwendenden Organen der Bundesrepublik als objektives Recht zu beachten und je nach Maßgabe ihres Tatbestands und ihres Regelungsinhalts anzuwenden seien.[27]

Nach verbreiteter Auffassung sollen ungeachtet dessen die allgemeinen Regeln des Völkerrechts für den einzelnen Bürger nur dann unmittelbar geltende (subjektive) Rechte und Pflichten erzeugen, wenn dies die völkerrechtliche Norm direkt oder indirekt vorsehe[28]; insbesondere müsse die völkerrechtliche Regel ausreichend bestimmt sein. Das sei nur bei solchen Normen des Völkerrechts (Völkergewohnheitsrecht und zwingendes Völkerrecht <ius cogens>) der Fall, die sich nach Inhalt und Zweck eigneten, in Rechtsverhältnisse des Einzelnen einzugreifen. Dabei müsse es sich um Vorschriften handeln, die innerstaatliche Rechtswirkungen intendierten[29] oder die geeignet seien, individuelle Rechte und Pflichten zu begründen. Für die subjektiv-rechtliche Umformung einer staatengerichteten Regel des Völkerrechts komme es darauf an, ob diese zumindest in einem weiteren Sinne eine individualschützende oder individualverpflichtende Finalität aufweise. Einer individuellen Inanspruchnahme zugänglich seien etwa die auch dem Individualschutz dienenden Normen des humanitären Kriegsvölkerrechts, die Freiheiten der Hohen See oder der gebotene Mindeststandard der allgemeinen Regeln des völkerrechtlichen Fremdenrechts.[30]

Diese restriktiven Auslegung des Art. 25 Satz 2 GG ist weder mit dem Wortlaut noch mit der Entstehungsgeschichte und dem daraus folgenden Zweck der Regelung vereinbar. Insofern ist zunächst nochmals an die unmissverständliche Argumentation von Carlo Schmidt im Verfassungsgebungsprozess zu erinnern, der sich damit gegen erhebliche Widerstände auch durchsetzen konnte: *„Den weiteren Schritt, den wir tun* *sollten, ist, abzuweichen von der bisherigen Doktrin des Völkerrechts, wonach das Völkerrecht nur adressiert ist an die Staaten und nicht an die einzelnen Individuen, so dass der Einzelne an völkerrechtliche Bestimmungen nur gebunden sein soll und durch sie nur berechtigt sein soll, wenn die Völkerrechtssätze durch den Landesgesetzgeber in Landesrecht transformiert worden sind. Das ist herrschende Doktrin, und sie ist heute überall praktisch in Geltung. Ich glaube, dass es nicht schaden könnte, wenn unser Land das erste wäre, das mit diesem Herkommen bricht und klar zum Ausdruck bringt, dass das Völkerrecht nicht eine Rechtssphäre irgendwo ist – die meinetwegen „dort oben hanget unveräußerlich" –, die gerade deshalb nie zum Zuge kommt, sondern dass es eine Rechtssphäre ist, die auch unser innerstaatliches Rechtsleben bedingt und bestimmt und sich unmittelbar an den einzelnen Deutschen wendet, ihn berechtigend und verpflichtend."*

Es wäre sinnlos, allgemeine Regeln des Völkerrechts über Art. 25 GG in den innerstaatlichen Bereich zu übernehmen, die lediglich Rechte und Pflichten der Staaten untereinander begründen. Art. 25 GG hat gerade den – nicht zuletzt aus seiner Entstehungsgeschichte – erkennbaren Zweck, die Einhaltung solcher Vorschriften durch Übernahme in den innerstaatlichen Bereich zu garantieren. Er bewirkt, dass die allgemeinen Regeln des Völkerrechts die gleichen Rechtswirkungen für die einzelnen Bürger haben wie sonst innerstaatliches objektives Recht. Das bedeutet, dass der Einzelne sich – soweit es ihr Inhalt zulässt – auf diese Regeln im Rahmen des jeweiligen gerichtlichen Verfahrens berufen kann, und zwar unabhängig davon, dass die allgemeinen Regeln des Völkerrechts als objektives Recht ohnehin von den deutschen Staatsorganen aufgrund des Rechtsanwendungsbefehls des Art. 25 S. 1 GG von Amts wegen zu beachten sind.[31] Aufgrund dieser Übernahme sind die staatlichen Organe, also Legislative, Exekutive und die innerstaatlichen Gerichte, kraft Verfassungsrechts gehalten und verpflichtet, dass die Bundesrepublik Deutschland diese völkerrechtlichen Normen einhält.[32] Das gilt auch für das völkerrechtliche Interventions- und das völkerrechtliche Gewaltverbot.[33]

Deshalb ist davon auszugehen: Richtet sich eine allgemeine Regel des Völkerrechts nach ihrem völkerrechtlichen Inhalt nur an Staaten, so verleiht ihr Art. 25 Satz 2 GG den Charakter eines subjektiven Rechts bzw. einer Rechtspflicht auch im innerstaatlichen Bereich. Sie kann deshalb durch oder gegenüber dem Einzelnen vor den innerstaatlichen Gerichten durchgesetzt werden, und zwar ungeachtet ihrer gesetzlichen Konkretisierung.[34] Deshalb kann auch der einzelne Bürger aufgrund von Art. 25 Satz 2 GG verlangen, dass alle Organe seines Staates die allgemeinen Regeln des Völkerrechts i.S. von Art. 25 Satz 1 GG nicht verletzen.

Lässt ein innerstaatliches Gericht eine „allgemeine Regel des Völkerrechts" i.S. von Art. 25 GG in einem Rechtsstreit unbeachtet, so kann der betroffene Bürger eine Verfassungsbeschwerde gegen die gerichtliche Entscheidung auf eine Verletzung jedenfalls des in Art. 2 Abs. 1 GG normierten Grundrechts stützen. Denn zur verfassungsmäßigen

Ordnung i.S. von Art. 2 Abs. 1 GG, auf deren Einhaltung jeder Einzelne einen grundrechtlich verbürgten Anspruch hat, gehört auch, dass bei der Anwendung des Bundesrechts die allgemeinen Regeln des Völkerrechts gemäß Art. 25 GG beachtet werden.[35] Unterlässt das innerstaatliche Gericht trotz ernstzunehmender Zweifel an einer anzuwendenden allgemeinen Regel des Völkerrechts die Vorlage an das BVerfG, so ist gegen das Urteil die Verfassungsbeschwerde auch wegen einer Verletzung des Anspruchs auf den gesetzlichen Richter (Art. 101 Abs. 1 Satz 1 GG) zulässig.[36] Begründet ist die Verfassungsbeschwerde allerdings nur dann, wenn die angegriffene Entscheidung des innerstaatlichen Gerichts auf dieser Rechtsverletzung beruht. Dies setzt voraus, dass die Regelung nicht den in der angefochtenen Entscheidung angenommenen Inhalt hat.[37]

(5) Auswirkungen für Befehle und Weisungen im Soldaten- und Beamtenrecht

Auswirkungen hat die in Art. 20 Abs. 3 und Art. 25 GG normierte Bindung an das Völkerrecht auch für an Soldaten gerichtete Befehle und für Beamten erteilte Weisungen ihrer Vorgesetzten.

a) Nach § 10 Abs. 4 des Soldatengesetzes (SG) dürfen Befehle nur unter Beachtung der „Regeln des Völkerrechts" erteilt werden. Der Soldat muss seinen Vorgesetzten gehorchen und ihm erteilte Befehle nach besten Kräften vollständig, gewissenhaft und unverzüglich ausführen (§ 11 Abs. 1 SG). Die Pflicht der Untergebenen zum Gehorsam gehört zu den zentralen Dienstpflichten jedes Soldaten der Bundeswehr. Dabei handelt es sich jedoch anders als in früheren deutschen Rechtsepochen um keinen blinden oder unbedingten Gehorsam. Aus dem GG und dem SG ergeben sich vielmehr rechtliche Grenzen der militärischen Gehorsamspflicht. Drei davon sind ausdrücklich in den – gemäß § 22 Abs. 1 WStG nach allgemeiner Auffassung in Rechtsprechung und Fachschrifttum nicht[38] abschließenden – Regelungen des § 11 Abs. 1 Satz 3 Halbs. 1 Alt. 1 und 2 SG[39] und des § 11 Abs. 2 SG[40] normiert. Darüber hinaus ist ein militärischer Befehl für einen Untergebenen auch dann unverbindlich[41], wenn er gegen Art. 25 GG („allgemeine Regeln des Völkerrechts") oder gegen Art. 26 Abs. 1 Satz 1 GG (Verbot der Vorbereitung, Führung oder Unterstützung eines Angriffskrieges) verstößt.

Entsprechend der Vorrangwirkung des Art. 25 S. 2 GG kann im Bereich der Bundeswehr ein militärischer Befehl eines Vorgesetzten, der den „allgemeinen Regeln des Völkerrechts" widerspricht, von Untergebenen damit keinen Gehorsam nach § 11 Abs. 1 Satz 1 und 2 SG beanspruchen. Der Untergebene hat also, wenn ein Befehl „allgemeine Regeln des Völkerrechts" verletzt, diese Regeln anstelle des ihm erteilten Befehls zu befolgen. Denn Art. 25 GG verdrängt insoweit die Rechtswirkungen des § 11 Abs. 1 Satz 1 und 2 SG und verpflichtet den Untergebenen unmittelbar.[42]

Wenn auch der militärische Vorgesetzte nach § 10 Abs. 5 Satz 1 SG die Verantwortung für die Rechtmäßigkeit und Zweckmäßigkeit seiner Befehle zu tragen hat, folgt aus der Verpflichtung, einen erteilten Befehl gewissenhaft auszuführen sowie aus der in § 7 SG normierten Pflicht zum treuen Dienen nicht nur das Recht, sondern auch die Pflicht eines Untergebenen, Gegenvorstellungen zu erheben, wenn er schwerwiegende Bedenken gegen die Durchführbarkeit des Befehls hat.[43] Bestehen Unklarheiten über Inhalt und Umfang eines erteilten Befehls, hat ein Untergebener das Recht und die Pflicht, Fragen zu stellen, Gegenvorstellungen zu erheben sowie auf Klärung zu dringen.[44]

b) Entsprechendes gilt für Beamte. Nach den beamtenrechtlichen Regelungen sowohl des Bundes als auch der Bundesländer tragen Beamte „für die Rechtmäßigkeit ihrer dienstlichen Handlungen die volle persönliche Verantwortung", und zwar ungeachtet dessen, dass sie als Teil der Verwaltungshierarchie weisungsgebunden sind. Dementsprechend können sie straf-, disziplinar- und haftungsrechtlich zur Verantwortung gezogen werden, wenn die von ihnen vorgenommene Handlung rechtswidrig ist und sie ein Verschulden trifft. Deshalb muss jede/r Beamte/in, bevor sie/er eine dienstliche Handlung vornimmt, deren Rechtmäßigkeit prüfen. Der Umfang der Prüfungspflicht richtet sich insbesondere nach der „amtsbezogenen Wahrnehmungszuständigkeit" sowie der Vorbildung und den Erfahrungen des/der jeweiligen Beamten/in. Was sind die Grenzen des Weisungsrechts von Vorgesetzten und damit auch der Befolgungspflicht von Untergebenen? Das geltende Recht ist sowohl auf Bundes- als auch auf Landesebene in dieser Hinsicht nicht eindeutig. Zur Klärung dieser rechtlichen Grenzen gibt es auf Verwaltungsebene das sog. Remonstrationsverfahren. Hat ein Beamter Bedenken gegen die Rechtmäßigkeit einer dienstlichen Anordnung, so muss er seine Bedenken unverzüglich, also ohne schuldhaftes Zögern, unter Einhaltung des Dienstweges bei seinem/r Vorgesetzten, der die Anordnung erlassen hat, vorbringen. Dies ist Kern seiner so genannten Remonstrationspflicht. Wenn der Vorgesetzte die Anordnung/Weisung aufrecht erhält, so muss sich der/die Beamte/in, wenn seine/ihre Bedenken fortbestehen, an den nächsthöheren Vorgesetzten wenden. Sofern dieser oder ein anderer höherer Vorgesetzter die Anordnung bestätigt, so muss der/die Beamte/in diese grundsätzlich ausführen, sofern er nicht ungeachtet dessen berechtigt ist, sie nicht zu befolgen. Er kann in jedem Falle verlangen, dass die Bestätigung schriftlich erfolgt. Er ist nach Durchführung dieses Remonstrationsverfahrens von jeder persönlichen Verantwortung befreit. Die Verantwortung geht dann auf den anordnenden und den die Anordnung bestätigenden Vorgesetzten über.

Grundsätzlich lösen nach der geltenden Rechtslage in Deutschland auch rechtswidrige Anordnungen die Befolgungspflicht aus, sofern sie einen Bezug zur Dienstausübung des Beamten aufweisen.[45] Bei einer verfassungswidrigen Weisung entfällt nach überwiegender Auffassung die Befolgungspflicht des/der Beamten/in nur dann, wenn ein evidenter besonders schwerer Verfassungsverstoß vorliegt.[46] Ein solcher kann vorliegen, wenn die dem Beamten erteilte Weisung/Anordnung gegen Art. 25 GG verstößt. Insoweit kann auf die obigen Ausführungen zum Soldatenrecht verwiesen werden.

Anmerkungen

1   Auszug aus: Deiseroth, Innerstaatliche Gerichte und Völkerrecht, in: Festschrift für Martin Kutscha, Das Recht in guter Verfassung? Nomos-Verlag. 2013, S. 23 ff.
2   Vgl. BVerfG, Beschluss v. 26.10.2004 – 2 BvR 955/00 u. a. BVerfGE 112, S. 1–49.
3   Vgl. BVerwG, Beschluss v. 20.1.2009 – BVerwG 4 B 45.08 –; ebenso bereits BVerwG, Urteil v. 24.7.2008 – BVerwG 4 A 3001.07 -juris.
4   Vgl. BVerfGE 58, 1 (34); 59, 63 (89); 63, 343 (373); 64, 1 (20); 75, 1 (18 f); 109, 13 (23); 111, 307.
5   BVerfG, Beschluss v. 26.3.1987 – 2 BvR 589/89 u. a. –, BVerfGE 74, 358 (370); Beschluss v. 23.6.1981 – 2 BvR 1107, 1124/77 und 195/79 –, BVerfGE 58, 1 (34); Beschluss vom 10.11.1981 – 2 BvR 1058/79 –, BVerfGE 59, 63 (89); BVerwG, Urt. v. 18.5.2000 – 5 C 29.98 – BVerwGE 111, 200 = Juris Rn. 25 ff.; Bernhardt, Verfassungsrecht und völkerrechtliche Verträge, 1963, Rdnr. 29, S. 590.
6   Th. Giegerich, in: Grabenwarter u. a. (Hrsg.), Allgemeinheit der Grundrechte und Vielfalt der Gesellschaft, 1994, S. 101 ff.
7   Vgl. dazu auch Art. 1 der Resolution des Institut de Droit International vom 7.9.1993, wonach nationale Gerichte völkerrechtliche Fragen in voller Unabhängigkeit und mit denselben Methoden wie internationale Gerichte entscheiden sollen (Annuaire Bd. 65,T. II (1994), S. 319 ff.; vgl. dazu u. a. E. Benvenisti, EJIL 5/1994, S. 423.
8   BVerfG, Beschl. v. 21.5.1987 – 2 BvR 1170/83 – NJW 1988, 1462 <1463>
9   Vgl. u. a. BVerfG, Beschluss vom 31.3.1987 – 2 BvM 2/86 – <BVerfGE 75, 1 [19]> sowie Hofmann in Umbach/Clemens <Hrsg.>, Grundgesetz, 2002, Art. 25 RNr. 20
10 BVerwG, Urt. v. 21.6.2005 – 2 WD 12.04 – NJW 2006, 77–108 = Juris Rn. 214–256 und 259; Bothe, Archiv des Völkerrechts (AVR) 2003, 255 (268)
11 Vgl. BVerwG, Urt. v. 24.7.2008 – BVerwG 4 A 3001.07 – juris Rn. 84, 87 – zum militärischen Nachtflugbetrieb auf dem Flughafen Leipzig/Halle; Beschluss v. 20.1.2009 – BVerwG 4 B 45.08 – (US-Flughafen Ramstein)
12 BVerfG, Beschl. v. 26.10.2004 – 2 BvR 955/00 u. a. - BVerfGE 112, 1 <27>
13 Vgl. BVerwG, Urt. v. 21.6.2005 – 2 WD 12.04 – NJW 2006, 77ff. = Juris Rn. 114; Beschl. v. 20.1.2009 – BVerwG 4 B 45.08 -; ebenso bereits BVerwG, Urt. v. 24.7.2008 – BVerwG 4 A 3001.07 – juris.
14 BVerfG, Urt. v. 22.11.2001 – 2 BvE 6/99 - BVerfGE 104, 151 <213> und Beschl. v. 26.10.2004 – 2 BvR 955/00 u. a. – a. a. O.; BVerwG, Urt. v. 21.6.2005 – BVerwG 2 WD 12.04 - BVerwGE 127, 302 <343>
15 Vgl. zu den historischen Hintergründen u. a. David Swanson, When the World Outlawed War, 2011
16 Vgl. dazu u. a. Rainer Hofmann in: Umbach/Clemens (Hrsg.), Grundgesetz, 2002, Art. 25 Rn. 24 m. w. N.
17 12. Sitzung des Grundsatzausschusses v. 15.10.1948, in: Der Parlamentarische Rat 1948–1949, 1993, S. 321
18 Carlo Schmid, Neunte Sitzung des Plenums, 6. Mai 1949, in: Werner, Der Parlamentarische Rat 1948–1949, Bd. 9, München 1996, S. 434 ff. (443).
19 Carlo Schmid, Parlamentarischer Rat. Hauptausschuss, 5. Sitzung, 18. November 1948, S. 66.
20 Carlo Schmid, Parlamentarischer Rat. Hauptausschuss, 5. Sitzung, 18. November 1948, S. 66.
21 Carlo Schmid, Zwölfte Sitzung des Ausschusses für Grundsatzfragen, 15. Oktober 1948, in: Pikart/Werner, Der Parlamentarische Rat 1948–1949, Bd. 5/I, Boppard 1993, S. 313 ff. (321)
22 Vgl. 5. Sitzung des Hauptausschusses, S. 86; 27. Sitzung des Hauptausschusses, S. 330
23 BGBl. 1973 II S. 505

24 = unabdingbares „zwingendes" Völkerrecht im Sinne von Art. 53 der Wiener Vertragsrechtskonvention (WKV) vom 23.5.1969 (BGBl. 1985 II, S. 927)
25 Vgl. u. a. BVerfG, Beschl. v. 30.10.1962 – 2 BvM 1/60 – BVerfGE 15, 25 [34 f.] und v. 14.5.1968 – 2 BvR 544/63 – BVerfGE 23, 288 <317> m. w. N.
26 StRspr. des BVerfG: vgl. u. a. Beschl. v. 13.12.1977 – 2 BvM 1/76 – BVerfGE 46, 342 <367>, v. 12.4.1983 – 2 BvR 678/81 u. a. – BVerwGE 64, 1 <24>, v. 31.3.1987 – 2 BvM 2/86 – BVerfGE 75, 1 <21 ff.>, v. 21.5.1987 – 2 BvR 1170/83 – <NJW 1988, 1462 <1463> sowie Urt. v. 18.12.1984 – 2 BvE 13/83 – BVerfGE 68, 1 <89>
27 BVerfGE 46, S. 342 (363); 63, 343 (363, 373f.); im Ergebnis ebenso u. a. Rojahn in: von Münch/Kunig GG-Kommentar, 6. Aufl. 2012, Art. 25 Rn. 31 m. w. N.; Hofmann in: Umbach/Clemens, GG, Art. 25 Rn. 25; Kunig in: Graf Vitzthum (Hrsg.), Völkerrecht, 4. Aufl. 2007, 2. Abschn. Rn. 41; Streinz in: Sachs (Hrsg.), GG, Art. 25 Rn. 40; Steinberger in: Handbuch des Staatsrechts, Bd. VII, 1. Aufl. 1992, § 173 Rn. 44 ff.
28 In diese Richtung etwa BVerfGE 63, 343 (373 f.; großzügiger: BVerfGE 112, 1 (22); restriktiv ohne nähere Begründung: BVerwGE 86, 99 (119); Heintschel von Heinegg, in: Epping/Hillgruber, GG, 2009, Art. 25 Rn. 35; Jarass/Pieroth, GG, 12. Aufl. 2012, Art. 25 Rn. 13
29 So etwa Walter Rudolf, Völkerrecht und deutsches Recht, 1967, S. 172
30 So Herdegen in: Maunz/Dürig, GG, Art. 25 Rn. 50 (Lfg. 37, August 2000)
31 Vgl. dazu u. a. H. Steinberger in: Handbuch, a. a. O. § 173 Rn. 2, § 173 Rn. 71 (zu BVerfGE 46, 342 und 63, 343); Giegerich in: Grabenwarter u. a. (Hrsg.), Allgemeinheit der Grundrechte und Vielfalt der Gesellschaft, 1994, S. 107f.; Hofmann, a. a. O., Rn. 26 m. w. N.
32 So zu Recht Rudolf Geiger, Grundgesetz und Völkerrecht, 4. Aufl. 2009, § 35 IV 2, S. 151
33 Vgl. Geiger, a. a. O., S. 151
34 Vgl. Pernice in: Horst Dreier (Hrsg.), GG-Kommentar, Bd. II, 2. Aufl. 2006, Art. 25 Rn. 30 m. w. N.
35 Vgl. dazu u. a. BVerfGE 23, 288 (300); BVerfG, Beschl. v. 3.3.2004 – 2 BvR 26/04; Rudolf Geiger, a. a. O. § 35 VI 2, S. 154
36 BVerfGE 100, S. 209 (211); Geiger, a. a. O., S. 155
37 Vgl. BVerfGE 64, S. 1 (21); Geiger, a. a. O., S. 155
38 Vgl. u. a. BVerwG, Urt. v. 21.6.2005 – 2 WD 12.04 – NJW 2006, 77ff. = Juris Rn. 112 m. w. N.; Schölz/Lingens, WStG, 3. Aufl. 1988, § 2 Rn. 34; Scherer/Alff, SG, 7. Aufl. 2003, § 11 Rn. 16 jew. m. w. N.
39 Die Vorschrift lautet: Ungehorsam liegt nicht vor, wenn ein Befehl nicht befolgt wird, der die Menschenwürde verletzt oder zu nicht dienstlichen Zwecken erteilt worden ist.
40 § 11 Abs. 2 SG: Ein Befehl darf nicht befolgt warden, wenn dadurch eine Straftat begangen würde.
41 BVerwG, Urt. v. 21.6.2005 – 2 WD 12.05 – a. a. O., Juris Rn. 113 und 114
42 BVerwG, Urt. v. 21.6.2005 – 2 WD 12.05 – a. a. O., Juris Rn. 114; Jescheck/Weigend, Lehrbuch des Strafrechts, 5. Aufl., 1996, § 35 II 2 b, S. 393; Schölz/Lingens, WStG, a.a.O, § 2 RNr. 40
43 BVerwG, Urt. v. 28.1.2004 – 2 WD 13.03 –BVrwGE 120, 105ff. = Juris Rn. 11 m. w. N.
44 BVerwG, Beschl. v. 10.8.1983 – 1 WB 64.82 – NZWehr 1984, 37f.
45 Vgl. BVerfG, Kammerbeschl. v. 07.11.1994 – 2 BvR 1117/94 u. a. – NVwZ 1995, 680 f.; BVerwG, Urt. v. 13.12.2000 – 1 D 34.98 – Buchholz 232 § 54 Satz 3 BBG Nr. 24 S. 30
46 Vgl. dazu u. a. BVerfG, NVwZ 1995, 680; Weiß, ZBR 1995, 197; Günther, RiA 2007, 19 (21)

Stationierungsrechte, demokratische Selbstbestimmung und völkerrechtliche Souveränität

Dieter Deiseroth

Deutschland ist völkerrechtlich gesehen ein souveräner Staat. Im sogenannten 2+4-Vertrag, der am 15. März 1991 in Kraft getreten ist, ist wirksam vereinbart worden, dass die drei Westmächte und die Sowjetunion „hiermit ihre Rechte und Verantwortlichkeiten in Bezug auf Berlin und Deutschland als Ganzes" beenden. Außerdem wurde darin festgelegt, dass „die entsprechenden, damit zusammenhängenden vierseitigen Vereinbarungen, Beschlüsse und Praktiken beendet und alle entsprechenden Einrichtungen der vier Mächte aufgelöst" werden. Das vereinte Deutschland habe „demgemäß volle Souveränität über seine inneren und äußeren Angelegenheiten". Das normiert Artikel 7 des 2+4-Vertrages ausdrücklich. Damit gibt es in Deutschland kein originäres Besatzungsrecht mehr, das die völkerrechtliche Souveränität Deutschlands beschränkt oder gar aufhebt.

Es existieren jedoch nach wie vor Souveränitätsbeschränkungen Deutschlands zugunsten der früheren westlichen Besatzungsmächte auf der Grundlage völkerrechtlicher Verträge, in die früheres Besatzungsrecht eingeflossen war. Diese sind bis heute nicht hinreichend korrigiert worden.

Diese Verträge, Abkommen, diplomatischen Notenwechsel pp. verschaffen zum Beispiel den USA nach wie vor erhebliche Handlungsmöglichkeiten in Deutschland, die nur sehr schwer zu kontrollieren sind. Das erschwert in Verbindung mit dem überaus komplizierten und unübersichtlichen Geflecht dieser Vereinbarungen und Absprachen die Wahrnehmung der originären Befugnisse der deutschen Staatsorgane. Das hat sich u. a. gerade auch bei den Ausspähaktionen durch die NSA und andere Geheimdienste gezeigt. Dies gefährdet zugleich die Erfüllung der staatlichen Schutzpflichten deutscher Stellen gegenüber den Grundrechten der Bürgerinnen und Bürgern. Außerdem beeinträchtigt es letztlich das demokratische Selbstbestimmungsrecht aller Bürgerinnen und Bürger und ihrer gewählten Verfassungsorgane.

Rechtspolitische Desiderata

1. Die Altlasten des Deutschland-Vertrages beseitigen

Die Altlasten des sog. Deutschland-Vertrages vom 24.10.1954 (DV) müssen beseitigt werden. Der DV ist zwar als solcher seit dem 15.3.1991 nicht mehr in Kraft (vgl. BGBl 1990 II, S. 1386, hier S. 1387, Ziff. 1). Auf seiner Grundlage sind jedoch zahlreiche Regierungs- und Verwaltungsvereinbarungen abgeschlossen worden, die besatzungsrechtliche Wurzeln haben und bislang nicht förmlich aufgehoben worden sind. Dabei ging es u. a. um „Überwachungs- und Geheimdienstvorbehalte", zu denen 1954/55 wie auch in der Folgezeit – zumeist nicht veröffentlichte – völkerrechtlich verbindliche diplomatische Noten ausgetauscht wurden. Dies bezog sich u. a. auf den „Schutz der Sicherheit dieser Streitkräfte" – eine nicht näher definierte und extrem „aufnahmefähige" Kategorie.

Dabei ging es zum Einen um den in Art. 5 Abs. 3 S. 1 DV angesprochenen sog. „Notstandsfall" (vgl. dazu u. a. den mit Bundeskanzler Adenauer ausgehandelten Brief der Außenminister der drei Westmächte v. 23.10.1954, der 1968 durch Notenaustausch bestätigt worden ist).

Außerdem betraf es u. a. auch die „Kontrolle von Postsendungen und Überwachung von Fernmeldeverbindungen" (auf der Grundlage von Art. 5 Abs. 2 S. 3 DV; Art. 4 Abs. 1 und 2 Truppenvertrag – TV).

Schließlich war Gegenstand auch eine „Geheimdienst-Regelung", die ergänzend zunächst in Art. 4 Abs. 2 TV vom 23.10.1954 (BGBl. II 1954, S. 78–83) und ab dem 1.7.1963 dann u. a. im Zusatzabkommen zum NATO-Truppenstatut vom 3.8.1959 (BGBl. II 1961, S. 1221) verankert wurde.

Dies alles liegt weithin im Dunkeln. Der Deutsche Bundestag sollte deshalb gegenüber der Bundesregierung aktuell darauf dringen und durchsetzen: Alle völkerrechtlichen Verträge, Regierungs- und Verwaltungsabkommen sowie sonstigen Vereinbarungen, die Deutschland mit den Truppen-Stationierungsländern USA, Frankreich und dem Vereinigten Königreich auf der Grundlage des Deutschland-Vertrages abgeschlossen hat oder die ggf. unabhängig davon die in Art. II des NATO-Truppenstatuts normierte Pflicht der Entsendestaaten, ihrer Truppen, ihres zivilen Gefolges, ihrer Mitglieder und deren Angehörigen, das Recht des Aufnahmestaates Deutschland „zu achten", einschränken oder beeinträchtigen oder Sonderrechte gewähren, müssen ausnahmslos gegenüber dem Deutschen Bundestag offen gelegt werden. Die Notwendigkeit ihrer Fortexistenz muss jeweils konkret überprüft und begründet werden.

2. Zusatzabkommen zum NATO-Truppenstatut überarbeiten

Das Zusatzabkommen zum NATO-Truppenstatut (ZA-NTS), in dem eine Vielzahl früherer besatzungsrechtlicher Regelungen Niederschlag gefunden hat, bedarf einer grundlegenden Revision; die 1994 erreichten Änderungen reichen nicht aus. Dies gilt vor allem für seine folgenden Vorschriften: Art. 3, Art. 17, 18, 18a, Art. 20, Art. 28, Art. 29, Art. 45, Art. 46, Art. 48, Art. 49, Art. 53 und Art. 53a, Art. 57, Art. 60 und Art. 63. Dabei muss insbesondere erreicht und gewährleistet werden, dass die in Deutschland befindlichen ausländischen Truppen und ihr ziviles Gefolge ausnahms- und einschränkungslos das deutsche Recht zu beachten haben und dass die zuständigen deutschen Stellen rechtlich und faktisch uneingeschränkt in der Lage sind, in den überlassenen Liegenschaften sowie im gesamten Bundesgebiet und im Luftraum darüber die Einhaltung dieser Verpflichtungen wirksam zu überprüfen. Insbesondere die Regelungen in Art. 53, 53a sowie 45 bis 49 ZA-NTS stellen dies nicht hinreichend sicher. Innerhalb der ihnen zur ausschließlichen Nutzung überlassenen Liegenschaften und im Luftraum darüber können die ausländischen Truppen und ihr ziviles Gefolge nach Artikel 53 ZA-NTS alle zur befriedigenden Erfüllung ihrer Verteidigungspflichten erforderlichen Maßnahmen treffen. Dabei gilt „das deutsche Recht", „soweit nicht in diesem Abkommen und in anderen internationalen Übereinkünften etwas anderes vorgesehen ist" und „sofern nicht die Organisation, die interne Funktionsweise und die Führung der Truppe und ihres zivilen Gefolges, ihrer Mitglieder und deren Angehöriger … betroffen sind". Abgesehen von den enormen tatsächlichen und politischen Schwierigkeiten, auf den überlassenen Liegenschaften die Einhaltung deutschen Rechts zu kontrollieren, ist damit ein weites Feld zur Betätigung und zur Freistellung vom deutschen Recht eröffnet.

3. Aufenthaltsvertrag neu verhandeln

In Art. 1 des Aufenthaltsvertrags (AV) von 1954 (BGBl 1955 II, S. 253) wird das in Art. 4 Abs. 2 S. 2 DV zum Ausdruck gebrachte Einverständnis der Bundesrepublik mit der weiteren alliierten Stationierung von Truppen „der gleichen Nationalität und Effektivstärke" bekräftigt; lediglich Erhöhungen der – nicht näher definierten – Effektivstärke werden von der Zustimmung der Bundesregierung abhängig gemacht. Das macht es schwierig zu kontrollieren, welche Verbände und Einheiten der US-Streitkräfte hier bereits stationiert sind oder ggf. neu verlegt werden, welche konkrete Aufgabenstellung sie haben und ob diese im Rahmen der NATO-Strukturen oder außerhalb derselben agieren. Immer wenn sie sich also darauf berufen können, die bisherige „Effektivstärke" werde nicht geändert, bestehen für die Gaststreitkräfte weite Handlungsräume, ohne dass die Zustimmung Deutschlands eingeholt wird.

Durch Notenwechsel vom 25.9.1990 (BGBl. 1990 II 1390) hat die Bundesregierung gegenüber den drei Westmächten erklärt, dass der Aufenthaltsvertrag „nach der Herstellung der Einheit Deutschlands" in Kraft bleibt. Dieser Notenwechsel ist dem deutschen Gesetzgeber nicht zur Zustimmung vorgelegt worden, obwohl Art. 3 Abs. 1 AV i.d.F. vom 23.10.1954 ausdrücklich regelt, dass der Aufenthaltsvertrag insgesamt „außer Kraft" tritt „mit dem Abschluss einer friedensvertraglichen Regelung mit Deutschland"; diese stellt der 2+4-Vertrag und die damit in Zusammenhang stehenden völkerrechtlichen Vereinbarungen dar.

Dies erschwert die Wahrnehmung der Rechte eines souveränen Staates durch die zuständigen deutschen Staatsorgane.

In einem Militär-Bündnis wie der NATO, in dem vor allem die dominierende Macht sanktionslos nicht gerade selten Völkerrechtsbrüche begeht (u. a. 2003 Aggressionskrieg gegen Irak; Menschenrechtsverletzungen in Guantanamo und anderen Internierungslagern; gezielte Tötungen von Terrorismus-Verdächtigen ohne rechtsstaatliche Verfahren, nicht selten unter Inkaufnahme erheblicher Schäden für unbeteiligte Zivilpersonen; Steuerung von Drohnen-Angriffen durch US-Kommandoeinrichtungen in Deutschland; CIA-Renditions-Aktionen), muss uneingeschränkt gewährleistet sein und sichergestellt werden, dass deutsche Stellen an solchen gravierenden Rechtsbrüchen nicht mitwirken und auf ihrem Territorium die Befugnisse haben und wahrnehmen können, um solche zu verhindern.

4. Keine Singularität

Die USA verfügen über ein weltweites Netz von mehr als 700 Militärstützpunkten in über 140 Staaten, in denen mehrere Hunderttausend Militärangehörige und ihr sog. ziviles Gefolge stationiert sind. Mit diesen Staaten sind ebenfalls Stationierungsabkommen und ergänzende Vereinbarungen abgeschlossen worden. Für sie stellen sich in dieser Hinsicht im weitem Maße ähnliche Probleme wie für Deutschland.

Möglichkeiten der Überprüfung und Kündigung des Aufenthaltsvertrages vom 23.10.1954 (in Kraft seit dem 6.5.1955)

Dieter Deiseroth

1. Verlängerung des Aufenthaltsvertrages (AV) durch Notenwechsel

Durch den unter diesem Datum geführten Notenwechsel vom 25.9.1990 (BGBl. 1990 II 1390) hat die Bundesregierung einerseits in einer Note gegenüber Frankreich und andererseits in einer weiteren Note gegenüber den Botschaftern der USA, Belgiens, Kanadas, der Niederlande, sowie Großbritanniens und Nordirlands jeweils in Nr. 1 ausdrücklich erklärt, dass der Aufenthaltsvertrag (im Folgenden: AV) „vorbehaltlich der Nummern 2 und 3 dieser Note nach der Herstellung der Einheit Deutschlands und dem Abschluss des am 12. September 1990 unterzeichneten Vertrags über die abschließende Regelung in Bezug auf Deutschland in Kraft" bleibt.

Nach dem Eingang der wechselnden Zustimmungserklärungen der Regierungen bilden diese Notenwechsel jeweils eine wirksame völkerrechtliche Vereinbarung.

Dem deutschen Gesetzgeber ist dieser Notenwechsel, soweit ersichtlich, weder 1990 noch später zur Zustimmung vorgelegt worden.

Die Verlängerung/Weitergeltung des Aufenthaltsvertrages allein durch einen im Bundesgesetzblatt veröffentlichten Notenwechsel zwischen den Regierungen ohne Zustimmungsgesetz des deutschen Gesetzgebers ist umso erstaunlicher, als in Art. 3 Abs. 1 AV i.d.F. vom 23.10.1954 ausdrücklich geregelt worden war und ist, dass der Aufenthaltsvertrag insgesamt „außer Kraft" tritt „mit dem Abschluss einer friedensvertraglichen Regelung mit Deutschland oder wenn die Unterzeichnerstaaten zu einem früheren Zeitpunkt übereinkommen, dass die Entwicklung der internationalen Lage neue Abmachungen rechtfertigt."

Der 2+4-Vertrag vom 15.9.1990 und die damit in Zusammenhang stehenden völkerrechtlichen Vereinbarungen stellten diese „friedensvertragliche Regelung" im Sinne des Aufenthaltsvertrages dar. Die durch das parlamentarische Zustimmungsgesetz vom 24.3.1955 innerstaatlich mit Gesetzeskraft und durch die erfolgte Ratifizierung völkerrechtlich wirksam gewordene Regelung in Art. 3 Abs. 1 AV über das Außerkrafttreten des Aufenthaltsvertrages wird durch den Notenwechsel vom 25.9.1990 und die seitherige Staatspraxis missachtet.

Unabhängig davon haben die Notenwechsel vom 25.9.1990 dennoch gemäß Art. 46 der Wiener Vertragsrechtskonvention (WVR) bewirkt, dass die entsprechenden völkerrechtlichen Wirkungen eingetreten sind. Denn nach Art. 46 WRV kann sich ein Staat nicht darauf berufen, „dass seine Zustimmung, durch einen Vertrag gebunden zu sein, unter Verletzung einer Bestimmung seines innerstaatlichen Rechts über die Zuständigkeit zum Abschluss von Verträgen ausgedrückt wurde und daher ungültig sei"; etwas anderes gilt nach dem letzten Halbsatz der Bestimmung nur, sofern die Verletzung „offenkundig war und eine innerstaatliche Rechtsvorschrift von grundlegender Bedeutung betraf". Letzteres dürfte m.E. hier aber nicht in Betracht kommen, jedenfalls ist dies sehr zweifelhaft.

2. Möglichkeit der Überprüfung des AV

Nach der jeweiligen Ziff. 2 dieses Notenwechsels wird der Aufenthaltsvertrag von den Vertragsparteien auf Antrag einer Vertragspartei überprüft.

3. Möglichkeit des Rücktritts vom AV

Nach der jeweiligen Ziff. 3 dieses Notenwechsels kann „jede stationierende Vertragspartei ... durch Anzeige an die anderen Vertragsparteien unter Einhaltung einer Frist von zwei Jahren von dem Aufenthaltsvertrag zurücktreten. Die Bundesrepublik Deutschland kann den Aufenthaltsvertrag in Bezug auf eine oder mehrere Vertragsparteien durch Anzeige an die Vertragsparteien unter Einhaltung einer Frist von zwei Jahren beenden."

4. Notwendigkeit einer Neu-Verhandlung des AV

In Art. 1 des Aufenthaltsvertrags (AV) von 1954 (BGBl 1955 II, S. 253) wird das in Art. 4 Abs. 2 S. 2 DV zum Ausdruck gebrachte Einverständnis der Bundesrepublik mit der weiteren alliierten Stationierung von Truppen „der gleichen Nationalität und Effektivstärke" bekräftigt; lediglich Erhöhungen der – nicht näher definierten – Effektivstärke werden von der Zustimmung der Bundesregierung abhängig gemacht. Das macht es schwierig zu kontrollieren, welche Verbände und Einheiten der US-Streitkräfte hier bereits stationiert sind oder ggf. neu verlegt werden, welche Aufgabenstellung sie haben und ob diese im Rahmen der NATO-Strukturen oder außerhalb derselben agieren. Immer wenn sie sich also darauf berufen können, die bisherige „Effektivstärke" werde nicht geändert, bestehen für die Gaststreitkräfte weite Handlungsräume, ohne dass die Zustimmung Deutschlands eingeholt wird.

Dies erschwert die Wahrnehmung der Rechte eines souveränen Staates durch die zuständigen deutschen Staatsorgane. Das zeigte etwa die mit Einverständnis der Bundesregierung – ohne Zustimmung des deutschen Gesetzgebers – 2007/2008 erfolgte Etablierung des US-Hauptquartiers African-Command (USAFRICOM) mit ca. 1500 Mitarbeitern (davon etwa die Hälfte Militär, die andere Hälfte sind Zivilisten aus dem Pentagon und Geheimdienstmitarbeiter) sowie privaten Dienstleistern in den „Kelley-Barracks" in Stuttgart-Möhringen, das eine zentrale Bedeutung für die logistische Steuerung z. B. von US-Drohnenangriffen in Afrika hat. Ihm unterstehen in Deutschland drei US-Verbände: ein Marine-Korps und eine Special-Forces Unit in Stuttgart sowie eine Luftwaffen-Einheit mit entsprechender Kommandobehörde auf der US-Airbase in Ramstein. (Nähere Informationen dazu finden sich in: Christian Fuchs/John Goetz, Geheimer Krieg. Wie von Deutschland aus der Kampf gegen den Terror gesteuert wird. Reinbek/Hamburg, 1. Auflage, 2013, S. 27 ff.)

Ferner zeigte es sich etwa bei der 2012 erfolgten Stationierung/Einrichtung der Kommandozentrale für die Raketenabwehr in Ramstein im Rahmen des NATO-„Ballistic Missiles Defense Action Plan" und des US-European Phased Adaptive Approach (EPPA).

In einem Militär-Bündnis wie der NATO, in dem vor allem die dominierende Macht sanktionslos nicht gerade selten Völkerrechtsbrüche begeht, muss uneingeschränkt gewährleistet sein und sichergestellt werden, dass deutsche Stellen an solchen gravierenden Rechtsbrüchen nicht mitwirken und auf ihrem Territorium die Befugnisse haben und wahrnehmen können, um solche zu verhindern.

III. Dokumente zum Whistleblowing des Preisträgers Prof. Dr. Gilles-Eric Séralini

Einführung

I

Glyphosat ist das meistverkaufte Pestizid der Welt. Der US-Agromulti Monsanto[1] brachte es 1974 unter dem Namen *Roundup* erstmals auf den Markt. Heute wird Glyphosat in verschiedenen Varianten und von zahlreichen Unternehmen produziert und vertrieben. 2015 wurde es von zumindest 91 Chemieunternehmen in 20 Staaten hergestellt. Allein in China soll es 53 Hersteller geben, in Indien 9 und in den USA 5. Die produzierte Menge wurde für 2008 weltweit auf 600.000 Tonnen Glyphosat geschätzt, 2011 auf 650.000 Tonnen und 2012 auf 720.000 Tonnen.

Die über den Handel vertriebenen Produkte enthalten unterschiedliche Mengen an Glyphosat sowie Zusatzstoffe („adjuvants"). Art und Zusammensetzung der Zusatzstoffe sind bisher das Geschäftsgeheimnis von Monsanto und der anderen Hersteller und werden nicht veröffentlicht.

Glyphosat wirkt über die Blätter und hemmt einen lebenswichtigen Stoffwechselprozess in den Pflanzen. Der Einsatz von Glyphosat auf landwirtschaftlichen Nutzflächen war vor der Entwicklung gentechnisch veränderter Pflanzen mit Herbizidtoleranz nur dann möglich, wenn auf dem Acker nicht gleichzeitig Kulturpflanzen wuchsen. 1996 gelang es Monsanto, ein bakterielles Gen in Sojabohnen einzubauen, mit dessen Hilfe die Pflanzen ein bestimmtes Enzym, das EPSPS (5-Enolpyruvylshikimat-3-phosphat-Synthase) produzieren. Dieses Enzym lässt die Sojapflanzen die Gifteinwirkungen überleben. Seither werden diese gentechnisch modifizierten Organismen (GMO) als Roundup-Ready-(RR)-Soja, -Mais, -Raps, -Zuckerrüben, -Baumwolle und -Alfalfa, vor allem in den USA, Argentinien, Brasilien und Kanada kommerziell angebaut. Über 95 Prozent des weltweit angebauten Gen-Soja und knapp 80 Prozent der sonstigen Gen-Pflanzen sollen herbizidresistent sein, überwiegend gegen Glyphosat.

Über die potentiellen Risiken des Einsatzes von Herbiziden wie Glyphosat und dessen Zusatzstoffe für Menschen, Tiere und die Umwelt insgesamt wird seit Jahren heftig diskutiert. Das gilt vor allem für die Gefahren- und Risikopotentiale von gentechnisch veränderten Pflanzen, insbesondere, wenn sie Reststoffe solcher Pestizide in sich aufgenommen haben.

Im März 2015 hat die Agentur IARC der Weltgesundheitsorganisation (WHO) Glyphosat als „wahrscheinlich krebserzeugend bei Menschen" eingestuft (vgl. dazu nachfolgend **Dokument Nr. 1**).

II

Kontroversen um die weitere EU-Zulassung des Wirkstoffs Glyphosat

In der EU sind *Wirkstoffe* zur Verwendung in Pflanzenschutzmitteln dann zulässig, wenn sie nach einer harmonisierten und gemeinschaftlichen Bewertung genehmigt wurden. Rechtliche Grundlage für die EU-Wirkstoffprüfung bildet die Verordnung (EG) Nr. 1107/2009. Im Allgemeinen gelten die Genehmigungen der Wirkstoffe für zehn Jahre, danach müssen Anträge auf erneute Genehmigung gestellt werden. Es wird dann geprüft, ob der Wirkstoff nach aktuellem Stand von Wissenschaft und Technik weiterhin genehmigt werden kann. Wirkstoffe sind die biologisch aktiven Komponenten in Pflanzenschutzmitteln. Sie sind für die gewünschte Wirkung dieser Produkte verantwortlich. Glyphosat ist der Wirkstoff in einer Reihe von Herbiziden, die häufig in der Landwirtschaft und anderen Bereichen zur Bekämpfung von Unkräutern und zum Schutz von Kulturpflanzen eingesetzt werden.

Für die Zulassung von Pflanzenschutzmitteln gilt in der EU ein zweistufiges Verfahren, so auch für den Wirkstoff Glyphosat. Der *Wirkstoff* wird in einem EU-Gemeinschaftsverfahren geprüft und – wenn er die Anforderungen erfüllt – auf EU-Ebene zur Verwendung in Pflanzenschutzmitteln genehmigt. Anschließend benötigt jedes einzelne *Handelsprodukt* (z. B. „Roundup") noch eine spezielle Zulassung, für deren Erteilung die zuständigen Behörden der Mitgliedstaaten zuständig sind. Sowohl die Wirkstoff-Genehmigungen (durch die EU) als auch die Zulassungen der Handelsprodukte (durch den jeweiligen EU-Mitgliedsstaat) sind zeitlich befristet. Nach der Frist müssen Wirkstoffgenehmigung und Zulassung erneut nach aktuellem Stand von Wissenschaft und Technik beantragt und geprüft werden.

Die aktuelle EU-Zulassung für den Wirkstoff Glyphosat wurde von der EU 2002 erteilt und sollte ursprünglich zum 31. Dezember 2015 auslaufen, wurde aber um sechs Monate verlängert, um ausreichend Zeit für eine umfassende und gründliche Neubewertung des Wirkstoffes zu haben.

Verfahren der Wirkstoffgenehmigung

Der Wiederzulassungsprozess ist durch eine Verordnung der EU-Kommission geregelt. Den Antrag auf Wiederzulassung für einen Wirkstoff reichen die Hersteller entsprechender Pflanzenschutzmittel (Antragsteller) bei der von der EU-Kommission zuvor benannten zuständigen nationalen Behörde (berichterstattender Mitgliedstaat) ein. Im Falle von Glyphosat ist dies Deutschland. Der Berichterstatter überprüft zunächst die Zulässigkeit des Antrags. Im nächsten Schritt ist der berichterstattende Mitgliedstaat verpflichtet, eine unabhängige, objektive und transparente Bewertung des eingereichten Dossiers vorzunehmen und einen Bericht („Entwurf des Bewertungsberichts") zu erstellen.

Diesen Bericht erhält die Europäische Behörde für Lebensmittelsicherheit (EFSA) und leitet ihn an alle Mitgliedstaaten und den Antragsteller weiter. Er wird zudem auf der EFSA-Website zur Einsicht und Kommentierung durch alle interessierten Parteien veröffentlicht. Die EFSA führt dann ein eigenes Evaluierungsverfahren durch. Gegebenenfalls beauftragt die EU-Kommission die EFSA, eine detaillierte Risikobewertung durchzuführen, die auch eine Begutachtung durch Wissenschaftler aus den Mitgliedstaaten einschließt. Auf Grundlage der Schlussfolgerungen der EFSA erstellt die EU-Kommission einen Evaluierungsbericht und anschließend den Entwurf einer Verordnung, die ihrem für ihre Beratung zuständigen Ständigen Ausschuss die Genehmigung oder Ablehnung der Wiederzulassung empfiehlt oder geänderte Bedingungen für die Wiederzulassung vorschlägt. Der Ausschuss setzt sich aus Vertretern der zuständigen Ministerien aller EU-Mitgliedstaaten zusammen. Zur Beschlussfassung ist die qualifizierte Mehrheit seiner Mitglieder erforderlich. Im Falle einer Ablehnung müssen alle Mitgliedstaaten den Produkten, die den aktiven Wirkstoff enthalten, innerhalb einer festgelegten Frist die Zulassung entziehen.

Dem Europäischen Parlament kommt bei dieser Art der Rechtsetzung keine Entscheidungskompetenz zu. Seine Mitglieder können allein auf anderem Weg, z. B. über parlamentarische Anfragen, mittelbaren Einfluss auf den Wiederzulassungsprozess nehmen.

Zulassung eines Pflanzenschutzmittels

Die EU-Genehmigung eines Wirkstoffes bedeutet noch keine Zulassung eines konkreten Pflanzenschutzmittels, denn dieses enthält in den meisten Fällen Beistoffe oder mehrere Wirkstoffe sind miteinander kombiniert. Vermarktet und verwendet werden darf ein Pflanzenschutzmittel erst dann, wenn es in dem betreffenden Mitgliedstaat zugelassen wurde. Rechtsgrundlage sind die Verordnung (EG) Nr. 1107/2009 und in Deutschland das Pflanzenschutzgesetz (PflSchG).

Die Zulassungsfähigkeit eines Pflanzenschutzmittels muss für jede konkrete Art der Verwendung gesondert geprüft werden („Indikationszulassung"). Seit dem 14. Juni 2011 erfolgt die Bewertung der Zulassungsfähigkeit in sogenannten zonalen Zulassungsverfahren: Die Staaten der EU wurden drei Zonen zugeordnet (Süd, Zentral,

Nord). Deutschland gehört zur zentralen Zone. Wenn ein Hersteller einen Zulassungs-antrag für mehrere Länder in einer Zone stellt, nehmen diese Länder eine gemeinsame Bewertung der Mittel vor. Jeder Staat entscheidet anschließend auf dieser Grundlage unabhängig über die nationale Zulassung. Dabei berücksichtigt er nationale landwirt-schaftliche und ökologische Besonderheiten.

Der Beitrag Deutschlands zur EU-Wirkstoffprüfung und die nationale Zulassung von Pflanzenschutzmitteln werden durch das Bundesamt für Verbraucherschutz und Le-bensmittelsicherheit (BVL) koordiniert. Beteiligt sind das Umweltbundesamt (UBA), das Bundesinstitut für Risikobewertung (BfR) und das Julius-Kühn-Institut (JKI). Das Umweltbundesamt ist hierbei für die Risikobewertung in Bezug auf den Naturhaus-halt und das Grundwasser zuständig. Bei der nationalen Zulassung von Pflanzenschutz-mitteln verfügt das Umweltbundesamt über einen Einvernehmensstatus. Das bedeutet, dass eine Zulassung nur mit Zustimmung des UBA erfolgen darf.

Gemäß § 29 des Pflanzenschutzgesetzes kann das BVL darüber hinaus für einen auf 120 Tage begrenzten Zeitraum auch die Anwendung nicht regulär zugelassener Pflanzenschutzmittel genehmigen. Voraussetzung ist eine Gefahr, die nicht anders ab-zuwehren ist (Notfallsituation im Pflanzenschutz). Das Gesetz sieht in diesem Verfah-ren keine Beteiligung des Umweltbundesamtes vor.

Neben der Zulassungsverordnung (EG) 1107/2009 und dem Pflanzenschutzgesetz bildet die Rahmenrichtlinie zur nachhaltigen Verwendung von Pestiziden (2009/128/EG) die zweite Säule der EU-Gesetzgebung zu Pflanzenschutzmitteln. Die Rahmen-richtlinie schreibt den Mitgliedstaaten unter anderem vor, die Abhängigkeit der Land-wirtschaft von chemischen Pestiziden zu verringern. Es sollen Anbausysteme geför-dert werden, die wenig Pestizide verwenden (darunter der ökologische Landbau) und die Risiken von Pflanzenschutzmitteln für Mensch und Umwelt reduzieren. Der Ein-satz von Pflanzenschutzmitteln per Flugzeug ist grundsätzlich zu verbieten. In Wasser- oder Natura-2000-Gebieten und in Gebieten, die für die Allgemeinheit bestimmt sind, ist die Verwendung chemischer Pestizide so weit wie möglich zu reduzieren oder zu untersagen. Desweiteren schreibt die Rahmenrichtlinie den Mitgliedstaaten vor, Na-tionale Aktionspläne zur nachhaltigen Verwendung von Pestiziden zu verabschieden und umzusetzen, um diese Ziele zu erreichen.

In Deutschland sind die Vorschriften der Rahmenrichtlinie bisher nur zum Teil im Pflanzenschutzgesetz umgesetzt.

Aktueller Stand der Genehmigung des Wirkstoffs Glyphosat

Im Rahmen der routinemäßigen Überprüfung der Genehmigung von Pflanzenschutz-mittelwirkstoffen hat das Bundesinstitut für Risikobewertung (BfR) die gesundheitliche Risikobewertung von Glyphosat im Dezember 2013 abgeschlossen. Die Analyse von zahlreichen neuen Dokumenten ergab nach seiner Auffassung keine Hinweise auf eine krebserzeugende, reproduktionsschädigende oder fruchtschädigende Wirkung durch Glyphosat bei Versuchstieren.

Im Februar 2015 wurde auf einem Expertentreffen bei der EFSA der revidierte Bewertungsbericht des Bundesinstituts für Risikobewertung (BfR) zur gesundheitlichen Bewertung von Glyphosat vorgestellt. Der Bericht wurde daraufhin noch ein weiteres Mal vom BfR ergänzt. Diese Revision umfasste u. a. neu hinzugefügte Bewertungstabellen und redaktionelle Ergänzungen zur Klarstellung einiger Sachverhalte. Das BfR hat diese ergänzte revidierte Fassung des Berichtes am 1. April 2015 dem Bundesamt für Verbraucherschutz und Lebensmittelsicherheit (BVL) zur Weiterleitung an die EFSA übersandt.

Am 20. Oktober 2015 verlängerte die EU-Kommission die ursprünglich bis Ende 2015 gültige Zulassung bis 30. Juni 2016, da sich die Neubewertung aus Gründen verzögerte, auf die die Antragsteller keinen Einfluss hatten. Am 12. November 2015 veröffentlichte die EFSA ihre „Hintergrunddokumente" (http://www.efsa.europa.eu/de/press/news/151119a; http://www.efsa.europa.eu/en/topics/factsheets/glyphosate151112). Die Dokumente bilden die Entscheidungsgrundlage für die Europäische Kommission, die einen Verordnungsentwurf vorlegen wird. Dieser wird im zuständigen Ständigen Ausschuss (Standing Committee on Plants, Animals, Food and Feed – SCoPAFF) der Europäischen Kommission in Brüssel erörtert und abgestimmt werden.

Eine für den 8. März 2016 auf EU-Ebene vorgesehene Abstimmung im zuständigen Ständigen Ausschuss für Pflanzen, Tiere, Lebensmittel und Futtermittel, Sektion Pflanzenschutzmittelrechtsetzung, zum Verordnungsentwurf der EU-Kommission zur Wiedergenehmigung des Wirkstoffes wurde von der Tagesordnung abgesetzt.

Aus Kommissionskreisen hieß es, die nächste Sitzung des Fachausschusses sei am 18. und 19. Mai 2016 geplant – wenn nötig, könne das Thema Glyphosat aber auch schon zuvor behandelt werden. Die jetzige Zulassung laufe bis Ende Juni, es bleibe also Zeit für weitere Diskussionen.

Dass es im EU-Fachausschuss weder für noch gegen eine Verlängerung der Zulassung eine qualifizierte Mehrheit geben würde, hatte sich abgezeichnet. Frankreich, Schweden und Italien hatten zuletzt Medienberichten zufolge Bedenken geäußert. Die Bundesregierung hatte sich nicht auf eine Pro- oder Contra-Position einigen können. Eine qualifizierte Mehrheit wären 55 Prozent der Mitgliedstaaten, die mindestens 65 Prozent der EU-Bevölkerung repräsentieren.

Der Europaabgeordnete Martin Häusling und der Bundestagsabgeordnete Harald Ebner (beide Grüne) werteten die Vertagung der Abstimmung als einen „ersten großen Erfolg" gegen das Herbizid. Die EU-Kommission müsse in den kommenden Wochen für eine umfangreiche und ausgewogene Analyse der Risiken sorgen, forderte Häusling. Ebner hält es für „besonders bemerkenswert", dass der Vertreter von CSU-

Landwirtschaftsminister Christian Schmidt im Fachausschuss nicht für die Zulassung stimmte. Dies hätten der öffentliche Druck und das Veto von Umweltministerin Barbara Hendricks von der SPD bewirkt, erklärte er. Die Umweltorganisation Greenpeace nannte den Aufschub einen „richtigen Schritt". Sie forderte Schmidt auf, „statt Politik im Interesse der Agrochemie-Industrie zu machen", im Sinne des vorsorglichen Umwelt- und Verbraucherschutzes den Einsatz von Glyphosat in Deutschland zu verbieten. Ein grundsätzlicher Wandel in der Landwirtschaft sei unumgänglich.

Aus EU-Kommissionskreisen hieß es, die Diskussion im Fachausschuss habe sich besonders um die sogenannten Beistoffe gedreht. Vor allem müsse nun über ein Verbot von Talgamin gesprochen werden – ein sogenanntes Netzmittel, mit dem eine bessere Haftung an den Pflanzen erreicht werden soll.

III

Kontext der Forschungen von Prof. Séralini

Im Jahr 2004 hatte das multinationale Agrounternehmen Monsanto[1] in der Europäischen Union die Zulassung der transgenen Maissorte MON863 beantragt.

Die Europäische Behörde für Lebensmittelsicherheit (EFSA) empfahl im Jahr 2004 der zuständigen EU-Stelle (EU-Ministerrat) die Zulassung von MON863. Aus dem Report der EFSA ging hervor, dass es in der Zulassungsstudie von Monsanto gewisse Veränderungen im Blutbild und den Nieren der Versuchstiere gegeben hatte. Daraufhin hatte u. a. Greenpeace im Mai 2004 vom deutschen Bundesministerium für Verbraucherschutz und Landwirtschaft (damalige Ministerin: Renate Künast, Bündnis 90/ Die Grünen) Einsicht in die bei der Genehmigungsbehörde vorliegenden Akten und Daten verlangt, und zwar unter Berufung u. a. auf die Europäische Richtlinie 2001/18, wonach die Daten, die für die Sicherheitsbewertung von Gen-Saaten wichtig sind, öffentlich gemacht werden.

Monsanto widersprach dem und berief sich auf sein Recht auf die Wahrung von Geschäftsgeheimnissen. Am 21. März 2005 entschied die zuständige deutsche Behörde, dass Greenpeace die Informationen erhalten solle. Gegen diese behördliche Entscheidung beantragte Monsanto beim Verwaltungsgericht (VG) Köln einstweiligen Rechtsschutz. Das VG Köln lehnte den Antrag von Monsanto mit Beschluss vom 9.6.2005 ab (Az.: 13 L 771/05). Die dagegen eingelegte Beschwerde wies das Oberverwaltungsgericht des Landes Nordrhein-Westfalen in Münster mit Beschluss vom 20. Juni 2005 zurück (Az.: 8 B 940/05)[2].

Unter Verweis auf die nunmehr zugänglichen Daten stellten Prof. Gilles-Eric Séralini und andere Kritiker nach näherer Prüfung die wissenschaftlichen Grundlagen der Zulassung der transgenen Maissorte MON863 in Frage. Wesentliche Begründung: Die

von Monsanto den Genehmigungsbehörden im Zulassungsverfahren vorgelegte Aus-
gangsstudie sei auf nur 90 Tage angelegt gewesen: „*No regulatory authority requests
mandatory chronic animal feeding studies to be performed for edible GMOs and formulated pesticides. This fact is at the origin of most of the controversies. Only studies consisting of 90-day rat feeding trials have been conducted by manufacturers for
GMOs. Statistical differences in the biochemistry of treated rats versus controls may
represent the initial signs of long-term pathologies, possibly explained at least in part
by pesticide residues in the GM feed.*"[3]

Im Jahr 2007 veröffentlichten Prof. Séralini und weitere Autoren eine von ihnen
durchgeführte und von Greenpeace finanzierte Studie[4], welche auf den Daten der Mon-
santo-Zulassungsstudie beruhte. Sie kamen zu dem Ergebnis, dass MON 863 eine
Reihe von gesundheitlichen Problemen bei Ratten verursache. Es sei deshalb notwendig, experimentelle Studien über einen längeren Zeitraum als 90 Tage anzustellen, um
die Sicherheit der Maissorte zu evaluieren, da Organschädigungen sich normalerweise
erst nach einem längeren Zeitraum einstellten. Greenpeace zitierte die Studie in einer
Presseveröffentlichung und forderte, dass die transgene Maissorte MON 863 vollständig vom Markt zurückgezogen werden müsse. Überdies wurde von Greenpeace eine
grundlegende Überprüfung der Testmethoden gefordert.

Aufgrund dieser Studie unternahm die EFSA eine Neuevaluierung von MON 863.[5]
Die EU-Behörde kam dann zu dem Schluss, dass die bereits in der Zulassungsstudie
und von Séralini festgestellten Veränderungen im Blutbild und in den Nieren der Versuchstiere nicht biologisch signifikant gewesen seien und dass die Studie Séralinis falsche statistische Methoden benutze.[6]

Prof. Séralini und sein Forscherteam überzeugte dies nicht. 2009 veröffentlichten
Autoren aus dem Séralini-Forscherteam eine weitere Studie, in der die drei transgenen
Maissorten *NK603, MON810* und *MON863* untersucht wurden. Die Autoren kamen zu
dem Schluss, dass alle drei Maissorten Schädigungen an Leber, Nieren und Herzen der
Versuchstiere (Ratten) verursachten.[7] Die EFSA kritisierte daran, dass viele der statisti-
schen Mängel der früheren Séralini-Studie von 2007 auch auf diese neue Studie zuträ-
fen.[8] Eine im Jahr 2011 unter der Leitung von Prof. Séralini durchgeführte Meta-Studie
kam dann wiederum zu dem Schluss, dass gentechnisch veränderte Lebensmittel negative Auswirkungen auf Leber und Nieren von Versuchstieren hätten. Erneut wurde die
Forderung nach Langzeit-Zulassungsstudien von mehr als 90 Tagen Dauer erhoben.[9]

Schließlich gelang es Prof. Séralini die notwendigen finanziellen Mittel für eine solche Langzeit-Studie zu beschaffen. Die dann im Jahr 2012 von Prof. Séralini und seinem Forschungsteam veröffentlichte Langzeitstudie, die Stein des Anstoßes werden
sollte, trägt den Titel „Long-term toxicity of a Roundup herbicide and a Roundup-tolerant genetically modified maize" (Langzeit-Toxizität eines Round-up-Herbizids und
einer Round-up-resistenten genetisch veränderten Maissorte). Sie wurde von den AutorInnen am 19. September 2012 in der Fachzeitschrift „ Food and Chemical Toxico-

logy (FCT)" nach einem vorherigen aufwändigen Begutachtungsprozess mit externen Fachgutachten („peer-review") publiziert. Es handelt sich um eine auf zwei Jahre angelegte Fütterungsstudie zu den Effekten der von Monsanto hergestellten Roundup-resistenten Maissorte NK603, mit Ratten als Versuchstieren.

Die Studie löste unmittelbar nach ihrem Erscheinen heftige Proteststürme aus. Die Proteste schlugen sich u. a. auch in zahlreichen Briefen an den Herausgeber der Zeitschrift nieder (**Dokument Nr. 2**).

So warf etwa Paul Christou, Herausgeber der Zeitschrift „Transgenic Research", der in vielfältiger Weise mit dem Agromulti Monsanto und anderen „interessierten Kreisen" verbunden ist, in einem „Letter-to-the-Editor" dem Séralini-Team vor, die Studie *'does not meet minimal acceptable standards of scientific rigor'* and *'will damage an entire scientific discipline due to flawed conclusion'.*"

Auch eine Vielzahl anderer Autoren, vor allem aus dem Umfeld biotechnologischer Unternehmen und von diesen finanziell unterstützter[10] Institutionen, zogen die persönliche und wissenschaftliche Integrität von Prof. Séralini öffentlich in Zweifel.[11]

In dem Wikipedia-Artikel „Séralini-Affäre" wird die methodische und inhaltliche Kritik an Prof. Séralini skizziert: https://de.wikipedia.org/wiki/Séralini-Affäre#cite_note-23 (eingesehen am 10.3.2016).

Für Dr. Martha Mertens, Sprecherin des Arbeitskreises Gentechnik beim *Bund für Umwelt und Naturschutz Deutschland (BUND),* ergab sich aus diesen Kontroversen die Schlussfolgerung: Studien, „die die angebliche Sicherheit von gentechnisch veränderten Organismen und Pestiziden in Frage stellen, werden massiv attackiert." Das zeige der Fall des französischen Biologen Gilles-Eric Séralini.

In: http://www.schule-und-gentechnik.de/lehrer/fallbeispiele/der-fall-seralini

Prof. Gilles-Eric Séralini und weitere Co-Autoren haben die Hintergründe und die Interessenstrukturen („conflicts of interests"), in die viele seiner Kritiker eingebunden waren, in einer interessanten Kurzstudie näher analysiert (**Dokument Nr. 5**): Eine große Zahl der Kritiker habe früher für Monsanto gearbeitet oder stehe gar nach wie vor mit diesem oder anderen Unternehmen der Bio- oder Gentechnikbranchen oder dem von diesen Unternehmen finanzierten „International Life Sciences Institute (ILSI)" in Verbindung.

Auch die seit 2002 bestehende EU-Agentur ESFA steht seit Jahren in der Kritik. Vielen ihrer FunktionärInnen werden Verbindungen zu großen Unternehmen der Gentechnik-Industrie und damit ein Interessenkonflikt vorgeworfen (vgl. u. a. **Dokument Nr. 7**). Selbst in der Führungsriege der Behörde spiele sich Lobbyarbeit ab. So wechselte die ehemalige Leiterin der Gentechnik-Gruppe Suzy Renckens Anfang 2010 ohne Auflage der Behörden nahtlos von der EFSA zum Gentechnikkonzern Syngenta. Auch jetzt solle wieder eine Lobbyistin eingeschleust werden: Beate Kettlitz, eine führende Mitarbeiterin der FoodDrinkEurope, die alle größeren Lebensmittel- und Getränkehersteller der EU vertritt, wurde von der EU-Kommission für den Verwaltungsrat der EFSA nominiert. Diese Art der Behördenführung bleibe nicht ohne Folgen: Die mangelnde Unabhängigkeit der EFSA wirke sich demnach in einer unzureichenden Prüfung der Studien aus, die von den Gentechnik-Unternehmen selbst für ihre Produkte durchgeführt werden. Unternehmensunabhängige Forschung finde kaum statt.

Außerdem wiesen Séralini und seine Co-Autoren in ihren Publikationen (vgl. u. a. **Dokument Nr. 5**) darauf hin, dass die an ihrer Langzeitstudie (2012) geäußerte Kritik in sehr vielen Fällen vor allem „ad hominem", d. h. auf die persönliche und wissenschaftliche Integrität von Prof. Séralini und seiner Mitarbeiter zielte, ohne sich sachlich mit Methodik und Ergebnissen der Studie näher auseinanderzusetzen.

Von besonderem Interesse sind ferner die Vorgänge um die nach dem Erscheinen der Séralini-Studie (2012) im Februar 2013 erfolgte Umbesetzung des Herausgebergremiums („Editorial Board") der Zeitschrift *Food and Chemical Toxicology (FCT),* in deren Gefolge nunmehr dem Gentechnik-Befürworter Richard E. Goodman eine maßgebliche Funktion übertragen wurde (vgl. Séralini u. a., **Dokument Nr. 5, S. 4 f.**) . Séralini und seine Teamkollegen haben dazu und zum beruflichen Hintergrund Goodmans herausgefunden:

"In February 2013, FCT acquired a new assistant editor for biotechnology, Richard E. Goodman. The editor-in-chief has admitted that Goodman was introduced into the editorial board after he sent a letter to FCT to complain about our study. In his letter, Goodman appears worried about economic consequences but not so much about potential public health consequences (personal communication). He wrote: 'The implications and the impacts of this uncontrolled study is having HUGE impacts, in international trade, in consumer confidence in all aspects of food safety, and certainly in US state referendums on labelling'. Further in his letter, Goodman asked for 'an evaluation by an independent set of toxicologists'. This is particularly why the Publishing Assistant for FCT asked for our raw data on 15 March 2013. In fact, we can question the independence of this re-evaluation. After his appointment at FCT, Goodman was a member of the subcommittee that requested our raw data, until we complained to Elsevier publishing group. Goodman is far from being independent. He previously worked for Monsanto for 7 years [36]. He also has a long-standing affiliation with ILSI [37]. Goodman will now deal with all biotechnology papers submitted to FCT."

Auffällig ist auch, dass das Zurückziehen der Séralini-Publikation durch A. Wallace Hayes, den Herausgeber der Zeitschrift FCT, unter Berufung auf eine behauptete „Unschlüssigkeit" („inconclusiveness" – **Dokument Nr. 3**) erfolgte (2012). Dies geschah unter Abweichung von den „Guidelines of the Committe on Publication Ethics (COPE)"

(**Dokument Nr. 6**), obwohl FCT Mitglied von COPE war und ist. Diese Guidelines sehen ein Zurückziehen nur in folgenden Fällen vor, die hier jedoch – auch nach dem Brief des Editor-in-chief A. Wallace Hayes – nicht vorlagen:

"Journal editors should consider retracting a publication if:

- they have clear evidence that the findings are unreliable, either as a result of misconduct (e.g. data fabrication) or honest error (e.g. miscalculation or experimental error)
- the findings have previously been published elsewhere without proper crossreferencing, permission or justification (i.e. cases of redundant publication)
- it constitutes plagiarism
- it reports unethical research."

Von besonderer Bedeutung ist schließlich: Séralini und sein Autorenteam kritisierten in ihren Veröffentlichungen immer wieder die bestehende Intransparenz des behördlichen EU-Genehmigungsverfahrens für Wirkstoffe und die einzelstaatlichen Zulassungsprozeduren für die konkreten Pflanzenschutzmittel. Insbesondere äußerten sie schwere Einwände gegen die fehlende Unabhängigkeit der von den Herstellerunternehmen und der EFSA herangezogenen Fachgutachter. Denn die Herstellerunternehmen könnten selbst die von ihnen finanzierten Gutachter bestellen und deren Gutachten dann in die behördlichen Genehmigungs- und Zulassungsverfahren einführen, wobei sie regelmäßig unter Berufung auf Betriebs- und Geschäftsgeheimnisse der Fachwelt und der Öffentlichkeit keine Einsicht in die Gutachten sowie die zugrunde gelegten Rohdaten gäben. Sie verlangten als ersten Schritt den Zugang zu allen Rohdaten der von den antragstellen Herstellerunternehmen den Behörden vorgelegten Gutachten. Als weiteren Schritt verlangten sie, die Vergabe der Gutachten in den behördlichen Genehmigungs- und Zulassungsverfahren öffentlich auszuschreiben und dafür nur von den antragstellenden Herstellerunternehmen unabhängige Laboratorien und Gutachter zuzulassen.

Ihre zentralen Einwände und Forderungen fassten sie u. a. in dem Kapitel „Conflicts of interests, confidentiality and censorship in health risk assessment: the example of an herbicide and a GMO" ihrer oben bereits auszugsweise zitierten Publikation „Conflicts of interests, confidentiality and censorship in health risk assessment: the example of an herbicide and a GMO" zusammen (vgl. **Dokument Nr. 5** und **8**).

Anmerkungen

1   Monsanto ist ein börsennotierter Konzern mit Sitz in St. Louis im US-Bundesstaat Missouri, der Niederlassungen in 61 Ländern hat. Das Unternehmen produziert Saatgut und Herbizide und setzt seit den 1990er Jahren Biotechnologien zur Erzeugung gentechnisch veränderter Feldfrüchte ein.

III. Dokumente zum Whistleblowing des Preisträgers Prof. Dr. Gilles-Eric Séralini

1996 erhob der Staat New York in den USA Klage gegen Monsanto, da das Herbizid Round-up auf dem Außenetikett mit der Eigenschaft „biologisch abbaubar" beworben wurde. Der Generalstaatsanwalt des Staates New York verpflichtete Monsanto dazu, keine Round-up-Herbizide mit der Etikettierung „biologisch abbaubar" auf den Markt zu bringen (http://www.mindfully.org/Pesticide/Monsanto-v-AGNY-nov96.htm). Im Januar 2007 verurteilte in Frankreich die 5. Kammer des Strafgerichts von Lyon den Konzern Monsanto und die Firma Scotts France, den Verteiler von Round-up, jeweils zu einem Bußgeld von 15.000 €. Die Organisationen «Eau et rivières de Bretagne» und «Union fédérale des consommateurs» hatten Klage erhoben, weil sie in der Deklarierung von Round-up als „biologisch abbaubar" und „umweltfreundlich" einen Etikettenschwindel sahen.[http://www.eau-et-rivieres.asso.fr/index.php?47/260]. Monsanto legte gegen dieses Urteil Berufung ein, hatte damit jedoch keinen Erfolg. Daraufhin stellte Monsanto einen Revisionsantrag, welcher im Oktober 2009 abgelehnt wurde (vgl. dazu https://de.wikipedia.org/wiki/Monsanto – abgerufen am 13.3.2016).

2   Abgedruckt u. a. in: Deiseroth/Falter, Whistleblower in Gentechnik und Rüstungsforschung. Preisverleihung 2005. Berlin. 2006, S. 151–153).

3   Vgl. dazu rückblickend: Séralini u. a., in http://enveurope.springeropen.com/articles/10.1186/s12302-014-0013-6#CR2

4   Gilles-Eric Séralini, Dominique Cellier, Joël Spiroux De Vendomois: New Analysis of a Rat Feeding Study with a Genetically Modified Maize Reveals Signs of Hepatorenal Toxicity. In: Archives of Environmental Contamination and Toxicology. 52, Nr. 4, 2007, S. 596–602 – in: https://www.ncbi.nlm.nih.gov/pubmed/17356802?dopt=Abstract; Rady Ananda: Three Approved GMOs Linked to Organ Damage. (PDF) In: Z Magazine. 23, Nr. 3, 2010. Abgerufen am 21. Juli 2010. "The data 'clearly underlines adverse impacts on kidneys and liver, the dietary detoxifying organs, as well as different levels of damages to heart, adrenal glands, spleen, and haematopoietic system,' reported Gilles-Eric Séralini, a molecular biologist at Caen University."

5   Vgl. dazu https://de.wikipedia.org/wiki/Séralini-Affäre#cite_note-Greenpeace_March_2007-22

6   http://www.efsa.europa.eu/en/efsajournal/pub/19r

7   De Vendômois, Joël Spiroux (2009). „A Comparison of the Effects of Three GM Corn Varieties on Mammalian Health". International Journal of Biological Sciences: 706.

8   https://de.wikipedia.org/wiki/Séralini-Affäre#cite_note-29

9   Gilles-Eric Séralini, Robin Mesnage, Emilie Clair, Steeve Gress, Joël De Vendômois, Dominique Cellier: Genetically modified crops safety assessments: Present limits and possible improvements. In: Environmental Sciences Europe. 23, 2011, S. 10 – in: http://enveurope.springeropen.com/articles/10.1186/2190-4715-23-10

10 Vgl. zu dadurch bewirkten Interessenkonflikten u. a. unten DOKUMENT Nr. 8.

11 Eine Zusammenstellung von Beiträgen aus diesen Debatten findet sich u. a. in: http://www.ncbi.nlm.nih.gov/pubmed?cmd=Link&LinkName=pubmed_pubmed&from_uid=22999595 (zuletzt aufgerufen am 13.3.2016)

Einzeldokumente

Dokument Nr. 1:
Stellungnahme der IARC vom 20.3.2015
In: http://www.iarc.fr/en/media-centre/iarcnews/pdf/MonographVolume112.pdf

Lyon, France, 20 March 2015 – The International Agency for Research on Cancer (IARC), the specialized cancer agency of the World Health Organization, has assessed the carcinogenicity of **five organophosphate pesticides.** A summary of the final evaluations together with a short rationale have now been published online in The Lancet Oncology, and the detailed assessments will be published as Volume 112 of the IARC Monographs.

What were the results of the IARC evaluations?

The herbicide **glyphosate** and the insecticides **malathion** and **diazinon** were classified as *probably carcinogenic to humans* (Group 2A).

The insecticides **tetrachlorvinphos** and **parathion** were classified as *possibly carcinogenic to humans* (Group 2B).

What was the scientific basis of the IARC evaluations?

The pesticides **tetrachlorvinphos** and **parathion** were classified as *possibly carcinogenic to humans* (Group 2B) based on convincing evidence that these agents cause cancer in laboratory animals.

For the insecticide **malathion,** there is *limited evidence of carcinogenicity* in humans for non-Hodgkin lymphoma and prostate cancer. The evidence in humans is from studies of exposures, mostly agricultural, in the USA, Canada, and Sweden published since 2001. Malathion also caused tumours in rodent studies. Malathion caused DNA and chromosomal damage and also disrupted hormone pathways.

For the insecticide **diazinon,** there was *limited evidence of carcinogenicity* in humans for non-Hodgkin lymphoma and lung cancer. The evidence in humans is from studies of agricultural exposures in the USA and Canada published since 2001. The classification of diazinon in Group 2A was also based on strong evidence that diazinon induced DNA or chromosomal damage.

For the herbicide **glyphosate,** there was *limited evidence of carcinogenicity* in humans for non-Hodgkin lymphoma. The evidence in humans is from studies of exposures, mostly agricultural, in the USA, Canada, and Sweden published since 2001. In addition, there is convincing evidence that glyphosate also can cause cancer in laboratory animals. On the basis of tumours in mice, the United States Environmental Protection Agency (US EPA) originally classified glyphosate as *possibly carcinogenic to humans* (Group C) in 1985. After a re-evaluation of that mouse study, the US EPA changed its classification to *evidence of non-carcinogenicity in humans* (Group E) in 1991. The US EPA Scientific Advisory Panel noted that the re-evaluated glyphosate results were still significant using two statistical tests recommended in the IARC Preamble. The IARC Working Group that conducted the evaluation considered the significant findings from the US EPA report and several more recent positive results in concluding that there is *sufficient evidence of carcinogenicity* in experimental animals. Glyphosate also caused DNA and chromosomal damage in human cells, although it gave negative results in tests using bacteria. One study in community residents reported increases in blood markers of chromosomal damage (micronuclei) after glyphosate formulations were sprayed nearby.

How are people exposed to these pesticides?

Tetrachlorvinphos is banned in the European Union. In the USA, it continues to be used on livestock and companion animals, including in pet flea collars. No information was available on use in other countries.

Parathion use has been severely restricted since the 1980s. All authorized uses were cancelled in the European Union and the USA by 2003.

Malathion is currently used in agriculture, public health, and residential insect control. It continues to be produced in substantial volumes throughout the world. Workers may be exposed during the use and production of malathion. Exposure to the general population is low and occurs primarily through residence near sprayed areas, home use, and diet.

Diazinon has been applied in agriculture and for control of home and garden insects. Production volumes have been relatively low and decreased further after 2006 due to restrictions in the USA and the European Union. Only limited information was available on the use of these pesticides in other countries.

Glyphosate currently has the highest global production volume of all herbicides. The largest use worldwide is in agriculture. The agricultural use of glyphosate has increased sharply since the development of crops that have been genetically modified to make them resistant to glyphosate. Glyphosate is also used in forestry, urban, and home applications. Glyphosate has been detected in the air during spraying, in water, and in food. The general population is exposed primarily through residence near sprayed areas, home use, and diet, and the level that has been observed is generally low.

What do Groups 2A and 2B mean?

Group 2A means that the agent is ***probably** carcinogenic to humans.* This category is used when there is limited evidence of carcinogenicity in humans and sufficient evidence of carcinogenicity in experimental animals. *Limited evidence* means that a positive association has been observed between exposure to the agent and cancer but that other explanations for the observations (called chance, bias, or confounding) could not be ruled out. This category is also used when there is limited evidence of carcinogenicity in humans and strong data on how the agent causes cancer.

Group 2B means that the agent is *possibly carcinogenic to humans*. A categorization in Group 2B often means that there is convincing evidence that the agent causes cancer in experimental animals but little or no information about whether it causes cancer in humans.

Why did IARC evaluate these pesticides?

The IARC Monographs Programme has evaluated numerous pesticides, some as recently as 2012 (anthraquinone, arsenic and arsenic compounds). However, substantial new data are available on many pesticides that have widespread exposures. In 2014, an international Advisory Group of senior scientists and government officials recommended dozens of pesticides for evaluation. Consistent with the advice of the Advisory Group, the recent IARC meeting provided new or updated evaluations on five organophosphate pesticides.

How were the evaluations conducted?

The established procedure for Monographs evaluations is described in the Programme's Preamble. Evaluations are performed by panels of international experts, selected on the basis of their expertise and the absence of real or apparent conflicts of interest. For Volume 112, a Working Group of 17 experts from 11 countries met at IARC on 3–10 March 2015 to assess the carcinogenicity of **tetrachlorvinphos, parathion, malathion, diazinon, and glyphosate.** The in-person meeting followed nearly a year of review and preparation by the IARC secretariat and the Working Group, including a comprehensive review of the latest available scientific evidence. According to published procedures, the Working Group considered "reports that have been published or accepted for publication in the openly available scientific literature" as well as "data from governmental reports that are publicly available". The Working Group did not consider summary tables in online supplements to published articles, which did not provide enough detail for independent assessment.

What are the implications of the IARC evaluations?

The Monographs Programme provides scientific evaluations based on a comprehensive review of the scientific literature, but it remains the responsibility of individual governments and other international organizations to recommend regulations, legislation, or public health intervention.

IARC, 150 Cours Albert Thomas, 69372 Lyon CEDEX 08, France – Tel: +33 (0)4 72 73 84 85 – Fax: +33 (0)4 72 73 85 75 © IARC 2015 – All Rights Reserved.

Die **Vollstudie der IARC** ist im Juli 2015 als Monographie erschienen:
http://monographs.iarc.fr/ENG/Monographs/vol112/

Dokument Nr. 2:
http://www.sciencedirect.com/science/article/pii/S0278691512005637 (eingesehen am 10.3.2016)

Dokument Nr. 3:
Editor-in-chief
Retraction notice to "Long term toxicity of a Roundup herbicide and a Roundup-tolerant genetically modified maize" [Food Chem. Toxicol. 50 (2012) 4221–4231]

Refers To:
Gilles-Eric Séralini, Emilie Clair, Robin Mesnage, Steeve Gress, Nicolas Defarge, Manuela Malatesta, Didier Hennequin, Joël Spiroux de Vendômois

RETRACTED: Long term toxicity of a Roundup herbicide and a Roundup-tolerant genetically modified maize
Food and Chemical Toxicology, Volume 50, Issue 11, November 2012, Pages 4221–4231

This article has been retracted: please see Elsevier Policy on Article Withdrawal (http://www.elsevier.com/locate/withdrawalpolicy).

The journal Food and Chemical Toxicology retracts the article "Long term toxicity of a Roundup herbicide and a Roundup-tolerant genetically modified maize," which was published in this journal in November 2012. This retraction comes after a thorough and time-consuming analysis of the published article and the data it reports, along with an investigation into the peer-review behind the article. The Editor in-Chief deferred making any public statements regarding this article until this investigation was complete, and the authors were notified of the findings.

Very shortly after the publication of this article, the journal received Letters to the Editor expressing concerns about the validity of the findings it described, the proper use of animals, and even allegations of fraud. Many of these letters called upon the editors of the journal to retract the paper. According to the journal's standard practice, these letters, as well as the letters in support of the findings, were published along with a response from the authors.[1] Due to the nature of the concerns raised about this paper, the Editor-in-Chief examined all aspects of the peer review process and requested permission from the corresponding author to review the raw data. The request to view raw data is not often made; however, it is in accordance with the journal's policy that authors of submitted manuscripts must be willing to provide the original data if so requested.[2] The corresponding author agreed and supplied all material that was requested by the Editor-in-Chief. The Editor-in-Chief wishes to acknowledge the cooperation of the corresponding author in this matter, and commends him for his commitment to the scientific process.

Unequivocally, the Editor-in-Chief found no evidence of fraud or intentional misrepresentation of the data. However, there is a legitimate cause for concern regarding both the number of animals in each study group and the particular strain selected. The low number of animals had been identified as a cause for concern during the initial review process, but the peer review decision ultimately weighed that the work still had merit despite this limitation. A more in-depth look at the raw data revealed that no definitive conclusions can be reached with this small sample size regarding the role of either NK603 or glyphosate in regards to overall mortality or tumor incidence. Given the known high incidence of tumors in the Sprague–Dawley rat, normal variability cannot be excluded as the cause of the higher mortality and incidence observed in the treated groups.

Ultimately, the results presented (while not incorrect) are inconclusive, and therefore do not reach the threshold of publication for Food and Chemical Toxicology. The peer review process is not perfect, but it does work. The journal is committed to getting the peer-review process right, and at times, expediency might be sacrificed for being as thorough as possible. The time-consuming nature is, at times, required in fairness to both the authors and readers. Likewise, the Letters to the Editor, both pro and con, serve as a post-publication peer-review. The back and forth between the readers and the author has a useful and valuable place in our scientific dialog.

The Editor-in-Chief again commends the corresponding author for his willingness and openness in participating in this dialog. The retraction is only on the inconclusiveness of this one paper. The journal's editorial policy will continue to review all manuscripts no matter how controversial they may be. The editorial board will continue to use this case as a reminder to be as diligent as possible in the peer review process.

http://www.sciencedirect.com/science/article/pii/S0278691513008090

Dokument Nr. 4:
TESTBIOTECH Background 1-12-2010
Christoph Then und Andreas Bauer-Panskus:
Europäische Lebensmittelbehörde EFSA: Spielwiese der Gen-Industrie
Die Industrie beeinflusst die Standards für die Risikoprüfung gentechnisch veränderter Pflanzen
Aus: http://www.testbiotech.org/sites/default/files/EFSA_ILSI_Spielwiese_.pdf; https://www.lobbycontrol.de/2010/12/die-europaische-behorde-fur-lebensmittelsicherheit-schutz-der-verbraucher-oder-der-industrie-interessen/; http://www.testbiotech.org/search/node/EFSA (aufgerufen am 13.3.2016)

Dokument Nr. 5:
Gilles-Eric Séralini, Robin Mesnage, Nicolas Defarge and Joël Spiroux de Vendômois
Conflicts of interests, confidentiality and censorship in health risk assessment: the example of an herbicide and a GMO
http://enveurope.springeropen.com/articles/10.1186/s12302-014-0013-6

Dokument Nr. 6:
Committee on Publication Ethics (COPE): Retraction Guidelines
In: http://publicationethics.org/files/retraction%20guidelines_0.pdf

Dokument Nr. 7:
Séralini et al.; Republished study: long-term toxicity of a Roundup herbicide and a Roundup-tolerant genetically modified maize. In: Environmental Sciences Europe 2014, in: http://enveurope.springeropen.com/articles/10.1186/s12302-014-0014-5

Dokument Nr. 8:
Séralini et al. Confidentiality and censorship erode the value of science
In: http://enveurope.springeropen.com/articles/10.1186/s12302-014-0013-6#CR2

Herausgeber, Autoren, Sprecher, LaudatorInnen, Moderatoren und KünstlerInnen

Ulrich Bartosch, Dr. phil., ist seit 2000 Professor für Pädagogik an der Fakultät für Soziale Arbeit der Katholischen Universität Eichstätt-Ingolstadt. Er publiziert zu politikwissenschaftlichen und pädagogischen Themen. 2009 bis 2015 war er Vorsitzender der Vereinigung Deutscher Wissenschaftler (VDW). Seit 2015 ist er Vorsitzender des Wissenschaftlichen Beirats der VDW. Er ist ein aktives Mitglied der Deutschen Pugwash-Gruppe.

Efstratia Dawood ist 1962 in Kilkis, Griechenland, geboren und lebt seit 1974 in Deutschland. Sie absolvierte ein Studium der Philosophie und Soziologie in Karlsruhe, ein Fernstudium der Europäischen Geschichte und Literatur sowie der Kulturwissenschaften und Medizinethik an der Fern-Universität Hagen sowie ein Gaststudium der Islamwissenschaften in Heidelberg. Im Fokus ihrer wissenschaftlichen und seit 2006 auch zunehmend filmischen Arbeiten stehen insbesondere Kulturen des Mittelmeerraums und des Balkans und deren Protagonisten. Im Vorfeld der Verleihung des Posthum-Whistleblower-Ehrenpreises an den 2004 verstorbenen Physiker Dr. Léon Gruenbaum hat sie den Film „Gefangen im Gesetz der Entmenschlichung" produziert, von dem ein Trailer am 16.10.2015 in Karlsruhe gezeigt wurde.

Dieter Deiseroth, Dr. jur., geb. 1950. Nach dem Studium der Rechtswissenschaft, Soziologie und Politikwissenschaft war er von 1977 bis 1983 Wissenschaftlicher Mitarbeiter an der Universität Gießen und Rechtsanwalt. 1983 wurde er Richter am Verwaltungsgericht Düsseldorf; von 1989 bis 1991 war er als Wissenschaftlicher Mitarbeiter zum Bundesverfassungsgericht in Karlsruhe abgeordnet. Danach wurde er Richter am Oberverwaltungsgericht des Landes NRW in Münster und anschließend Referatsleiter bei der Datenschutzbehörde Nordrhein-Westfalen. 2001 wurde er zum Richter am Bundesverwaltungsgericht gewählt. Mit Ablauf des 30.9.2015 trat er in den gesetzlichen Ruhestand. Er gehört dem Wissenschaftlichen Beirat von IALANA Deutschland an und ist seit 1999 Mitglied der Jury zur Vergabe des „Whistleblower-Preises".

John Goetz ist investigativer Journalist und Autor. Seit 2011 ist er NDR-Redakteur im ARD-Hauptstadtstudio. Zusammen mit weiteren Journalisten deckte er 2006 die Verwicklung von Agenten des Bundesnachrichtendienstes (BND) im Irakkrieg auf. Er wurde 2011 als Teil eines Autorenteams für die kritische Berichterstattung über den Luftangriff auf Kunduz mit dem Henri-Nannen-Preis ausgezeichnet. Gemeinsam mit Christian Fuchs veröffentlichte er 2013 das Buch „Geheimer Krieg", in dem er die

Rolle Deutschlands bei den US-amerikanischen Drohnenangriffen sowie die Zusammenarbeit mit der NSA bei der Überwachung deutscher Bürger aufdeckte.

Hartmut Graßl, Prof. Dr., wurde nach dem Studium der Physik und der Meteorologie 1970 an der Ludwig-Maximilian Universität München in Meteorologie promoviert. Er war bis 31. März 2005 Professor für Allgemeine Meteorologie an der Universität Hamburg und bis 30. September 2005 Direktor am Max-Planck-Institut für Meteorologie in Hamburg. Anfang bis Mitte der 1990er Jahre war er Mitglied der Enquête-Kommissionen „Vorsorge zum Schutz der Erdatmosphäre" und „Schutz der Erdatmosphäre" des Deutschen Bundestages. Er ist zudem Herausgeber der wissenschaftlichen Fachzeitschrift Theoretical and Applied Climatology. Von 1994 bis 1999 war Graßl Direktor des Weltklimaforschungsprogramms (WCRP) bei der World Meteorological Organization in Genf. Er war 1992–1994 und erneut 2000–2004 Mitglied und Vorsitzender des Wissenschaftlichen Beirates der Bundesregierung „Globale Umweltveränderungen" (WBGU). Seit November 2015 ist er Vorsitzender der Vereinigung Deutscher Wissenschaftler e.V. und seit 2011 Mitglied der Jury zur Vergabe des „Whistleblower-Preises".

Otto Jäckel studierte nach seinem Grundwehrdienst Rechtswissenschaft, Germanistik und Politik an der Johann-Wolfgang-Goethe-Universität Frankfurt am Main sowie an der Philipps-Universität Marburg und an der Justus-Liebig-Universität Gießen. Seit März 1983 ist er als Rechtsanwalt zugelassen, seit 1986 zusätzlich als Fachanwalt für Verwaltungsrecht und seit 1993 als Fachanwalt für Arbeitsrecht. Er praktiziert mit seiner Kanzlei in Wiesbaden im Rhein-Main-Gebiet und mit einer weiteren Kanzlei in Berlin. Otto Jäckel war viele Jahre Richter im Sportgericht des Deutschen Boxsportverbands. Er ist Verfasser einer Vielzahl von Konferenzbeiträgen zu Fragen des Internationalen Rechts im Bereich der Außen- und Sicherheitspolitik und von Expertisen als Sachverständiger in Anhörungen vor dem Deutschen Bundestag. Er ist Vorsitzender von IALANA Deutschland e.V.

You-Kyong Kim wurde in Südkorea geboren. Von 1995 bis 1999 studierte sie Klavier an der Hochschule für Musik und Theater „Felix Mendelssohn Bartholdy"' in Leipzig. 1999 setzte sie ihre Studien in den Fächern Kammermusik, Liedgestaltung und Korrepetition bei Prof. Horst Böhm, Prof. Karl-Peter Kammerlander Prof. Roland Baldini und Prof. Wolfgang Mäder fort, welche sie 2002 mit dem Konzertexamen abschloss. You-Kyong Kim nahm an Meisterkursen von Hartmut Höll, Jean Fassina, Norman Shetler, Graham Johnson, Konrad Richter teil. Sie konzertierte auf den Philippinen, in Südkorea, China, Belgien, Frankreich und Deutschland.

Serge Klarsfeld, Dr. jur., geb. 1935, ist Rechtsanwalt in Paris und Historiker. Gemeinsam mit seiner Frau Beate Klarsfeld kämpfte er über viele Jahrzehnte für die strafrechtliche Verfolgung von NS-Verbrechern. Dank ihres unermüdlichen Einsatzes konnten Strafprozesse gegen einige Hauptverantwortliche des NS-Polizeiapparates in Frankreich geführt werden, so gegen Kurt Lischka, Herbert M. Hagen und Ernst Heinrichsohn 1979 in Köln sowie gegen Klaus Barbie 1987 in Lyon. Für die geleistete Aufarbeitung der nationalsozialistischen Verbrechen und den Einsatz gegen Antisemitismus und politische Unterdrückung wurde Serge und Beate Klarsfeld im Mai 2015 von Bundespräsident Gauck das Bundesverdienstkreuz verliehen.

Frank Mentrup, Dr. med., arbeitete als Arzt in der Kinder- und Jugendpsychiatrie sowie in der Gemeindepsychiatrie mit Schwerpunkt berufliche Rehabilitation. 2006 wurde er in den Landtag von Baden-Württemberg gewählt und übernahm in der SPD-Landtagsfraktion den Vorsitz des Arbeitskreises Schule, Jugend und Sport sowie die Funktion des bildungspolitischen Sprechers. 2011 wurde Frank Mentrup erneut in den Landtag gewählt und zum politischen Staatssekretär im Ministerium für Kultus, Jugend und Sport ernannt. Seit März 2013 ist er Oberbürgermeister von Karlsruhe.

Malika Reyad, Mezzosopran, studierte Gesang an der Staatlichen Hochschule für Musik in Karlsruhe bei Marga Schiml und Prof. Klaus-Dieter Kern. Ihre Studien begleiteten Meisterkurse bei Hanno Blaschke, Charlotte Lehmann, Zlatomira Nikolowa und bei Floriana Cavalli in Mailand. Zurzeit arbeitet sie mit Peter Elkus. Malika Reyad gibt regelmäßig Konzerte in In- und Ausland. Als Opernsolistin sang sie sieben Jahre als Gast am Staatstheater am Gärtnerplatz München. Zusätzliche Gastspiele u.a. am Theater Regensburg, am Wilhelma Theater Stuttgart, bei den Schlossfestspielen Ettlingen und bei einer Produktion der Komischen Oper Berlin. Als Gesangspädagogin war sie u.a. 2012 in Caracas/Venezuela für das weltberühmte Projekt „El Sistema" von der „Fundacion Simon Bolivar" engagiert. Malika Reyad ist Initiatorin und Vorstand der Karlsruher Schlosskonzerte.

Philipp Sonntag, Dr. rer. nat., ist Physiker und Schriftsteller. Er war in den 1970er- und 1980er-Jahren Dozent u.a. für Innovationsmanagement, Soziale Indikatoren und Konfliktregelung an der Hochschule für Politische Wissenschaften in München und an der Freien Universität Berlin, Fachbereich Kommunikationswissenschaft. Er forschte zu Krieg und Gewalt, u.a. als Mitarbeiter von Prof. Carl Friedrich von Weizsäcker in der „Forschungsstelle der Vereinigung Deutscher Wissenschaftler", danach im „Max-Planck-Institut zur Erforschung der Lebensbedingungen der wissenschaftlich-technischen Welt" in Starnberg. 1964 bis 1971 war er Mitautor und Koordinator der Studie „Kriegsfolgen und Kriegsverhütung", die sich u.a. den möglichen Auswirkungen eines Atomkrieges in Deutschland sowie Modellen bezüglich der Eskalationsgefahren widmete. Nach langjähriger Anstellung in der Industrie im Bereich Technik und Innovation ist er seit 2005 vor allem publizistisch tätig.

Christine von Weizsäcker ist Biologin und arbeitet seit Mitte der 1970er Jahre an Fragen der Technikfolgenabschätzung. In ihren zahlreichen Publikationen trägt sie zu der wissenschaftlichen und öffentlichen Debatte zu neuen Technologien, ihrer Bewertung und Regulierung bei. Einer ihrer Schwerpunkte ist dabei die Gentechnik. Sie ist Mitglied im Vorstand der Vereinigung Deutscher Wissenschaftler sowie Präsidentin des europäischen Ökologie-Netzwerks Ecoropa. Als NGO-Vertreterin nimmt sie seit 1994 an den Verhandlungen der UN-Umwelt- und Nachhaltigkeitsabkommen teil, insbesondere der Konvention über Biologische Vielfalt und ihres Cartagena Protokolls über biologische Sicherheit.